本研究得到教育部人文社会科学基金项目
"乡村振兴背景下快递下乡服务模式创新研究"
（项目批准号：19YJC840062）资助

田野中国 CHINA Field

熟悉的陌生人

FAMILIAR STRANGERS

张杨波 / 著

快递员的日常工作和劳动过程

Daily Work and Labor Process of
the Courier

社会科学文献出版社
SOCIAL SCIENCES ACADEMIC PRESS (CHINA)

序

现如今，寄收快件已是我们身边司空见惯、习以为常的事情。对常人来说，我们对待这类日常生活现象的态度就是把它理所当然化。所谓理所当然化，就是不假思索，知其然而不知其所以然，或者说，不愿意去探究其所以然。但是，任何日常生活现象都是社会系统运行在某个环节上的显现。因此，任何日常生活现象都值得从社会学角度去加以分析。从这个角度看，对社会学来说，没有琐碎的现象。身边的许多日常生活现象，都为我们提供了洞察社会系统的某个环节或某个要素运行的切入口，提供了以小见大、由点及面、从某个侧面剖析社会运行某些规律的机会。只不过，要做到这一点，需要社会学想象力。只要具备了这种想象力，我们就能发现身边无尽的社会学研究题材。

杨波的这部著作，就是运用社会学想象力的一个典范。他敏锐地觉察到快递服务过程中的服务合同约束软化现象。在这里，快递是一种可观察的经验现象，而服务合同约束软化是一种概念化思维。后者就是一种"所以然"。只要深入这个层面，我们对快递的观察就会进入一个豁然开朗的境界。快递作为一种经验现象，成为某种概念或概念体系的经验载体。我们身边有无数个经验载体，它们都提供了洞见某种概念化理论的切入口。可惜的是，由于我们缺乏社会学想象力，它们大都被漠视或无视。我觉得，社会科学繁荣的一个条件是，必须让我们的学术想象力强大起来。而学术想象力的强大，不但源于学术的自由，也源于学者平常对批判性思维能力的培养。我从杨波这本书中可以感受到他日渐深厚的学术积淀及学术批判能力。正是凭借这种积淀和批判能力，他能够发现承载了"所以然"的日常生活现象，并对它们进行系统的研究。可以说，这是一部具有原创性的论著。

但是，只有社会学想象力还不够。要做好研究，还必须遵循知识生产的逻辑。知识生产的逻辑就是科学的逻辑。但是社会科学与自然科学不同，社会科学的研究对象是人或由人构成的社会现象。所以，社会科学的科学性并不在于简单模仿或套用自然科学方法，而在于运用与其研究对象适切的方法。其中一个适切的方法，就是理解。关于这一点，马克斯·韦伯早有明确的论述。杨波的这部著作，处处显示了研究者对于研究对象的理解之心。他反复强调，我们不能只见数据不见人。当然，理解的方法也有其严密的逻辑。从杨波的资料搜集过程来看，他的研究逻辑是严谨的。他采用了参与式观察方法，所搜集的资料丰富、详尽、深入、扎实。他的田野调查，的确是下了功夫的。更难能可贵的是，他不忘对研究过程和方法本身加以反思，并且这种反思贯彻研究的全过程。而这种反思或反身性思维，恰恰是社会科学研究逻辑不可缺少的环节。

并不是所有人都可以做到以小见大。要做到这一点，博览群书是不可缺少的一个必备条件。从杨波的著作看，他的阅读量给人留下了深刻的印象。这不但体现在他围绕研究问题对文献的必要回顾和综述上，而且也体现在他平常的阅读面上。他的阅读面很广，这为他的社会学想象力奠定了基础。很显然，社会学研究没有捷径可走，认认真真读书、勤勤恳恳思考，都是绕不开的环节。要做好学问，不但要下得了田野，也要坐得住冷板凳。而杨波的这部著作说明，他这两点都做到了。

是为序。

王宁

于中山大学康乐园

2020 年 4 月 5 日

目录 C O N T E N T S

第八章　月入过万的快递员

第九章　结语：迈向行业研究的社会学分析

参考文献

附录　快递点部工作人员访谈提纲

后　记

第一章
导　论

　　每一天，我们走在城市的大街小巷，行色匆匆的快递小哥从我们身边飞驰而过：他们着装颜色各异，有衣服是红黑相间的顺丰快递员，也有衣服是蓝白相间的中通快递员；他们驾驶的车辆各不相同，有轻便灵活的三轮电动车，也有经过改装的小型面包车；他们熟悉辖区内复杂多变的路况，遇到主干道路拥堵时会迅速抄小路过去，没有小路就在拥挤的车辆中灵活穿梭；他们工作认真敬业，遇到暴风雨的恶劣天气也在坚持派送。每一天，紧张忙碌的快递小哥都在小区内来回奔走：有的带着一箩筐快件在住宅楼下来回穿梭，有的则焦急地向居民打听客户所在位置，有的在入口处向门卫解释进去的理由，有的在和物业协商将快件放在办公室。如果遇上"双十一"或"双十二"这些重要节点，直到深夜你还能看到他们围坐在一大堆快件旁，加班加点给客户打电话。这些快递小哥，乍看上去就像是与我们经常谋面的老朋友，但是转念一想，他们从哪里来，叫什么名字，除了收派快件还做什么，我们一概不知。本书将这些快递小哥称为"熟悉的陌生人"，而"熟悉"也成为理解他们快件收派工作的一把钥匙。

　　快递员每天的工作确实改变着我们每个人的日常起居：足不出户，只需在网上下一个订单，几天以后就能从快递员手上拿到称心如意的包裹；不必出门，只需一个电话，快递员就会在最短的时间内上门收取快件。快递业不仅拉近了人与人的距离，而且加快了生活节奏。从更广泛的层面看，快递业已经不只是为客户收派快件这么简单，其中一部分已嵌入很多传统行业中，餐饮业即是一例。"美团外卖""饿了么"开展的新的经营模式，既挖掘了传统餐饮业的潜力，又拓展了快递的边界。此外，快递公司在传统业务基础上开拓了更多的领域，例如顺丰速运开辟了仓储保管、金融服务等新兴业务，最终实现了多元化的发展战略模式。伴随大数据时代的到来，快递公司掌握的海量级客户数据为公司未来业务拓展提供了重要参考。当然，淘宝电商和快递业的相互推动冲击了传统零售商铺，例如不少传统书店在网店挤压下要么关门歇业，要么步履维艰，还有的在艰难转型。

不可否认，快递业迅速发展的背后有一大批快递员的辛勤劳动，没有他们日复一日的收派快件，再发达的物流网络也会立即瘫痪。如果将全国与快递相关的各类人员（如快递员和外卖员）加起来，数量有近千万，这可是一个很大规模的职业群体，亟待引起社会各界的关注和重视。本书通过对一个快递点部的实地调研，力争为读者呈现快递员们的完整肖像画卷。

第一节　破解快递"最后一公里"难题

近二十多年来，我国的快递业呈现爆发式增长，由快递业发展带来的社会变迁则更为深远且波澜壮阔。[①] 一是快递业内部呈

---

① 李芷巍（2017）梳理了我国快递市场发展的四个阶段。一是起步阶段，市场从政府垄断到开放，主要竞争者与政府相关，这个阶段的服务种类有限且水平不高；二是积累阶段，市场分散且竞争加剧，产品质量提升与同质化现象并存；三是集中阶段，行业开始整合，主要竞争者开始瓜分市场，不同竞争者的产品定位差异显现；四是联盟阶段，各大竞争者开始形成联盟，并向邻近市场扩散。

现多元化的发展态势，从中国邮政一家独大到以顺丰速运为代表的直营系和以加盟为特征的通达系的强势崛起，再加上此前的各大国际快递公司（如联邦快运），国内快递市场可谓是群雄并起。二是各大快递公司在全国布局的快递物流网络基本上形成了覆盖公路、铁路、航空等多种交通工具的立体架构，这为快递的迅速流通提供了重要的现实基础。三是快递业覆盖面广，所有大中小城市包括大部分乡镇都布有快递网点，快递已走入寻常百姓家。当然，面对广大乡村地区，各大快递公司仍需继续发力，尽快将快递下乡落到实处。四是快递业务量急剧增加，2016年底我国快递总量已超越美国位居世界第一，我国已成为名副其实的快递大国。伴随移动互联网兴起的电商产业进一步推动快递业的高速发展，而快递业的蓬勃兴起反过来又催生了大量电商，双方相互推动、齐头并进，呈现出一片欣欣向荣的景象。以每年的"双十一""双十二"为例，天猫、淘宝等一系列电商巨头不断刷新营业额纪录，快递业功不可没。

然而，快递业繁荣的背后面临着一系列问题。其一，快递业内部竞争异常激烈，各大公司为争夺客户市场大打价格战，致使单个快件的利润一降再降①。其二，一线快递员每天收派快件负荷重，一些人为完成公司规定的客户面签率而造假代签，致使客户投诉不断，快递业诚信遭受公众质疑。其三，快递公司制定的文明分拣制度在很多情况下流于形式，分拣员和快递员为提高物流速度随意扔、踩快件的现象时有发生，快递公司不时被推上风

---

① 这种情况主要发生在以加盟制为主的快递公司，由于客户市场、快递服务和物流网络的相似性，这些公司为竞争客户市场而大打价格战。

口浪尖。针对这些问题，各大公司采用了不同的解决办法。针对快递利润单薄问题，公司采用扩大业务规模的办法来解决，即通过与电商合作，采用薄利多销的办法来化解公司的运营危机；造假代签说明有时对快递员惩罚过重，公司在适当降低面签率的同时，与菜鸟驿站合作来化解大量快件派送的问题；针对野蛮分拣导致的快件破损、丢失问题，公司通过安装监控摄像头、提高快递包裹质量和包裹破损责任到人等办法来解决。这些措施在短期内确实可以稍微缓解以上困境，但是从长远来看，还是要通过快递业协会制定统一的行业规范并督促各快递公司认真落实来解决。

与上述三个难题相比，当前对各快递公司来说最紧迫的任务其实是跑好快递的"最后一公里"。各快递公司在国内均建立了完整的物流网络，主干路线的流通速度已没有太大差别，关键是从网点到客户的"最后一公里"，谁跑好这段路程，谁就占有市场先机，谁就可以在激烈的市场竞争中脱颖而出。快递"最后一公里"不是指1公里这个具体数字，而是指从点部到客户的最后一段距离，由于客户位置的不确定和派送路况的复杂多变，这段路程是快件收派最难的一段。①

一 物流管理科学：改进物流网络技术

破解快递"最后一公里"难题，不仅是一个跨学科议题，而且是一个涉及快递物流系统的综合议题。正如一项研究指出的，

---

① 京东配送机器人是由京东研发的用来为客户配送快递包裹的智能机器人，具备高负荷（最多可达200千克货物）、全天候和高智能（能自动停靠配送点和规避路障）的优点。这种配送模式对地理条件和客户分布情况有很高的要求，只能在有限范围内完成配送任务。

快递"最后一公里"难题除了指末端配送问题，还包括上下游衔接、自提点布局、路径优化、配载优化、运输工具选择、多式联运协调、利益主体博弈和顾客服务质量提升等问题（张锦、陈义友，2015）。以京东自营物流为例，有研究指出，在配送准备阶段、配送途中、取件阶段、付款阶段都存在相应的改进空间（梅灵、邵明吉，2018）。接下来，我们将从快递配送[①]选址、配送路径和配送模式三个方面介绍物流管理科学的最新进展。[②]

首先，关于快递配送选址的讨论，包括末端网点选址和取货地点选址两个方面。末端网点选址将直接影响从点部到客户的距离，快递公司在选址时会将快递员送货上门和客户自行取货相结合，运用遗传算法求解来构建末端网点选址模型（杨朋珏、胡昊、王俊嘉、安芬，2014）。此外，有研究发现，邮政网点布局注重均衡且覆盖面广，快递公司网点布局是以低成本覆盖高密度消费人群，电商企业末端配送则压缩社区级小店并设置片区级大店，通过快递物流配送整体覆盖多个社区（张智、肖作鹏，2017）。除了末端网点选址外，关于顾客取货地点选址的讨论主要围绕运筹学理论来进行：根据竞争选址和逐渐覆盖理论，在考虑顾客取货距离和自提点吸引力等因素的情况下，得出顾客选择行为对自提点选址有重要影响的结论（陈义友、张锦、罗建强，

[①] 本节主要是文献回顾，为与文献保持一致，交替使用快递配送、快件派送（派送快件）。在本研究中，则视语境交替使用快件派送、派送快件。

[②] 物流管理科学是一个比较宽泛的范畴，细分的话，包括计算机科学、网络安全和管理科学等。此外，该领域的文献很多，本书不可能全部涉及，在整理、分析文献时只选取了有代表性的论点，有兴趣的读者可以根据本书提供的部分文献来找寻更多的资料。

2017）；根据需求数据采用聚类方法将配送时空有限化，通过
TOPSIS 法评价在有限空间内选出最优顾客取货地点（张漪、段梦
媛，2016）；针对快递配送地址变化的问题，根据"典型业务、
统计分析、特征归纳、客户识别和扰动度量"思路，创建干扰管
理两阶段优化决策模型（丁秋雷、胡祥培、姜洋、阮俊虎，
2017）。快递配送选址涉及快递公司在某个片区内合理规划布点，
这直接影响接下来的配送路径和配送模式。

其次，关于快递配送路径的讨论，包括车辆配送路径优化和
快递员配送路径优化两个方面。在车辆配送路径优化论题中，主
要有以下研究：采用改进的遗传算法，解决快递配送过程中交通
环境、交通工具和配送路径的优化问题，从而达到优化配送和改
进路径规划的目的（叶威惠、张飞舟，2017）；采用车辆路径优
化模型计算配送模式的成本（王旭坪、詹林敏、张珺，2018）；
运用 GIS 技术，以降低配送成本、满足用户需求和提高服务质量
为目标，对物流配送中的车辆路径进行优化（谷炜、张群、卫李
蓉，2013）。除了车辆配送路径优化外，快递员的配送路径优化
同样值得关注：有人借助遗传算法分析"最后一公里"的配送路
径（章雪岩、桂欣、郑巧然，2017）；还有学者综合考虑快递数
量、快递员最长配送时间和各个配送点的作业时间进行讨论（麻
存瑞、柏斌、赵欣苗、曾伟，2017）。在配送地址选择和配送路
径优化方面，有研究借助运筹学理论，运用整数线性规划、多目
标规划和非线性规划的方法，提出应尽可能降低物流的运营成本并
提高客户的满意度（课题组，2014）。然而，物流配送问题不仅涉
及路径优化，还与企业配送网点布局、配送车辆满载率、城市末端
配送网点的网络体系、配送服务质量、评估指标体系和员工待遇等

有很大关系（孙真、张净，2017）。当前，在破解快递"最后一公里"难题上，共同配送模式被看作富有潜力的发展方向。

最后，快递配送模式包括新型配送模式、综合配送模式与共同配送模式三大类型。

在新型配送模式中，智能快递柜自提模式由于能化解客户不在场的难题，被看作一种亟待推广的末端配送模式（张秋燕，2014；王冬良、余振宁，2016；李淑芳、唐绮遥、丁宁、王佳媛、唐婧，2014；贾旭光，2018）。除智能快递柜自提模式外，众包配送模式也是一种创新，它指的是快递公司借助互联网技术，将同城配送工作以自由自愿的形式转交给社会大众完成，并支付少量的报酬（雷静，2017），还可以借助城市地铁线路来发展地铁众包快递系统（张坤芳、鲁鸣鸣、郑林，2017）。现在，快递公司借助移动互联网技术，已经在大中城市的居民聚居区大面积推广智能快递柜自提模式。

综合配送模式，包括送货上门模式、与便民机构合作的自提模式和智能快递柜自提模式等（陈曦，2017）。根据配送区域的不同，综合配送模式分为不同类型：①高校快递配送模式，包括便利店服务点、高校代理服务点、物业代理服务点、共同配送中转站和自提柜（毛薇，2015）；②信息共享平台和众包模式，是面向信息共享的干线协同运输加末端众包配送的综合配送模式（贾倩倩、康海燕，2018）；③将传统配送模式与众包配送模式结合，传统配送模式对应电子商务客户的聚集区，众包配送模式对应客户分散区（双莎莎、何建佳、李亚茹，2016）；④以公共提货柜为基础，构建自动化自助提货、人工辅助提货和送货上门的综合配送模式（杨聚平、杨长春、姚宣霞，2014）；⑤推进

O2O 与社区便利店结合的运营模式，提升适应网络时代需求的社区便利店的核心竞争力（王磊，2017）。

共同配送模式指的是，在城市快递末端节点的上一层建立有限区域共同配送中心，根据区域人口分布特征和快递业务需求，确定末端配送节点的辐射范围，由专门的末端配送中心通过统筹和整合有限区域内的待配送货物，实现对末端配送节点的统一配送（杨萌柯、周晓光，2015）。实际上，共同配送模式有不同的类型：①运用"源创新"理论构建电子商务共同配送生态系统模型，解决配送体系构建的顶层设计问题（钟耀广、唐元松，2016）；②从系统集成优化角度提出送提一体和终端共享的多主体共同配送路径（周林、康燕、宋寒，2018）；③通过搭建信息平台，引入大众参与，破解高校快递"最后一公里"难题（李军、吴艳敏，2014）；④结合实体店和第三方末端快递服务点，通过建立上一层共同配送分拣中心来统一规划车辆，并将快递送到客户手中（范静静、周晓光、杨萌柯、周红艳，2016）；⑤农村电商共同配送采用基于综合资源共享的运作模式、"O2O 平台 + 信息共享"运作模式、"4PL + X"契约性大众分包运作模式和"村镇电商集配站 + 智能自提柜"运作模式（赵广华，2018）。为有效破解快递"最后一公里"难题，快递公司通过不断创新配送模式来提高配送时效。

很多学者从物流技术角度将快递看作一种商品，关心的是如何尽快将快递送到客户手中，即使讨论配送模式，重点依然是如何更快一些。问题是，讨论配送模式不能只看速度，还要一并讨论成本、收益和风险。快递配送包括两个阶段：第一个阶段是物流网络中节点与节点之间的过程，物流管理科学在这个阶段扮演很重要的角色；第二个阶段是快递员和客户围绕快递收配而形成人际关系，这个阶段包括配送路径优化和配送模式创新。如果只讨论配送模式的差异而不去关注配送模式的现实基础，就无法回答为什么在某些区域适合上门送货模式，而在另外一些区域适合智能柜自提模式。比较不同配送模式中成本、收益和风险的差异，进而讨论不同配送模式的现实基础，就成为经济学研究的切入点。

二 经济学思路：创新快递配送模式

与物流管理科学稍有不同，经济学除了探索不同类型的快递配送模式外，还会结合不同的现实条件比较每种配送模式中的成本与收益，进而使配送模式与现实条件相匹配。接下来，我们准备从社区新型智能快递柜自提模式、综合配送模式和共同配送模式三个方面来分别介绍经济学的研究进展。

首先是关于社区新型智能快递柜自提模式的讨论。这种配送模式能有效避免快递员和客户交接快递的时间差，因此被看作一种很有潜力的发展方向。然而，从经济学角度看，这种配送模式如果要落地，还要考虑当地客户的分布状况和该区域的业务量，换句话说，并不是任何地区都可以推广这种模式。例如，有研究指出，快递柜运营公司要改变以往以快递员收费为主、广告收入为辅的赢利模式，逐步转向发展社区服务平台和向上集成，使其成为快递服务末端创新配送模式的载体（圆通研究院，2018）。

其次是综合配送模式中的成本、收益比较分析。以综合配送模式为例，经济学除了考察不同类型配送模式的搭配组合，还要考虑每种模式适用的现实条件。基于成本、收益的多种考虑，门对门配送、自提点配送与合作点配送都是备选项，选择何种模式取决于现实的客户条件。有研究模拟演算不同配送量下的配送成本，发现面积小、人口少且快递量小的社区适合采用送货上门模式，而面积大、人口多且快递量大的社区适合新型智能快递柜自提模式（郑棣，2015），有人根据电商客户的特点和需求将客户分为学生、在职人员、农村客户和其他人员四类群体，认为建立一个公共电子提货柜、人工自助提货和直接送货上门相结合的综合配送模型，既能满足电商客户的需求，又可以优化物流资源配置，还能降低末端配送的成本（杨聚平、杨长春、姚宣霞，2014），王莹根据消费者和企业的价值主张，比较新型智能快递柜自提模式、众包模式、直接配送模式和门店合作模式，指出各个模式各有利弊，只有相互配合，才能发挥更全面的作用（王莹，2017），还有研究发现，订单量少适合送货上门，订单量多则适合自助收发箱模式，顾客自提模式能否推广取决于自助收发箱的费用和第三方的提成比例（王旭坪、詹林敏、张珺，2018）。上述文献从"成本 - 收益"角度分析和比较每种配送模式，综合考量每种模式的便捷性和可行性。

最后是从"利润 - 风险"角度分析参与共同配送的各个快递公司。末端共同配送在社会效益、经济效益、服务水平和组织管理方面都优于各快递公司的自营末端配送（张露方、徐杰，2013），被看作一个很有前景的配送模式。经济学更重视分析这种配送模式中的成本和收益。一些学者认为，城市共同配送涉及物流企业、制造企业、零售企业和电子商务企业等多个利益主体，各主体在其中的利益分割比例将直接决定物流活动的成本（张锦、陈义友，2015），张昕基于对电商物流和社区服务的供需分析，探讨末端物流共同配送模式和决策路径（张昕，2013），还有人关注配送网点成本分担与运营利益的协调分配机制，认为这是优化共同配送模式的关键（孙真、张净，2017）。基于此，有研究指出，实施电商联盟式共同配送需要注意以下三个方面：一是搭建联盟式共同配送体系，实现利益共享；二是制定科学的利益分配方法，稳定利益分配模式；三是建立联盟协同机制，保证可持续发展（郭方方、钟耀广，2018）。显然，末端共同配送模式不仅要处理各企业的利益分割，还涉及各物流公司与共同配送企业的利益博弈。例如，快递公司将快递交给共同配送企业的同时，也意味着把终端数据共享给对方，当共同配送企业控制市场后，快递公司很可能丧失议价能力（任芳，2017）。经济学关注共同配送模式中不同利益主体的利益分割和成本分担，既关注不同物流企业的市场竞争，又探讨物流企业与共同配送企业之间的利益博弈。

物流管理科学将重心放在物流网络的更新与改进上，重点是清除物流路径中的不利因素并尽可能加快配送速度；而经济学则探讨不同配送模式中的成本与收益，侧重考察不同配送模式的现实基础。两个学科都存在一定的局限。以物流管理科学为例，在快递从点部到客户的"最后一公里"路程中，区域路线、客户分布和客户是否在场都是悬而未决的论题，如何设计一条最省时的配送路线，关键取决于快递员的实际操作。以经济学为例，不同的配送模式体现的是对不同模式的成本和收益的比较，这些配送模式能否落地，与客户是否相对集中和是否在场有很大的关联。与上述两个学科稍有不同，社会学在关注快递"最后一公里"议题时，回到快递员本身，关注资方控制与快递员劳动自主性的不同联系。接下来，我们将在简单介绍劳动过程理论的主要观点后提出本研究的分析框架。

三 社会学思路：劳动过程理论及其拓展

与上述两个学科稍有不同，社会学以快递员收派快件的劳动过程为研究对象，借鉴劳动过程理论，探讨资方控制与快递员劳动自主性的复杂联系。劳动过程理论经马克思的开创，到布雷弗曼的深化，再到布洛维的大力拓展，现在已经形成了相对成熟的分析框架（闻翔、周潇，2008；王星，2011；关锋，2011；赵炜，2015；汪建华，2018）。接下来，我们大致介绍劳动过程理论在中国的广泛应用，随后指出它存在的局限，并提出本书的分析框架。

劳动过程理论始自马克思对资本主义劳动过程的分析。资本主义企业为了获取工人的劳动剩余价值，通过延长绝对劳动时间来获取绝对剩余价值，通过改进技术来获取相对剩余价值（马克思，1963）。后来，布雷弗曼（1978）在《劳动与垄断资本》中正式将劳动过程作为一个独立的研究对象来研究，他对管理与劳动、技术与劳动和概念与执行的区分都极具开拓性意义。布洛维（2008）在《制造同意——垄断资本主义劳动过程的变迁》中从市场竞争、劳动控制、内部劳动力市场和内部国家角度构建出生产政治理论。围绕这条学术脉络，后来学者逐渐将性别、种族和文化等因素纳入，进一步丰富了劳动过程理论。本书根据是否生产有形产品，将行业分为制造业和服务业两个部分进行讨论。

1. 劳动过程理论在制造业中的运用

劳动过程理论的运用经历了从传统生产领域到互联网技术领域的变迁。按照劳动是否在工厂（企业）内部进行，还可以细分为内部和外部。从内部看，相关研究既有关注宿舍劳动体制在整个生产劳动过程中的重要角色的（任焰、潘毅，2006），还有关注常规工厂专制政体和准军事化工厂专制政体的（郭于华、沈原、潘毅、卢晖临，2011）。从外部看，在非正式就业中"老板游戏"在劳动控制方面扮演着重要角色（郑广怀、孙慧、万向东，2015），建筑业的包工制是农民工"拆分型的劳动力使用模式"在空间生产领域的体现（任焰、贾文娟，2010）。黄岩通过研究珠三角赶货工群体后发现，"共识"的产生是对灵活劳动力市场生态的借用（黄岩，2012）。除了传统生产领域，近年来对中国互联网企业劳动者的研究成为学术焦点。梁萌深入研究互联网虚拟团队劳动过程后发现，这种劳动过程存在以平等、自由与合作为特征的工程师文化与以个体利益为先及以等级制为特征的科层制管理的矛盾，这种矛盾最终导致虚拟团队劳动中的合作与分化（梁萌，2016）。此外，她通过比较两类互联网企业内部的管理控制机制，发现敏捷开发技术带动企业的客观管理制度和主观企业文化的整体变迁，客观管理制度减弱了劳动者的决策权，而主观企业文化逐渐与劳动者的原初文化相疏离，劳动者基于工程师文化所获得的主体性和自主性逐渐减少（梁萌，2019）。从传统生产领域到互联网技术领域的变迁，表明资本控制过程更为隐蔽，企业在追逐利润和控制员工劳动过程方面并未发生实质性变化。

2. 劳动过程理论在服务业中的运用

关于服务业的区分，有研究者根据对他人照料、看护和关怀，将照顾问题分为"照顾的性别框架"、"照顾工作的阶层化"和"亲密关系劳动"等主题（吴心越，2019）。本书根据员工与客户的人际距离将服务关系分为三类，分别是近距离的拟亲属关系、远距离的泛泛之交关系和中间距离的熟人关系。

第一类，客户与员工的人际距离接近，拟亲属关系是重要特征。这类服务业以家政业为主，包括钟点工、月嫂、长期护工等。员工除了为客户提供服务劳动外，还与之进行情感交流，在长期交往中逐渐与客户形成了一种拟亲属关系。现有研究发现，雇主与家政工存在家务劳动过程中的博弈：雇主通过时间规训、全景监视和情感管理来控制劳动过程；而家政工采取跳槽、讨价还价和搭建前后台等方式试图夺回劳动过程控制权（苏熠慧，2011）。以育婴家政工为例，有的公司通过培训将家政工身份置换为母亲角色和以家庭关系为核心的性别身份，然而这种管理会让公司和客户对家政工有不同的角色期待，新的劳动身份冲击了家政工的角色认知，最终导致情感上的双重疏离（苏熠慧、倪安妮，2010）。还有研究发现，家政业借助互联网技术，对劳动者采用的是强控制与弱契约①的用工模式，这进一步强化了底层劳动者的结构位置（梁萌，2017）。近年来，由于存在巨大的市场需求，我国家政业迅速发展，再加上政府的大力倡导，在不久的将来，围绕它的学术讨论将会成为一个热点。②

第二类，客户与员工的人际距离稍远，泛泛之交是显著特

---

① 合同、契约和合约概念是新制度经济学和经济社会学常用的学术概念。由于学科差异以及不同学者的研究偏好，有些学者习惯用"合同"，而有些学者则倾向于用"合约"或"契约"。在本书中，除引述其他作者的观点时以原作者所用概念为准外，行文中一律用"合同"一词。

② 2019年6月16日，国务院办公厅下发《关于促进家政服务业提质扩容的意见》，明确提到家政服务业作为新兴产业，对促进就业、精准扶贫、保障民生有重要作用。

征。这类服务业在现实生活中广泛存在，既有文献发现其包括但不限于以下领域：航空公司以女性气质为标准选拔空姐，利用"真乘客"与"假乘客"的策略来监督和控制空姐的劳动过程，而乘客需求的差异性使空姐灵活地采用各种抗争形式（李晓菁、刘爱玉，2017）；在星级酒店服务业中，以惩罚为主的管理和员工的集体抗争并存（佟新，2013）；在对酒楼服务员的研究中，有人借助生产政治理论框架探讨了服务业女性农民工的劳动过程，资方利用社会文化传统来建构不同年龄女性的社会性别，采取分而治之的管理策略，对"大姐"用专制型统治，而对"小妹"则用霸权型管理（何明洁，2009a）；茶会所运用身体控制和奖惩控制来管理茶艺师，而茶艺师既会通过自愿加班等来提升销售业绩，也会通过运用弱者武器、坚持原则、制造消费平等和与污名划界来抗争（帅满，2018）。

近年来，伴随移动互联网的兴起，互联网与出租车、快递业和文学创作等传统领域相结合，形成了关于网约车、外卖员和网络文学写手的系列研究。关于网约车，有的研究刻画了从有产者游戏到互联网劳动的演变过程，验证了马克思的经典剩余价值理论在互联网经济环境中的解释力（杜鹃、张锋、刘上、裴逸礼，2018）。还有研究发现，平台控制劳动过程，并使网约车司机认同工作自主性机制、计薪与激励机制和星级评分机制，劳动者对平台规则形成了主动认同与被动接受的复杂工作体验（吴清军、李贞，2018）。某种程度上，网约车平台扮演了"现代包买商"角色，凭借对市场接入权的垄断获得剩余控制权，通过数据和算法介入劳动过程（齐昊、马梦挺、包倩文，2019）。关于快递员，有研究指出，基于算法管理的外卖工作具有"时间内嵌"、"情感劳动"和"游戏化管理"等特征（孙萍，2019）；快递员在资本管理与监控下争取劳动自主性（杨敏、江滢，2017；庄家炽，2019）；在互联网技术条件下，外卖行业的用工模式呈现资方支配与劳方抗争的新形态（赵璐、刘能，2018）；人工智能技术应用强化了互联网平台对劳动过程的监控（冯向楠、詹婧，2019）。关于网络文学写手，研究发现，以互联网技术为基础的平台资本通过众包生产体制将大众创造性活动纳入网络文学生产活动，网络作家成为知识劳工（胡慧、任焰，2018）。以电子游戏的美术劳动为例，电子游戏的创意劳动中存在创意劳动和资本之间的博弈（黄佩、杨丰源，2018）。这些研究大大拓展了劳动过程理论的应用边界。

第三类，客户与员工的人际距离适中，熟人关系是重要特征。与上述两类服务关系不同，这类服务的从业者与客户既不是拟亲属关系，也不是泛泛之交，而是一种熟人关系，例如美容师、健身房客户经理和保险经理等。美容师以"制造熟客"为目标，通过双方的情感关系来掩盖资方对顾客的赢利与对劳动者的控制（施芸卿，2016）。劳动过程理论试图揭示资方对员工更加隐蔽的控制，员工通过熟人关系来诱导客户的充卡行为，最终还是为了资本赢利。这部分研究由于界限的模糊，往往会滑向上述两种类型中的一种。

劳动过程理论的广泛运用缘于它的两个优点：一是结合时代发展不断拓展研究议题的广度和深度，从车间内到工作场所外，从传统行业到互联网产业；二是揭示互联网技术条件下资方控制劳动的各种显性和隐性策略，劳动过程理论自身的强烈批判性使我们能迅速察觉到隐秘的资方控制和劳动者主体解放的潜力。近年来，对劳动过程理论的反思也逐渐多起来。例如，有研究提到当前关于劳动者的研究过于依赖劳动过程理论，反而错过了借鉴其他理论的机会，还有就是研究领域过窄，忽视了企业内部与外部社会政治经济背景之间的复杂联系。更重要的是，过于关注企业管理控制，反而失去了社会学的学科特征（赵炜，2017）。此外，当前一部分研究存在理论与问题意识先行、研究资料来源单一、经验分析缺乏深度、研究发现沦为理论概念包装下的常识等问题（汪建华，2018）。与上述学者的自觉反思类似。

笔者在整理文献时产生了两方面困惑。第一，劳动过程理论解释的边界到底有多广？不加区分地直接运用只会稀释理论的解释力，特别是在还没有完全呈现田野经验前就运用理论，可能会遮蔽更多的经验内容。第二，劳动过程理论中的关键概念是不是要再澄清？快递公司制定的哪些规范属于控制？如果将工作纪律都看作控制，是否妥当？劳动者的抗争哪些属于个人行为，哪些属于结构压迫？上述反思为本研究提供了两点启示：既要注重经验呈现，切忌用西方理论裁减中国经验，又要适当扩大理论视野，注重多元化的理论视角。

快递员收派快件议题当然可以用劳动过程理论来分析，近年来关于快递员的一些研究确实采用的是这个分析思路（杨敏、江滢，2017；庄家炽，2019）。但是本次调查发现快递员有三个特点，这意味着我们可能需要转换研究思路。其一，快递员收派快件除了接受点部的管理督促外，平时还会与各类人群等打交道，包括小区物业、工厂门卫和便利店的店主等。点部与快递员的关系由于其他人的加入变成了三方甚至四方关系，这显然有别于平台控制与快递员的两方关系，对于后者用劳动过程理论分析似乎更妥当。在这次调研中，作为熟人的客户与快递员有着各种联系，这种联系既不像空姐、售货员与客户的泛泛之交，也不像育婴师与客户的拟亲属关系，而是介于两者之间的熟人关系。其二，快递员在所辖区域内更像是一种责任自治，每个快递员在所属区域内深耕细作，业务量与个人收派能力相匹配。快递员平时工作确实有来自点部时效系统的不断督促，但正是熟人关系的广泛存在使快递员有更大的主动性和灵活性来化解监督压力。此外，快递员为了应对紧张的工作压力，在必要的情况下会相互帮忙。其三，快递员所辖区域的业务量与快递员收派能力相匹配，快递业务量如果严重超出快递员工作能力，点部就会考虑调整或分割区域。速安快递公司在保证快递员高工资的同时会适当降低劳动强度，而不是一味地追求数量增长。快递员收派快件首先是一个田野经验呈现的论题，一开始就用劳动过程理论可能会遮蔽一些经验内容。

从现实情况看，快递公司为了提高快件收派的服务质量、保障客户权益，不仅制定相应的制度来规范快递员行为，还设置客户投诉渠道来提高快递服务质量。以客户签收快件为例，公司规定快递员在客户当面签收完毕后才能赶往下一个地点。问题是，如果快递员必须要等客户面签后才能离开，那么遇到不在场的客户，贸然等下去就会延误其他快件的派送，遇到"双十一"这种特殊情况，送不完快件，点部就会爆仓①。地方邮政管理局也在

---

① 快递爆仓指的是，点部在一段时间内突然收到很多快件，来不及分拣，更没有办法将快件及时送出去，最终导致快件滞留在中转站或快递点部。爆仓的原因有很多，如恶劣天气使交通瘫痪，影响快递物流的正常运行，在网购高发期订单爆炸式增多。为应对爆仓，不少公司在重要节假日的前三（转下页注）

不断规范快递员的从业规范，通过不定期抽查来落实相关规定，公司、政府和客户三管齐下共同监督快递员收派快件。照这种情况估计，快递员在面对大量快件时就会手忙脚乱，点部会有大量积压的快件。然而，现实并非如此。很多点部平时忙而不乱，快递收派紧张有序，即使遇到重要时点，点部也能从容应对。显然，快递公司的正式制度与快递员的有效派送之间产生了一个悖论。基于此，本书提出的研究问题是，在快递的"最后一公里"，快递员是如何操作的？收派快件的背后隐藏着什么样的运作机制？从更广泛的层面来看，这个经验问题还可以提炼为更具普遍性的问题：在受正式制度约束又存在不确定风险的情况下，行动者是如何有效完成任务的？[①]

第二节 跟快递员去现场

经一位朋友介绍，我在桥东点部进行了为期 20 余天的实地调研，通过参与式观察和流动式访谈收集了一手资料。访谈对象包括快递员、点部主管、运营主管、仓管组长、仓管员和经理，访谈内容有快件收派价格、快件收派的过程、快递员与客户打交

(接上页注①)四个月就做预案，包括增加人手、改进派送方式、延长派送时间和加大对派送的激励力度等。速安快递公司面临的爆仓难题没有通达系公司明显，后者与大量电商合作，而速安快递公司遇到的难题是过春节时其他快递公司放假，那时就面临更多的快件派送需求。

① 说它是一个普遍性问题，是基于两个考虑：从理论上看，是结构与行动关系的具体化，以往的讨论将其区分为社会结构制约与行动者自主选择两个层面；从现实看，它牵涉很多议题，就像城管在执法时需要考虑执法风险和城市治理任务的完成。

道的内容和快递员在收派快件中遇到的各类风险等。以本次调查为例，我进入现场后发现不具备访谈录音的条件，忙碌的快递员压根儿就没有时间接受访谈。在进入点部后的第二天，我决定采取流动式访谈，跟着快递员坐上三轮车到现场收派快件，在等待客户的空隙或路况好的情况下及时询问快递员，在他与其他客户交接快件时尽快将内容记下来。没有录音就无法呈现完整文本，甚至会遗漏关键信息，为弥补访谈不连续和每次访谈时间短的缺憾，我采用了多次访谈同一个快递员和从不同快递员那里收集资料的三角互证方法，尝试在分析资料基础上拼接快递员收派快件的完整画面。每天晚上，我认真梳理资料之间的逻辑关系，尝试提炼一些初步性概念或假设并及时记下来，同时谋划第二天的调研安排。这种一边收集资料一边分析资料的方法，意味着在调研结束时我对田野已经有了整体把握。

一 "我看人看我"：被访者眼中的研究者[①]

教科书在"实地研究"一章会向读者介绍研究的整个过程，包括进田野前要做的准备工作，进田野后的各项资料收集工作。研究者通过观察、倾听被访者来收集各类资料，离开田野后撰写报告。教科书一再提醒我们，在现场要对被访者做全方位观察和一对一的深度访谈，为保证资料的完整性、真实性和全面性，在被访者允许的条件下录音。然而，实地调研面临的情况千变万

---

① "我看人看我"部分受费孝通先生一篇文章的启发。在实地研究中，研究者不能光顾着收集资料，还要反省自己的角色对被访者的不同影响。这种角色又分事实角色和想象角色，后者是被访者对研究者的角色想象，而这种想象很可能会引发被访者言谈和行为举止的改变。

化，研究者要随机应变。

　　教科书为初学者介绍的方法流程是在一个理想条件下展开，但研究者要根据问题的需要、资料的性质和现场条件灵活应对，时刻关注调查中存在的各种困境并设计解决办法。实际调查有时很难如人所愿，但研究者对方法过程的自觉省察则是很有必要的。初进田野我还遇到一点儿小麻烦。调查是经一位朋友介绍的，她比较熟悉快递业的情况。进入点部后我发现，不只是我在观察快递员，快递员们也在暗中观察我。后来我才得知，一开始他们中有人怀疑我是速安快递公司总部派下来的督导员，也有人怀疑我是邮政管理局派来的"卧底"，尽管我一到点部就告诉所有人我是一名大学教师，利用暑假来调研快递业。如果研究者在调研中没有意识到被访者对自己的各种构想（邮政管理局的督察员、公司总部的督导员等），全盘接收他们所讲的内容，很大程度上得到的就是经过被访者筛选后的资料。

二　与经验资料和解：尽吾志而无悔

　　研究者在现场希望收集与主题相关的所有资料，但这不过是一厢情愿，现实状况倒是有很多或明或暗的门槛会阻拦研究者进入。以快递员为例，有的容易接近也愿意接受访谈，有的就不太友好、推三阻四，即使勉为其难接受了，在讲到关键问题时也会顾左右而言他。对快递员来说，他们了解了我的角色和调研目的后，基本上都很配合。可是，作为一家知名快递公司，商业机密不能轻易透露给外人。我是经朋友介绍进入的，但关键资料例如合同文件等，负责人只是在口头上讲一讲，这种面对宝贵资料又无法获得的心情一度让我焦虑不堪。

研究者非要等收集齐所有资料后才开始思考创作,这不过是完美心理作祟。如果当时争取一下能拿到资料,那最好不过,拿不到是不是就放弃了?退一步说,研究者其实可以先检查一下收集的资料到底能回答哪些问题,至少在某些论题上,我们能往前推进一步是一步。在将来,或许是自己,或许是其他研究者,在面对类似论题时有条件收集更全面、更深入和更细致的资料,那再往前推进也未尝不可。与经验资料和解不是说研究者不努力,而是在力所能及的情况下尽可能收集资料。此外,速安快递公司是一家知名快递公司,采用直营管理模式,研究者完全可以从网站、新闻报道和相关论著中进一步补充与本研究相关的内容。

三 倾听被访者:最好的访谈是没有访谈[①]

在实地调研中,研究者关心与论题相关的所有资料,对这些资料格外敏感,而对与论题无关的资料视而不见,甚至认为这些是干扰而极力排斥。教科书也在告诉读者如何将被访者从无关的话题中引回来,其中还介绍了不少技巧。其实,只有将访谈与访谈背后的各种因素看作一个整体,我们才能更好地完成调查。

最好的访谈就是没有访谈。在调研中我们要试着打破访谈中的主客位置,尝试走向一种平等条件下的信息分享与情感共鸣。只有这样,被访者才能知晓研究者也是一个不胜任者,从而降低研究的神秘感;研究者可以告诉对方自己的调研内容,进而拉近

---

① "没有访谈"的准确含义是说,我们做深度访谈时要做到形散而神不散,不要拘泥于一定要将地点定在会议室这类正式场所,不要满足于拿着访谈提纲和录音笔问对方,在田间地头、街坊小巷研究者随处都可以展开访谈,要将访谈的主题融入自己的头脑中。

彼此的距离。如果访谈在无形中强化彼此差异并加强权利不对等，那么这种压迫性调查得到的资料是很值得存疑的。在以往的调查中，和访谈题目偏差的信息往往被看作干扰项。对这些看似干扰的信息要辩证地看：一来对方给你透露的无用信息可能对你了解某个主题有间接的帮助；二来这种无用信息暗含着他想跟你建立信任关系，这反而是研究者特别要珍视的，如果无视甚至打断，就错过了建立关系的契机。

本次调查采用的是在不同时间对同一个快递员做多次访谈，因此在呈现资料时，读者会发现同一个被访者讲述的观点。对于同一主题的访谈，我尽可能将不同快递员的观点一起列出来，增强观点的说服力。此外，本研究表述访谈资料的方法是在访谈内容后面附上被访者的姓名（化名）和访谈日期，例如（陆平和，快递员，20180728），指的就是一名叫"陆平和"的快递员在 2018 年 7 月 28 日为我讲述的内容。

第三节 本书的结构与章节安排

本书共有九章。

第一章是导论，先介绍本书的写作背景和所研究的问题，简明扼要地梳理物流管理科学、经济学和社会学劳动过程理论的研究思路，并分别阐述其优势与局限，紧接着介绍本次调查采用的方法。

第二章围绕合同论题，探讨经济学在该论题上的重要观点，阐述其优点和不足，并指出社会学在合同研究论题上的学科优势，随后建构一个服务合同约束软化的分析框架。

第三章是全面介绍桥东点部的主要情况，由四个部分构成：一是组织架构，包括组成人员、规章制度；二是业务拓展，交代桥东点部的主要业务情况；三是快递员情况介绍，包括入职培训、收入构成、职业晋升、工作风险和奖惩机制；四是呈现快件流动的过程，由于资料限制，只介绍快件从中转站到点部再到客户的过程。

第四章是探讨快递员和公司的制度联结，分为两个部分：一是介绍公司管理与快递员协同派送的联系机制，呈现出理性化的公司管理与快递员的人际协作的无缝对接；二是呈现公司对区域划分的调整，以及快递员如何应对区域调整和处理问题快件。

第五章围绕快件派送话题展开讨论，将快件派送分为在路上和在送的环节中两个阶段。在路径优化上，快递员发展出常规路径、例外路径、循环路径和权变路径四种模式；在派送优化上，发展出正式派送、逆向派送、虚化派送、托管派送和代管派送五种模式，其中后面四种是对服务合同的软化。服务合同软化带来的是派送风险的大幅提高，而快递员从服务态度、服务质量和服务规范三个方面来防控风险。本章最后探讨熟人关系在提高效率和降低风险方面的重要性。

第六章则以快件收取为话题展开讨论，将快件收取分为在路上和在收的环节中两个阶段。在路径优化上，快递员发展出常规路径、例外路径和循环路径三种模式；在收取优化上，发展出正式收取、虚化收取、逆向收取、托管收取和代管收取五种模式。与派送环节稍有不同，在正式收取环节，快递员通过熟人关系适当地将一部分快递劳动委托给客户来完成，而其他四种收取模式则有效软化了服务合同。

第七章是探讨熟人关系的建立、维护和强化的一般过程，以及面对服务纠纷时快递员是如何通过熟人关系来化解的。此外，本章还以"熟人"为关键词，分析这类本土词在构建社会学话语体系中的重要作用。

第八章是对实地研究的补充。以往的实地研究在分析资料时偏重经验整体，提供资料的被访者是作为一种模糊形象而出现的。本章则选择一个快递员作为典型，来描述一线快递员的日常工作，弥补实地调研中的局限。

第九章是结语，探讨服务合同约束软化与既有文献之间的联系，反思不同学科解释思路的差异，最后探讨社会学视角在行业研究中的可能与可为。

第二章

合同研究的跨学科视角

合同是现实生活中自然人、法人和组织在进行服务或商品交易时签订的确保双方权利义务关系的重要协议，这类协议因为有法律保障而具有法律效力。合同有广义和狭义之分，广义合同指的是所有法律部门中确定权利义务关系的协议，而狭义合同指的是一切民事合同，如果再细分，最狭义的合同就是民事合同中的债权合同。本研究是在广义合同上讨论，即"任何两个经济实体的双边关系甚至多边关系，都可以称为合约关系"（折晓叶、陈婴婴，2005：4）。这种定义隐含了三个特征：其一，将签约各方看作陌生人，暂时忽略各方的人际特征；其二，将签约各方看作理性人，彼此可能存在投机和道德风险，因此通过合同将彼此的权利义务关系固定下来；其三，合同背后有法律（《合同法》）做支撑，双方在未来如果发生纠纷可依照法律解决。合同在现实生活领域广泛存在，分为不同类型：按照涉及的领域，有员工与组织的劳动合同，有开发商和购房人的房屋出售合同等；按照合同期限，分为短期合同与长期合同；按照是否正式成文，分为正式合同与非正式合同①。

当前对合同议题的研究，经济学学科相对较多且积累了不少有益的成果，为我们认识生活中的各类合同现象提供了不少经典

---

① 这里用契约理论表述可能更准确，但本书探讨的是合同议题，而合同属于契约中的一种重要类型，在一般情况下学者们在引介文献时有时也将合同（合约）理论与契约理论等同。

概念和解释思路。但是，这种状况近年来出现了一些新变化，社会学探讨合同论题的研究逐渐多起来。社会学凭借自身的概念和分析框架提出一套与经济学不同的解释思路，从另外一个角度增进人们对该领域的理解。事实上，从经济学学科的中心论题开展社会学研究，不仅能让社会学者深入接触相关学科在该论题上的重大进展，还可以拓展社会学研究的边界，从而形成一种良性的学科竞争。当前，社会科学分支学科的分工固然有利于不同学科围绕本学科关注的中心论题展开深入研究，在确定问题域、提炼分析性概念和发展分析框架上都能迅速建立起本学科的知识体系，然而放弃或无视其他学科的研究进展很可能会导致学科边界日益封闭和知识体系不断僵化。因此，从相关学科关注的中心论题展开跨学科探讨不是向其他学科宣战，而是加深彼此的了解与合作。

本章先大致回顾经济学有关合同论题的经典论述，捎带介绍经济学合同理论中的两个不同思路，随后从社会学角度提出探讨合同论题的切入点与分析进路，最后借鉴关系合同的讨论，提出服务合同约束软化的分析框架。

第一节　作为节省交易成本的合同

经济学视野中的合同理论，指的是用契约关系来分析各类产品和劳务交易行为，通过制度设计来约束人们的行为，并最终实现社会福利最大化。因为签约各方存在信息不对称，缔约过程可能出现逆向选择、道德风险、敲竹杠和承诺四类问题，逆向选择属于机制设计理论的范畴，后三类问题都是契约理论的核心问题（聂辉华，2017：1~13）。经济学的合同理论最终分为完全合同理论和不完全合同理论两个脉络，两派的代表性人物哈佛大学教授奥立弗·哈特和麻省理工学院教师本特·霍姆斯特朗由于在合同理论上做出了杰出贡献，双双获得 2016 年诺贝尔经济学奖。

　　合同理论经历了从完全合同理论到不完全合同理论的演变。完全合同理论关注信息不对称条件下的道德风险和逆向选择问题，哈特和霍姆斯特朗在 1987 年合作的《契约理论》确立了他们在该领域的重要地位，自此以后哈特沿着不完全合同理论继续推进，而霍姆斯特朗则依然在不断完善完全合同理论。① 聂辉华教授比较了两人的观点并交代了两派在关键论题上的重要差异，指出不完全合同理论在遇到完全合同理论挑战后发展出两种观点（聂辉华、阮睿、李琛，2016）。完全合同理论认为，委托人和代理人能够预见到未来的所有状况，并实现在一定约束条件下的次优效率；而不完全合同理论则认为，合同是不完全的，当事人的有限理性和资产专用性会导致"敲竹杠"难题，可以采取产权安排来实现次优效率（聂辉华，2017：1~13）。奥利弗·威廉姆森的交易费用经济学理论属于不完全合同理论的重要分支，本书将以威廉姆森的关系合同理论为基础，进一步讨论合同约束软化的理论议题。②

　　探讨威廉姆森的关系合同理论，需要追溯到罗纳德·科斯的《企业、市场与法律》，他提出用交易费用的增减来分析市场与等

---

① 聂辉华教授对两种合同理论的介绍很详细，由于篇幅限制，本书不做过多介绍，有兴趣的读者可以参阅聂辉华（2005，2017）。

② 合同理论是经济学在 20 世纪 70 年代以来发展的新分支，该领域至今有大量经典文献问世，在核心思路上至少分为完全合同理论和不完全合同理论，在研究领域上从公司治理逐渐扩展到公共经济学领域。本书发现，不完全合同理论脉络中威廉姆森的关系合同理论与本次调研的议题更契合。

级制组织之间的相互转化，指出契约越不完全，企业就越可能替代市场（科斯，2014：78~123）。然而，正如后来不少批评者所言，科斯提出的"交易成本"概念在很长时间内处于被引而不用的尴尬境地，主要原因就在于这种概念很难被操作，作为以建模为特长的经济学学科，如果无法对这个概念做测量，那么就很难将这个概念吸纳进来。新制度主义经济学的代表作奥利弗·威廉姆森的《资本主义经济制度——论企业签约与市场签约》是对不完全合同理论的重要推进，指出经济组织的问题说到底就是一个为了达到某种特定目标而签订合同的问题（威廉姆森，2002）。"交易成本"是新制度主义经济学关注的一个核心概念，它指的是交换双方因误解、冲突而推迟成交，进而导致合作破产而产生各种问题。交易成本分析方法探讨的是组织为完成任务需要花费多少计划成本、调整成本和监督成本，双方签订合同就是为了节约这些交易成本（威廉姆森，2002）。"交易成本经济学认为，人们不可能在合同签订以前的阶段就事先估计所有讨价还价的行为。恰恰相反，讨价还价是无处不在的，从这个意义上说，对私下解决以及全部合同进行研究具有重要的经济意义。因此，既要考虑到代理人行为的特点，相应地还要考虑造成有限理性和投机行为的那些条件，而决定这些条件的正是交易（特别是涉及资产专用性的交易）的多重属性。"（威廉姆森，2002：46~47）随后，威廉姆森根据有限理性、投机和资产专用性三个关键概念，构造出有计划的签约、言而有信的签约、竞争的签约和需要治理的签约四类签约过程。

威廉姆森对交易成本与合同类型的思考是放在治理结构下展开的。他用资产专用性、交易频率和不确定性三个关键概念概括出市场治理、双边治理（关系合同）、三方治理（新古典式合同）

和古典缔约活动四种治理结构，不同治理结构分别对应不同的合同类型，这些治理结构都是为了尽可能地降低交易成本（威廉姆森，2002）。资产专用性、交易频率和不确定性赋予科斯的交易费用概念以可操作性，这使交易费用成为一个可以证伪的学术概念，科斯在此基础上构建了交易费用经济学（聂辉华，2004）。图 2-1 是这本书主要观点的逻辑框架。为了方便读者阅读，本书将原图的方向从水平改为垂直。读者可以基于图 2-1 来更好地理解威廉姆森的交易费用经济学的整体思想。

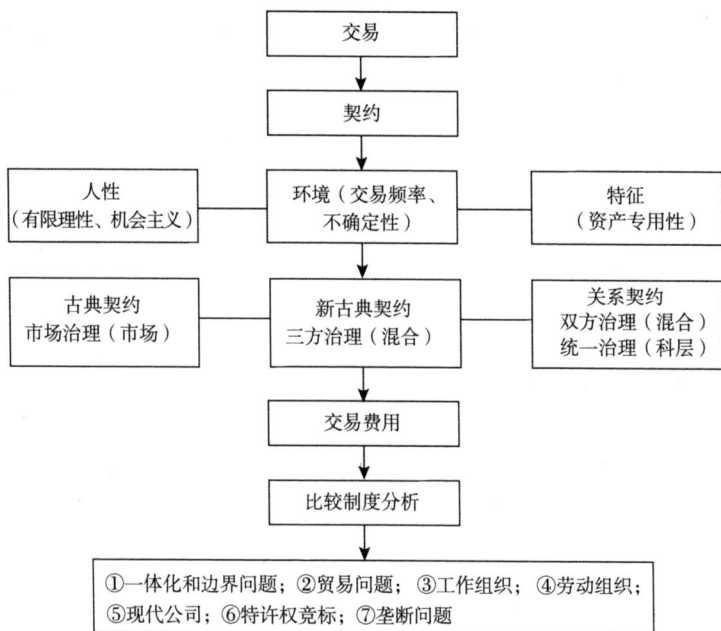

图 2-1　威廉姆森《资本主义经济制度——论企业签约与市场签约》的研究逻辑框架①

---

① 聂辉华（2004）将原著观点予以图形化，这极大地方便了读者对威廉姆森主要思路的理解。尽管二手文献介绍很实用，但还是建议有兴趣的读者直接读原著。

本研究关注的论题与威廉姆森的关系合同讨论密切相关。刘世定教授指出，威廉姆森的关系合同理论隐藏着三个重要前提：一是对不同治理结构相对优势的分析是建立在合同法体系和一般社会伦理道德体系之上的；二是人际关系和成文合同之间被假定为没有摩擦；三是将关系看作由资产专用性和多次交易的需要而诱导出来的，因此没有充分关注专用投资发生的条件（刘世定，1999）。随后，刘世定教授从约前关系导入、多元关系属性和对关系属性的有限控制三个层面分别讨论了合同治理结构和嵌入关系结构之间的不同对应关系，并探讨了两者之间可能存在的结构性摩擦，最终提出合约约束软化命题（刘世定，1999）。这种讨论揭示了经济学和社会学在合同议题上的重要差异，即社会学考察经济学模型的前提条件和假设，通过暴露其错误或缺陷来完善该理论（刘世定，2014a：16）。社会学通过揭示经济学理论成立的前提条件的局限性，展示社会生活更多的面向，并尝试提出新的解释思路。

除了新制度主义经济学的探讨，法学对合同话题的讨论也值得关注。根据合同签订双方关系的不同，分为民事合同、劳动合同和行政合同。法学将合同看作一种双方在平等立场下签订的正式契约，通过设定严格的法律条款来保障签约各方的权益。现实社会与法律规定之间的关系有两种情况：与法律不符的现实意味着当事人有违法现象，需要立即纠正；有法律覆盖不到的现实说明出现了法律空白，需要进一步完善法律。显然，法学视角对合同的研究化解了人与人之间的产权纠纷，更重要的是，围绕合同形成的诸多法律条款对促进经济发展有很大的推动作用。法学视角下的合同论题强调的是对签约人在法律层面的保障，合同一旦生效，签约各方的相关权益将得到保护。如果签约各方将来存在纠纷，在和解、调解无效的情况下将诉诸法院来裁决。法学视野下的合同研究更关注《合同法》的规范性，强调法律效力。然而，只从法学视角看待合同论题将会产生一些困惑。例如，现实生活中的违规合同为何会长期存在？签约各方不了解法律是一种解释，那如果双方了解法律但还是签合同，这该如何解释？法学视角往往将其看作一种违法现象予以纠正。当事人不懂法，可以普法，明知故犯就要严厉打击。这看似解决了问题，但是只会使违规合同更加隐蔽。其实，合同签约各方在合同中的各种成本－收益分析才应是重点关注的。法学视角为我们认识合同以及相关法律提供了重要启示，在实际生活中由于面临各种复杂情况，合同能否顺利实施还取决于很多因素。将合同看作一种正式制度，围绕正式制度与非正式关系的探讨就为社会学的介入提供了一个切口。

第二节　作为正式制度的合同

新制度主义经济学把双方签订合同看作是为了明确权利义务并对收益获得做出明确规定，合同签订能有效降低双方的交易成本并约束道德风险和逆向选择。这种思路建立在双方都是理性陌生人的基础上，合同背后有法律和社会伦理道德的支撑，人际关系在其中的作用并不很明显。然而，人际关系有没有起作用，如果起作用，有多大作用，都不太确定。社会学将合同关系看作一种正式制度，通过探讨签约各方的人际关系与正式合同之间的联系来重新看待合同话题。接下来，我们准备从合同缔约、合同实施与合同变更三个阶段来分别介绍。

一 合同缔约：社会结构塑造经济行动

合同缔约看起来是一个经济学议题。签约各方为了达成商品或服务方面的交易在遵守法律的条件下签订合同，在保障彼此权责的情况下达到各自利益的最大化。通过这种方式缔约的合同，具有清晰性与合法性两个显著特征：清晰性指的是签约各方的权责在合同条款中规定清楚；合法性指的是签约各方在没有违法且平等的条件下自愿签订合同。现实情况却是在日常生活中存在模糊合同与违法合同，对这两类偏离正式合同的现象，经济学或法学给出解决办法：针对模糊合同，将合同条款清晰化是明确思路，因为内容模糊很容易引发利益纠纷；针对违法合同，严厉打击并坚决取缔是重要举措，因为这类合同不仅损害当事人的利益，甚至有可能对整个社会产生危害。

社会学的解释思路可以概括为社会结构塑造经济行动，或者概括为合同缔约的社会基础。

其一，就正式合同来说，缔约各方在签订合同之前就已经处于社会关系网络中。不少企业把社会网络当成最有效的寻找商业伙伴的方式，人际关系网络在合同缔约中作用明显（周雪光、赵伟、李强、蔡禾，2008）。有研究通过对珠三角企业家的访谈后发现，企业的商业情报、创业资金、首份订单三项资源均来自创业者的社会网络（边燕杰，2006）。刘世定指出，乡镇企业的建厂、联营、转产、确定业务项目、购买原材料和产品销售等环节都利用了非正式社会关系资源（刘世定，1995）。

其二，就违法合同来说，这类合同之所以无效，是由于违反了现行法律，如果深入合同内部，通过分析签约各方在其中的成本、收益和风险，就能解释这种合同长期存在的理由。例如，长期存在且屡禁不止的小产权房买卖合同，尽管违反了我国的《土地管理法》等相关法律，但买卖双方从中获取的收益远远大于监管风险，这导致这类违法合同长期存在（张杨波，2016a）。贺欣认为，北京郊区的外来务工人员租用本地居民营业执照来营业的这种违法合同，需要放在当地社会治理环境中来理解（贺欣，2005）。

其三，就模糊合同来说，这类合同之所以被认定为正式合同的偏差情形，是由于外部人视角，没有触及合同嵌入的社会结构。比如围绕"乡镇企业悖论"形成的经济结构论、政府行为论和历史背景论都属于对乡镇企业模糊合同的外围解释，真正的答案是乡镇企业的经营过程与乡土社会有紧密联系，模糊合同存在的缺陷在乡土社会的关联中予以有效解决。中国社会学家们深入企业内部，探讨企业治理与乡土社会基础的关联并揭示其成功的奥妙。例如社会性合约，就是在市场合约不完备的情形下用非正式的方式来解决和处理社区内部的合作问题和产权冲突，具有界定和维护社区产权秩序的作用（折晓叶、陈婴婴，2005）。这种社会性合约的核心是关系网络，产生社会性激励，涉及社会性资源的利用、社会性权利的占有和对互惠的满足。这种情形下的企业，就是包含人力资本和社会资本的"社区里的企业"（折晓叶、陈婴婴，2004）。实际上，在探讨乡镇企业发展成功的原因时，社会学的解释思路是：乡镇企业的效率问题不是靠明晰性的产权、合同来解决的，而是靠不同利益主体的关系或关联性解决的（周飞舟，2019b）。从社会学角度看待合同缔约，基本思路就是社会结构塑造经济行动的经典论题在合同议题上的具象化。对作为经济行动类型的合同缔约论题，不能只从理性人、交易成本最小、利益最大化等经济学概念和术语来剖析，而是要回到社会结构本身，既要考虑到乡土社会的基础，即村庄内部的社会关联（贺雪峰，2001），也要考虑到人际关系因素（刘世定，1995），合同缔约孕育在社会结构中。

二 合同实施：经济行动嵌入社会结构

如果说合同缔约体现的是社会结构塑造经济行动，那么合同实施更多展现的是经济行动嵌入社会结构（格兰诺维特，2014）。这里的嵌入更多是形式嵌入而非实质嵌入（符平，2009）。按照经济学的分析视角，签约各方一旦签订合同就会按照合同履约，但合同中蕴含的逆向选择、道德风险和"敲竹杠"问题依然存在。经济学的思路是在考虑合同实施可能存在的各种风险的基础上反过来设计合同内容，尽可能降低产生合同纠纷的风险，争取一旦签约就可以如期履约。社会学的思路倾向于将签约各方的人际关系等因素引进来，通过分析人际关系结构与合同治理结构之间的各种复杂类型，提出合同约束软化思路（刘世定，1999）。合同约束软化指的是，"为了维持长期关系，常常要在合同实施的严格性上做出让步。合同约束软化意味着与合同相联系的预期利益的调整，它既会导致生产成本的提高，也会有交易成本存在。反过来，合同约束不软化，也可能产生摩擦和交易成本"（刘世定，1999：82）。此外，也有研究发现，利用社会网络形成的合同要比那些借助公开信息渠道的合同更有可能使用非正式的条款（周雪光、赵伟、李强、蔡禾，2008）。社会学将合同实施过程和结果看作一种经济行动，由于嵌入更广泛的社会结构当中，带有一定程度的不确定性。

三　合同变更：建立新的产权结构安排

与合同缔约和合同实施不同，合同变更关注的是原合同瓦解后的发展态势。利贝卡普在《产权的缔约分析》中指出，"缔结产权契约的主要动力是'共有资源'的损失。减少'共有资源'的损失从而获取预期收益会激励个人建立或调整产权以限制接近或控制资源的使用"（利贝卡普，2001：14~15）。产权缔约就是通过建立新的产权结构安排来减少共有资源损失。从旧合同变更到新合同有三种类型。

第一种是合同维续。缔结合同的双方不受外界环境变化的影响，仍维持原有合同。这不是说签订新合同对双方没有收益，而是说签订新合同需要的成本大于彼此从中获得的收益，因而没有动力再去订立新合同。关于江门滩涂产权认定的研究就印证了这个命题。珠江入海后形成的滩涂具有很高的经济价值，江门市下属的各乡镇及村委会都想占为己有，并根据相邻原则和投资原则来竞争滩涂围垦权。乡村社会围绕这种新滩涂事实上形成了一种各方认可的民间合同。根据我国《土地管理法》的规定，这种新滩涂理应归属市政府，可是地方政府并没有借法律条文将滩涂收回，而是默认基层政府对滩涂的实际占有，即认可了各方根据这种民间合同竞争滩涂的标准（曹正汉、史晋川，2008）。

第二种是合同纠纷。合同缔约一方在新条件下如果签订新合同，即使投入很多也能收获比原先更多的收益，可是另一方却恰好相反，合同纠纷就此产生。合同纠纷既可能涉及违法合同，也可能涉及正式合同。首先是违法合同，由于旧合同事先违反了有关法律规定，意味着原合同无效。我通过对小产权房拆迁补偿的调研发现，村委会一方面借助法律政策宣布外来户的小产权房是违章建筑，但另一方面又承认他们对小产权房的必要投入，这样既减少了给外来户的拆迁补偿，又通过各种办法吸引外来户与村委会签订新合同（张杨波，2016b）。再看正式合同，有研究者发现，在煤矿合同纠纷中，基层政策运用双重承认的办法来化解财产合同纠纷，既承认个人投资，又承认公共服务和管理作为财产身份的合法性来源。这种双重承认将权利声称与利益分配分开处理，权利声称具有象征性和强制性，将制度认可的身份和权利进一步合法化，而利益分配则具有修复性和整合性，有助于缩小权利声称和社会公正观念之间的差距（张静，2005）。

第三种是正式合同。缔约各方在新的条件下，以正式法律为依据重新签订新合同，这意味着原先在法律之外的民间合同不复存在，代之以正式合同。在探讨乡镇企业集体产权改制论题时，如果只专注于以制度设计替代非正式互惠规则和逻辑，而不充分考虑社会性合约的延伸或替代问题，将会给社区的持续发展带来严重问题（折晓叶、陈婴婴，2005）。

正式合同论指的是，将原先合同中模糊的内容清晰化或法律化。在20世纪90年代末的乡镇企业改制过程中，如何计算企业负责人的投入成为一个受关注的论题。合同纠纷则是由于各方受外部环境变化的影响，而在订立新合同时产生矛盾与冲突。在从旧合同变更到新合同的过程中，如果各方对产权认定原则没有分歧，自然不会有太大的纠纷。即使存在纠纷，也会通过沟通协商而予以解决。

从合同缔结到合同实施再到合同变更，社会学对合同论题的解释思路有两个特点。一是主位分析视角，即通过分析签约各方的成本、收益与风险，探讨合同得以成立并长期存在的各种条件；而不是站在外部人的立场，仅仅以现行法律政策为依据来判定合同的合法性和有效性。二是整体分析视角，即尝试将合同放置在社会结构的分析脉络中，这样就将社会学的解释变量比如人际关系或更广泛的社会基础引入。如果说上述大部分文献涉及的签约方是以两方为主的话，那么本次调查涉及的三方关系将会使合同实施的过程与后果更加多元化。但是不可否认，上述研究文献确实启发了本次调查的思路。

第三节　服务合同约束软化：一个分析视角

因为合同存在有限理性、投机性和资产专用性，人们才会设计出相应的合同类型。经济学关注如何优化合同内容，却忽略了签订各方的人际关系与正式合同之间的不同联系。刘世定教授在《科斯悖论和当事者对产权的认知》一文中指出在法定产权监管之外，非正式交易产生的实现条件与生成机制。他指出，由于双方对某项权利的认知达成共识，尽管违背了正式制度，但是新合作将会产生一种新的产权结构安排，参与各方将会从中获得新收益（刘世定，1998：12~21）。此外，他又通过探讨合同治理结构与人际关系结构的不同联系，提出合同约束软化命题。本研究借鉴这个思路，关注的焦点从两方关系转变为三方关系，正式提出服务合同约束软化分析框架。

一　服务合同约束软化：从两方关系到三方关系

合同约束软化原指签订合同的双方由于人际关系的介入而软

化、松动了原先合同的正式条款，在具体执行上存在与正式合同文本不一样的情形。本研究所指与此稍微不同，将两方关系变为三方关系，即签订服务合同的甲乙双方由于甲方引入代理人丙方，而将甲乙双方关系变为甲乙丙三方关系。简单来说，应是甲方提供服务，乙方支付费用，事实上却是甲方委托丙方为乙方提供服务。由于信息不对称和道德风险的存在，甲方与丙方形成一种委托－代理关系。根据委托方和代理方的目标是否一致，分为两种情形：一致情形指的是代理人严格遵守委托人的正式服务合同，为乙方提供相应服务；违反情形指的是代理人违反委托人的正式服务合同，在实际操作中与乙方达成一种新的合约安排，我们称这种情况为服务合同约束软化。

服务合同约束软化的产生需要具备信息不对称、成本－收益结构不稳定和多元化约束机制三个条件。其一，信息不对称使合同约束软化的可能性增加了。签约各方存在信息不对称，或者说彼此要获取对方的充分信息要付出很多成本。当然，如果信息充分对称且各方知晓彼此的情况，合同约束就不容易软化。其二，不稳定的成本－收益结构是推动合同约束软化的动力。签约各方在合同中的收益、成本和风险存在此消彼长的情形，一方收益的增加建立在另一方无损或减少的基础上。如果参与各方在收益、成本和风险上目标一致，就会形成利益共同体。从代理方与委托方关系看，丙方软化合同约束后，如果在与乙方的新合约中成本越小收益越大，还能规避甲方的惩罚，那么两方就越有动力软化合同。从丙方与乙方的关系看，合同约束软化至少要保证乙方收益没有损失甚至还会增加，否则也不会出现合同约束软化。换句话说，原有服务合同的约束在软化之后，在丙乙双方形成的新合约中蕴藏的收益对双方来说至少不会减损，甚至会增加，但是甲方有可能受损。其三，多元化的约束机制是保证软化得以长期存在的条件。签约各方有可能存在服务合同之外的其他约束机制，例如人际关系纽带或社会文化、道德观念的束缚等。例如，企业与客户签订服务合同，委托员工为客户服务，同时希望客户监督员工，这是来自正式制度的约束。然而，在实际操作中，员工有可能与客户形成熟人关系来取代原先正式制度的约束。

服务合同约束软化一旦发生，新安排与旧合同间会产生不同的关系。第一种是威胁式关系，新安排改变了旧合同中签约各方的成本、收益和风险结构，尤其对甲方相对不利，甲方此时会极力避免软化并采取各种监管防范措施，这在一定程度上提高了丙方的风险。第二种是补充式关系，这种软化在某种程度上提高了旧合同的总收益并有效降低了潜在风险，甲方持鼓励或者至少是默许的态度。第三种是并列式关系，这种软化对旧合同来说没有产生正面或反面的效果，甲方持中立态度。服务合同约束在软化之后能不能长期稳定下来，取决于它最终转变为哪一种关系。根据上述分析，后两种关系会比第一种稳定得多。

二　快递服务合同约束软化

根据上述理论讨论，我们来重新看待快递员收派快件的模式。快递公司（甲方）与客户（乙方）签订快递服务合同，客户支付快递费，公司提供标准化和高质量的快递服务，快递服务合同规定服务内容与费用明细。而具体的收派快件服务由快递员（丙方）完成，合同履约最终变成快递员和客户的关系。按照上面的讨论，一致情形指的是，快递员严格按照公司制度为客户收派快件，如公司规定快件派送不准延迟、快递不准破损和丢失，快件要交给客户当面签字确认；违背情形指的是，快递员在为客户收派快件过程中逐渐软化了服务合同正式规定中的部分条款，例如帮客户代签、延迟交付（收取）或协商收取快件等。

现实情况是客户分布相对分散且不确定在场，快递员按照规则办事，结果可能不仅完成不了任务，还会被客户投诉。显然，一致情形不太容易实现。换言之，公司制定规章制度是用来规范快递员收派快件的行为并保障客户的正当权益，然而这种合同条款在保障客户权益最大化的同时却让快递员工作负荷加大，违背情形开始产生。快递员要完成派送任务就要与客户协商一种新的派送方式，这种派送方式既能规避来自公司的约束和惩罚，又能保证快件安全适时地到达客户手中，当然前提是不能损害客户权益。这种约束软化之所以发生，首先是三方关系存在信息不对称的情形：首先是快递员（丙方）与各类客户（乙方）的快件收派行为并不能被公司（甲方）全部获悉；其次是成本－收益结构不稳定，按照正式规定来收派快件对三方都不利，快件延误不仅影响客户收益，还会损害公司声誉，乃至影响快递员的工资收入，因此适当软化可以让三方满意，公司名誉没有受损，客户能及时收到快件，快递员尽最大可能提高快件收派效率；最后是多元化约束机制，在服务合同约束软化之后，快递员和客户之间形成的熟人关系是促使客户同意/默许软化的重要条件。

违背情形意味着服务合同约束开始软化，与正式合同的关系演变出三种类型。一是威胁式关系。新的派送方式会给快递公司带来极大的风险，比如公司规定的上门派送快件结果变成由客户到指定地点取快件，这有可能使企业名誉受损；又如快件破损或丢失后给客户赔偿带来的企业损失，使营业利润受影响。为避免这些情况发生，公司事先采取各种防范措施来阻止，比如在合同中设置客户投诉条款和对快递员的严厉惩罚。二是补充式关系。新的派送方式降低了快递员收派快件的成本，提高了派送效率，维持了企业的良好信誉。三是并列式关系。这种关系指新的派送方式对原合同既没有消极影响，也没有积极效果。代理方针对委托方的合同约束软化，如果对原合同产生极大的威胁，就会招致公司的严厉惩罚。合同约束软化后与原有合同的关系至少是并列式或补充式的，才能使这种软化长期稳定地存在。

　　服务合同约束软化在现实生活中广泛存在，我们举两个案例来说明。第一个案例是这种软化损害了政府的合法利益。以二手房买卖中的阴阳合同为例，房产中介在购买双方合意的情况下通过压低二手房的真实价格来促成交易完成。这种软化合同的行为由于减少了购房人购买二手房的营业税，更能促使购房人尽快付款，而卖房人却没有受到任何利益损害。可是，这种软化行为在一定程度上损害了政府的合法利益，换言之，在正式购房合同中对房价的变通使房产中介和买卖双方形成了一种合谋关系。如果我们只从法律角度来分析，至多认为它是违法行为，需要严厉打击，而只有进入内部分析才能弄清楚阴阳合同长期存在的社会条件，也更能明白要完全消除这类现象，不只是加大政府监管力度这么简单。第二个案例是这种软化损害了企业的正当利益。家政中介通过为客户介绍优秀的家政员从中收取一定的佣金，交纳佣金并签订合同是雇主维护正当权益的保障，在雇主与家政人员不熟悉的情况下，这份合同对彼此都有好处。但是，家政工在后来的服务中赢得了雇主好感，慢慢与雇主建立起信任关系，接下来如果要续签合同，双方有可能绕开家政中介进行，家政工收取较少劳酬，而雇主也能支付较少费用，双方从新合约中各自获益，但是家政中介却少得了一笔介绍费。这两个案例分别代表两种类型，但是有一点是共同的，在三方甚至是四方利益主体存在的条件下，原先的服务合同约束软化的情形可能会更加多元化。

服务合同约束软化在现实生活中大量存在。针对这种软化，我们不能先做价值判断，而是要完整地呈现这种经验事实，认真分析软化产生的前提条件和可能导致的各种后果，深入揭示它的运作过程和运行机制，最后才能讨论这种现象有无存在的必要以及未来的走向。

第三章
案例背景：桥东点部概况

安湘市是 A 省的一个地级市。全市土壤肥沃，适宜多种农作物生长，是全国麻、棉、油、粮等的重要生产基地，竹子、茶叶产量全省第一。市内有安湘学院、安湘中医学院等多所大专院校。近年来，伴随淘宝等电商的蓬勃兴起，当地居民通过快递将特色茶叶和竹凉席远销海内外，这成为当地的支柱产业。市邮政管理局网页显示，中国邮政（含 EMS）、顺丰速运、中通快递和圆通速递等公司在安湘市均开展了快递业务。

速安快递公司是我国快递行业的龙头企业，创立于 20 世纪 90 年代初，后来股权置换借壳上市。经过多年来的发展，速安快递公司已建立起"天网＋地网＋信息网"的一体化综合物流系统，可以为客户提供仓储管理、金融管理和大数据分析等业务，是一家物流综合服务商。与加盟制快递公司①不同，速安快递公司采用直营管理，所有员工、场地、运营车辆和信息管理系统均由总公司出资，具有下述五个的特点。其一，采取直营管理，属于重资产投入类型。速安快递公司在全国各地设置网点，网点的人员雇用、车辆运营、设备管理等都是由总公司直接出资，属于重资产投入类型。这意味着速安快递公司在点部扩张的速度上慢

---

① 加盟制快递公司是指总公司和分公司是一种加盟－代理关系，这种管理模式与直营快递公司有明显区别。如果读者对国内快递业发展有兴趣，建议阅读李芏巍（2017）和朱晓军、杨丽萍（2017）的相关研究。

于加盟制快递公司，后者属于轻资产投入类型，加盟商需要缴纳一定加盟费方可成立网点。其二，进行统一管理，管理效能相对比较强。速安快递公司对全国网点统一进行标准化管理，为客户提供高质量的快件收派服务，客户投诉率在业界相对较低。此外，速安快递公司对所有入职者进行统一培训，有完整的课程学习和现场实习，这为标准高效的快件收派服务提供了重要保障。其三，定价相对较贵，定价权统一归公司。速安快递公司靠快件收派起家，在业内以安全和快速著称。近些年来，速安快递公司在信息管理系统研发、管理设备和人员工资方面都有很大投入，巨大的投入对应的是相对较高的快递定价。快递定价归公司总部，快递员没有弹性空间。其四，服务质量较高，确立"客户至上"的服务理念。速安快递公司严格规范快递员的工作程序，重视客户投诉，为客户提供时效性强、高标准的快件收派服务，"客户至上"是公司成立至今一直奉行的组织文化理念。其五，目标准确，经营内容相对集中。速安快递公司的目标定位在商务件和中高端客户，经营目标相对集中。加盟制快递公司由于定价相对较低，选择与大量电商合作，采取薄利多销的赢利模式。

如果综合比较国内各大快递公司，只从市场份额看，速安快递公司不占优势，但是从市场营业额和企业净利润看，速安快递公司优势明显。速安快递公司作为国内直营快递公司的代表，在运单电子化、信息一体化和物流网络构建方面一直走在行业前列。本次调研对象不是速安快递公司总部，而是总公司在安湘市设置的17个点部中规模最大的桥东点部。速安快递公司采用直营管理，我们对桥东点部的研究可以作为观察速安快递公司在全国其他网点的重要参考。

第一节　铁打的点部

安湘市速安快递公司目前在该市发展了 17 个快递点部。① 本次调研地点是 17 个点部中业务量最大的点部。据主管介绍，该点部平均每天收派快件 1500 多个，一个月有 4.5 万多个，一年有 50 多万个快件，派件量和收件量之比大约是 7∶3。

这谈到了快件派送的集中度，不过安湘属于三线城市，快递员好多操作不太规范，不像北京、上海等一线城市做得那么好。你在的这个点部是安湘所有点部快件最多的，是其他三个点部的和那倒没有，但是量的确很大，不过出错也是最多的。我们这个点部平均一天的收派量会达到 1500 多个件，一个月就有 4.5 万多个件，一年有 50 万个件左右。这个数字要加上我们点部下面的乡镇。派件量和收件量大约是七三开或六四开，这边主要是派件比较多，不像大城市发件量大一些。（陆平和，快递员，20180730）

我们这个点部的业务量很大，占 7 个点部总业务量的 40%，但是投诉量也占到所有点部之和的 50% 以上。投诉包括快件遗失、破损，还有上门服务不到位。（黄敏，快递员，20180720）

桥东点部分内外两个部分：内部包括工作场所、组织架构和

---

① 这个数据是截至笔者调研结束时的情况。

各种管理设备等；外部则是由若干个快件收派的固定区域组成的桥东片区，这些固定区域会按照一定规则分配到具体的快递员名下（这部分的详细内容将在第四章中有详细介绍）。

一 组织架构：职位与人员

桥东点部有各类人员21名，其中快递员15名（包括1名固定在点部的快递员），仓管员4名（其中含仓管组长1名），点部主管1名，运营主管1名。全部人员大体上分为快递员和仓管员两类：快递员负责从点部到所辖区域内客户的快件收派业务；仓管员既要负责将快递员收取的快件统一分类、打包、归类并装运到中转车辆上，还要在电脑上适时督促快递员收派快件，同时对滞留件和问题件迅速给出处理方案。点部还有工会代表，负责宣传一线快递员的先进事迹，向所在部门反映快递员在工作中遇到的困难。当快递员家属生病或有困难时，工会还将组织专人到家里慰问，工会独立于其他职能部门。

桥东点部有两个板块，分别是乡镇板块和城区板块。本研究是以城区板块为主，没有特别说明的话，介绍的均是城区板块。点部下辖十个区域，10名快递员固定十个区域，还有几名快递员做机动员。每名快递员每个月休息五天，休息日由机动快递员填补。按照点部的工作纪律，所有快递员每天早上7：30准时到点部分拣快件，分拣完毕后立即出发收派快件，晚上7：00前将白天收取的快件打包、分类后装载至中转运输车。如果遇上"双十一"等旺季，加班在所难免。

图3-1是点部的一层平面图。点部在空间安排上看似平平无奇，但内部有不少玄机。点部由两层构成，一层是操作层，二

层是办公层。办公层是点部主管、仓管组长和运营主管的工作地点。此外，二层还有休息室，快递员平时不忙的话中午可以在这里稍作休息。操作层从空间规划上分四个板块。第一板块是快件卸货区，快件从中转站被运到桥东点部后卸货的地方。运营车辆停在闸门 3 处，在此卸货后通过快递传送带将快件分拣到事先划好的各个区域。第二个板块是快件装载区，各个快递员将从所辖区域内收到的快件打包后分类装在专用袋子里，放置在特定区域，通过运营车辆运送至中转站，运营车辆停在闸门 2 处。第三个版块是快递员为客户快件打包的区域，快递员在收到客户的一些大件之后来不及包装而直接带回点部包装，位置在快递包装操作台。此外，还有点部前台，这个位置主要用于接待亲自到点部寄快件的客户。第四个板块是仓管员电脑操作台，在这里仓管员通过时效系统软件适时督促快递员派件。闸门 4、闸门 5、闸门 6分别是快递员停放三轮电动车或小型面包车的位置。操作层的空间规划将快件打包、卸货、装载依次分开，体现了事项分类。点部将空间分割得井井有条，保证了快件在空间内的合理流动。

　　该点部有 3 名仓管员，采用 2 名上班、1 名休息的轮班模式。相对快递员来说，仓管员每天一大早到点部卸货，白天负责将快递员收到的快件根据寄往区域的不同分别装在周转盒及周转袋子里，晚上将一天收取的所有快件统一装载到中转车辆上。此外，白天还要通过时效系统督促快递员尽快派送快件，并及时处理问题快件。仓管员每天的工作时间很长，每个人一个月休息 8 天左右，比快递员多 3 天。仓管员工资由基本工资和绩效工资构成，绩效工资根据公司制定的指标综合打分，根据做得好坏有加权或减权。一位仓管员为我们介绍了一般情况。

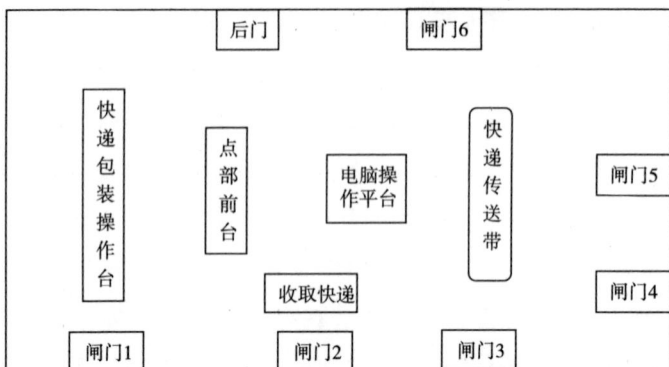

图 3 - 1　桥东快递点部一楼操作层平面

　　我们有 3 个仓管，2 个上班，1 个休息，每个人一个月休息七八天。我们平时的休息比快递员师傅要多几天，但是每天上班的时间比他们长，我们是从早上 7 点上到晚上 8 点，一天有 13 个小时，非常累。我们的工资是基本工资加绩效工资。打个比方，每个月 3000 元的话，基本工资是 1500 元，绩效工资是 1500 元乘一个系数，如果没问题，可以拿到手，如果有问题，比如只是合格，那就算 60 分，那就乘 0.6，共有 2400 元。当然，如果你做得足够好，比如是 120%，那就是 1800 元，你最后拿到手的就是 3300 元。这个绩效考核标准每个月都在变，如果上面觉着哪个指标很重要，就会在这方面加强考核。我们由安南区的晋阳客服考核。全部区域大概有近 200 个点部，每个点部最少有 2 个仓管员，加起来有四五百个仓管。（符成，仓管员，20180723）

　　与快递员不同，仓管员白天在点部负责分类、整理和打包各类快件，晚上将白天收到的快件装载至中转车辆上。他们看似没在路上奔波，不用担心风吹雨淋，没有违反交通规则的风险，但工作压力一点儿也不小。没有仓管员的辛勤劳作和积极配合，快递点部的各类快件收派将会受到极大影响。

二　派送区域：分配与调整

桥东点部有十个区域①，分两个小组，每个小组有 1 名机动员，②共有 12 名快递员。固定快递员每个月休息 5 天，休息期间，所在区域由机动员负责收派快件。这种安排的好处是人歇区域不歇，保证了区域快件收派工作的连续性和稳定性，也正是这种安排才使员工有固定的休息日。不少快递员跟我说，当初之所以选择速安快递公司，就是因为每个月有几天固定的休息日，尽管月收入比通达系公司少一些，但是每天的快递业务量相应也少一些。

> 我们点部总共有 14 个快递员，除了刘师傅和黄师傅没有加进来，12 个师傅分成两个小组，每小组有 6 个人，其中 5 个人固定五个区域，有 1 个人是机动快递员。每个人每个月可以休息五天。安湘市通达系的快递员有没有休息我不知道，但是我以前在安湘市中通干过快递员，周六休息一天，周日下午派送快件。（刘文瑞，快递员，20180727）

---

① 快递员介绍区域时，我开始有些不适应。"区域"这个词给人的感觉往往要更大一些，但后来也没想到比"区域"更恰当的词，在调研中也为了尊重被访者的表述，最后决定以"区域"为准。

② 固定快递员和机动快递员在实际收派快件中还是有很大区别的，主要差别是双方在所在区域内与客户建立的熟人关系有比较大的不同，我在后面的讨论中会有详细介绍。

快递员的月收入由工资底薪加绩效提成构成，提成部分占比较大，收派快件的业务量直接影响总收入。快递员收派快件的数量取决于区域内的客户规模和每个快件所要耗费的时间成本，客户规模大意味着快件派送的时间成本也高，送不完也会影响收入。只有快递量大且每个快件的收派成本足够低，快递员的收入才会倍增。显然，这与快递员所负责区域内的业务量规模和客户集中度有很大关联。业务量大且客户集中度高，快递员送得多、送得快，收入就会翻番。例如大型企业公司每天有大量快件要收派，快件数量多而且集中，快递员的绩效提成也会多很多。

桥东点部有十个区域，不同区域的快递业务量和客户集中度并不一样。如果区域内的快递量增长很快，快递员来不及收派，点部为了保证服务质量，就会重新调整或分割区域。

> 好区域和差区域确实不一样。唐师傅的区域就属于比较好的区域，他的派件多，收件也不少。胡师傅负责的安湘学院主要是学生，收件不是太多，主要是派件，平时都是两三百份，最多的一次是一千多份，你想想看，那都是钱呀。彭师傅负责的区域是凭运气，以前他跟的一个师傅负责一个很大的区域，包括医专、牛驾岭和工业园。后来他师傅走之前就把这个区域给分开了，他比我早来了一个月，运气好，他跑医专和工业园，我跑牛驾岭。那个地方真是不好跑呀，我跑了几个月，我去给那些学生送快件的时候，他们不接电话，我又不确定有没有人，地点又不熟悉，真不好搞。（刘文瑞，快递员，20180729）

派送区域的好坏与快递员收入高低有直接关系。然而，好区域毕竟是稀缺资源，如何分配区域是一个难题。分配合理的话，既能调动快递员的积极性，又不会引起内部矛盾；分配不合理的话，则会激发内部矛盾与冲突。我们发现区域分配隐藏着一种共识，老资历快递员有资格优先获得好区域，浅资历快递员要么将所辖区域业绩做起来，要么等以后点部调整区域。快件收派区域不是一成不变的，会随着区域内客户量的增减和快递员能力的变化而发生变化。

第二节 扩张的业务

速安快递公司以快件收派起家，经过若干年的快速发展，现在已经成为国内首屈一指的民营快递公司。本节将以加盟制快递公司为参照对象，介绍桥东点部近些年来在业务拓展方面的进展。

一 市场定位：瞄准中高端客户

速安快递公司主营快件收派业务，但是与加盟制快递公司稍有不同。首先，时效性强，速安快递公司不仅快，而且准时。快递员一天三次派送快件，超过加盟制公司的一天一送。其次，快递定价稍高，统一制作面单。收费标准统一，且快递员没有操作空间。加盟制快递公司给予分包商很大自主性，各个分包商独立经营、自负盈亏，快递员向客户收取包裹时可以灵活定价。最后，快递服务规范，安全准时。速安快递公司的定位是商务件和中高端客户件，这使它与加盟制快递公司相区别。

客户分高端和低端两类，速安送的是高端客户，客户不计较运费，比如手机和电子产品，运费包含在商品的利润中，他们考虑的是安全和时效。淘宝电商送的物品一般不贵，不会考虑寄速安，会考虑用通达系来寄送。他们可以压价，一件快件最后的运费只要几块钱。只能在快递员的提成里面扣，所以快递员最后一个快件的提成也只有几毛钱。但是他们的量大呀，一次送一两百个件都很正常。这就好比你给客户寄耐克鞋和布鞋，前面有上千块，后面只有几十块，前面会考虑寄速安，后面寄速安就亏大了。（王灿，快递员，20180721）

通达系收快件，交给公司后剩下就是自己的，统一对外标准是 10 元，但是淘宝电商发件量大，一个快件有时候是四五块钱，速冻加包装会收 15 元。他们和速安没有竞争，因为我们的价格定得比较高。通达系是 3 公斤以内 10 元钱，淘宝电商会把价格压得很低，快递员一个快件只能赚几毛钱。通达系收散户一个能赚 8 元钱，不过派件比较便宜。一个月底薪是 4000 元，中间没有休息，每天必须派 150 个件，超过这个数量才会有提成，他们没有节假日，一年 365 天都在派件。（黄敏，快递员，20180720）

快递高定价意味着要为客户提供高质量的服务。"客户至上"是速安快递公司自成立之初就确立的企业文化理念，时至今日，公司负责人依然坚持这个信条。速安快递公司在市场战略上采用的是瞄准中高端客户，这部分客户对快递价格相对不太敏感，但是对快速和安全则尤为重视，这使速安快递公司避免了与其他快递公司一样通过打价格战来赢得市场。

二　客户策略：分化的快递服务

面对各个快递公司提供的不同种类的服务，客户会根据自己的实际需要来选择：那些时效性强又讲求安全性的快件，首选速安快递公司；那些数量大、安全系数低且对时效性不做太高要求的快件，则选择其他快递公司（见表3-1）。

这种快递服务的多样性意味着快递公司要尽可能将所属的快递服务与目标客户相匹配，达到细分市场的目的，在可能的范围内不断提高快递服务质量、吸引更多优质的客户，从而在竞争激烈的快递行业中争得一席之地。这种快递服务分化已渐渐得到市场的认可。

客户选择导致两个结果。第一，即使是同一家电商客户，也会根据快递特点选择不同的服务，时效性强、安全性要求高的快件会选速安快递公司，支付费用相对较高；而时效性弱、安全系数相对不高但数量大的网购产品则选择与通达系公司合作，支付费用相对较低。第二，当一些客户委托小区附近的便利店帮忙寄快件时，店主会选择其他快递公司而不会选择速安快递公司，因为选择其他公司可以从中赚取一部分差价。

表3-1　客户选择快递公司时的考虑

快递公司	时效性	安全系数	快件数量	快递单价
速安	强	高	少	高
其他	弱	低	多	低

随着近年来电商产业的蓬勃兴起，速安快递公司现在也不像从前那样绝对排斥电商，而是在努力寻找双方的合作点。速安快

递公司逐步转变经营发展战略，积极为大件客户提供服务。桥东点部负责收派小件，而将大件交给隔壁点部来负责。如果客户的快件数量相对较多，又不太要求快件的时效性，价格自然会低一些。以与电商客户合作为例，速安快递公司从一开始的不介入到现在积极寻找合作机会，实际上是在坚持原有客户定位（中高端客户）的基础上进一步细分电商客户来寻找商机。

三　开拓市场：双管齐下的战略

面对激烈的市场竞争态势，桥东点部积极开拓客户市场。首先是在快递员层面，制定各种激励制度引导快递员在收派快件过程中通过为所辖区域内客户提供一流的快递服务和良好的服务印象来获得客户认同，逐渐开发更多有潜力的客户群体。

> 刘为师傅负责的区域刚接手的时候是3000多（个件），现在已经到了4000多（个件），明显是会有增长的。收发员和客户在打交道的过程中，敬业态度和责任感会影响到客户。比如派送快件就会和客户打交道，快递员会顺便告诉客户，如果以后有件要寄送的话，可以联系我，随后留下一张名片，下次客户寄送快件的时候就会想到你。（杨楠，运营主管，20180725）

其次是在公司层面，在保持传统业务优势不变的条件下，积极拓展新业务，例如开拓医药、冷运和国际快件等业务，这种思路与速安快递公司近年来的发展理念是一脉相承的。

> （我们）和安湘武警支队合作，想从这里做一些生意。

他们问我们合作的切入点是什么，能给官兵带来什么。速安承诺退伍军人进速安工作会优先考虑，武警及家属寄速安快件九五折，夏天送清凉，我们会送西瓜给官兵。还有一个酒店床单清洗的生意，我们会考虑安排车、司机和搬运工，酒店位置，酒店用品数量，时间，和专人接头。速安在开展新业务——医药、冷运和国际快件。（夏立，经理，20180718）

无论激励快递员深入挖掘区域内有潜力的客户，还是在公司层面大力开拓新业务，都意味着在未来快递员需要具备较高的业务素养和综合工作能力，而快递网点也要进一步提高系统化管理水平。例如，快递员在英语方面能否做到听说自如？假如收到一个寄往国外的快件，是否有能力完成？对于特殊快件，点部是否具备化学检验的条件？这些都是桥东点部在未来开拓新市场时面临的难题，当然，反过来说也是发展契机。

四　工作压力：客户投诉的风险

速安快递公司向客户承诺提供安全、快速的快件收派服务，保证快递员与客户有良好的沟通，让客户满意是公司的服务宗旨。在竞争激烈的快递行业，速安快递公司能脱颖而出并引领行业发展确实有它的独到之处。高质量、标准化的快递派送服务对应的是高定价，这种市场定位在稳定老客户、吸引新客户的同时，也在无形中给快递员们带来了工作压力。

速安强在服务，只要客户有需求，上门取件、派件都可以。不用说面带微笑，但是起码你不能板着脸，公司派你来收快递，一个也有2块多的提成。（王灿，快递员，20180721）

你没有去问过邮政吗？其实我觉着快递员没有那么多的无奈。安湘学院那么多的通知书都是他们（邮政）寄送的，为什么不找速安？因为我们是民营，邮政和政府本来就是在一起的，我们去找安湘学院，他会理我们？速安很正，我在这里待了这么多年，觉着速安操作很规范。我们打个电话声音都不能太大了，担心客户投诉。（路威，快递员，20180726）

以上门收派快件服务为例，不少客户认为既然支付了高价快递费，就应该得到相应的服务。问题是快件也分大件和小件，在没有分类前，快递员上门派送大件确实是一个挑战。试想一下，一个人独自上门派送大件，一不小心就会把大件磕破，不仅人累，而且精神压力大。后来，速安快递公司根据快件重量做了大小件分类。然而，在大件和小件的交叉地带，如果客户要求送货上门，快递员们就要按时履约，否则就会被投诉。快递公司统一规范的服务标准，在赢得客户信赖并扩大市场份额的同时，也给快递员们带来了一种无形的精神压力。尽管每天的收派量没有其他公司的快递员多，但是工作压力与精神紧张一点儿也不少。

第三节　忙碌的员工

大量的一线快递员是破解快递"最后一公里"难题的主力军，如果没有他们的辛勤劳作和来回奔波，即使再发达的快递物流网络，也会在点部末梢立即瘫痪，产生的连锁反应最终将迟滞全国的物流速度，点部爆仓就是一个重要例证。下面我们将从入职环节、收入构成、惩罚机制、工作风险和职业规划等五个方面来介绍快递员群体。

一　入职环节：培训学习与现场实习

速安快递公司招聘快递员有年龄和学历限制，不能有违法犯罪记录。年龄一般控制在 35 岁以下，学历不得低于高中。① 求职者要经过严格的入职培训和入职实习两个环节。入职培训一般为期一周，在此期间新人要系统学习快递操作流程，熟悉与快递相关的各种法律及政策，通过结业考核才能进入下一阶段的入职实习。入职实习期间，点部主管委托老员工带着新手收派快件。老员工会给新快递员讲解收派快件的注意事项，包括如何与客户打交道、如何合理规划路线和如何化解服务纠纷等。快递员的入职实习很重要，特别是在快递"最后一公里"上，如果有别人事先合理规划好的路线，那将大幅度减少自己摸索的时间。此外，在与客户打交道的过程中，良好的人际沟通能力可以帮助快递员有效改善客户关系，进而降低遭到投诉的风险。

> 我们要求入职的快递员至少是高中学历，35 岁以下，没有犯罪记录，还要有自驾车。确定之后，我们会派师傅带你几天，看看你适不适合做这个快递业，这是一个双向选择的过程。考核期过去之后，我们还有一周的学习培训，培训结束之后还要笔试，笔试通过之后还要实习三个月。我们在一个快递员身上花费的培训费用是 4000 元，如果算上培养时

① 如果快递员之前有从业经历，年龄限制可以稍微放宽一些。事实上，年龄和学历限制也只是一般规定，在实际操作中可能会有放松。

间，有近半年。在速安工作的快递员出去之后很受其他快递公司欢迎。35 岁是针对新入职的，那些老员工工作十年之上还有奖励呢。（迟近，点部主管，20180713）

每次招聘新员工，我都会问他的薪酬期待，如果期待太高，我们也给不起。我还要问他结婚了没有，结婚或生小孩了，他的稳定性就比较高一些。我还会问他准备在这里干多长时间，这也是考虑他的稳定性。我们一般会让他先去学习培训，回来后跟着师傅实习，实习之后自己单独操作一个月，看能否适应这个岗位。因为做快递员，要吃得了苦、受得了气，这是双方相互选择的结果。新员工刚进来操作的时候，我们不考评他的收派量，这里有一个基本工资。（杨楠，运营主管，20180730）

我当时在分部接受培训，学习五天，从上午 8 点上到中午 12 点，昏昏欲睡。再到点部跟师傅实习一个多月，然后才能单独操作。怎么能说没有技能呢？你就说这个巴枪①操作，你在上面多输一个"0"，钱就会出错。（陆平和，快递员，20180730）

快递员以男性为主，这与工作内容有较大关系。以桥东点部

---

① 巴枪从外观上看就像一部手机，但它却是一部手持终端，又叫作物流 PDA。快递员通过巴枪扫描快件上的条形码后会形成一套数据采集传输系统。快递员用巴枪扫描派件的二维码来录入快件信息，这可以大幅实现快件的一体化管理，提高派件效率，同时减少派件失误。巴枪操作系统是速安快递公司自己定制的，主要功能有接受订单、查询地址、计算运费、显示派送范围，甚至快递员的个人财物、绩效都可以在上面体现，最终实现数据的无缝对接。

为例，只有两名女性，一名在点部接待前来寄快件的客户，另一名是仓管员，负责快件分拣、打包和上车卸货。公司对每一位入职者的投入只有直接转化为高质量的派送服务，以时效性与安全性为标志的速安快递公司才能在高手如林的行业中脱颖而出。这种入职培训也为后来快递员跳槽提供了契机，速安快递公司快递员做得比较好的很可能跳槽到京东、中通等公司。

二 收入构成：固定工资与绩效提成

快递员经过前期学习、结业考核和现场实习后就正式上岗了，上岗后的工资由底薪加提成构成，有五险，没有一金。底薪是一个月1800元，提成不是在底薪基础上累加，如果没有完成核定收派业务量，仍然以底薪为主，超出底薪后才根据收派快件的数量来计算业务量。工资收入采取计件制，通俗地说就是收派快件的数量越多，收入就越高。收一个快件和派一个快件的标准有所不同，快递员偏向收件而不是派件。

> 速安工资不太高，但活儿又不太累，如果你想赚得多就要干得多，这成正比。新员工一般做一个多月后，在杨主管那里报备，才能计提，就是说月工资底薪加提成。之前没有报备的话，只有固定工资2600元。之后的固定工资是1800元，一个月不管做多少都是这个数，如果你做2000元的话，那最后只有2000元，可不是1800元加2000元。（范成，快递员，20180723）

上面是对快递员工资收入的简单计算。他们的实际收入按照不同标准分为两类。第一类是以收派快件的多少为标准，收取一个快件的金额是基数2.2元不变，随后再加上运费的5%，而配送一个快件的金额则是基数 1.4 元不变，随后再加上快件重量减去 1 公斤后乘以 20%。第二类是根据有没有被第三方提成，分为纯收入与被第三方抽成后的纯收入。纯收入就是上面的收件与派件收入的总和；抽成后的纯收入指的是，由于一些快递员委托菜鸟驿站或小区附近的便利店老板帮忙派送快件，会让一部分利给驿站或便利店老板。

> 收件是 2.2 元 + 运费 × 5%，派件是 1.4 元 + （公斤数 − 1）× 0.2。比如 23 元的快件，我就能收 3.35 元；10 公斤的派件，我能收 3.2 元。（刘文瑞，快递员，20180714）

严格来说，快递员的收入还应该去掉赔偿客户损失的那部分。在本书的后面，我们会介绍快递员为了提高派送效率而适当软化合同。软化合同固然提高了派送效率，但是会提高派送风险。为了化解这种风险和降低客户投诉率，快递员会及时与客户达成和解，但是客户的损失最终还是由快递员来承担。

按照当地的人均工资水平，桥东点部快递员的收入相对来说稍高一些。与其他快递公司相比，速安快递公司快递员的报酬不是最高的，但是平时有休息日，过年还有一周的假期，如果加班，节假日工资是平时的 3 倍。速安快递公司快递员的收派量要少于其他同行，每天平均收派快件约为 80 个，与其他公司动辄二三百个快件相比，这样的工作负荷快递员较容易承受。

> 中通待遇要比速安好，一个月至少比我们多 2000 元，但是他们没有休息日呀。速安一个月可以休息 4 ~ 5 天，我可以在休息日做一些自己的事情。速安派件、取件的数量没有中通

多，我们是单件的价格比他们贵。（刘文瑞，快递员，20180713）

我们公司的待遇是底薪加提成，这和别的公司不太一样。比如说我们的试用期是一个月1800元，那就是说你一个月不管做多少快件都会给你1800，但是你做的超过了这个数，就按照你做的数来算。比如你一个月做25天，每天做100个件，每个件2元，那一个月就是5000元，可不是6800元。放在节假日，公司会给我们一天3倍的工资，这个工资是按照一个月的底薪1800元来算的，一天就是60元，在你完成一定量的收派件任务之后，公司才给你计算，最终给你的节假日的工资是180元。过年会放六天假，我可不会为了赚钱不过年。（李亮，快递员，20180719）

平均收入高于其他快递公司，单论个体肯定会有差异。我们有收入低的，也有收入高的，但是论最高收入还是速安高。扣除五险，春节放七天假，大年三十到正月初六。（包青禾，仓管组长，20180714）

需要补充的是，快递员的巴枪与扣钱卡相关联，快递员要及时向卡里充钱，由公司统一扣除每天的营业额。

（我）2016年加入速安，应聘仓管员，现在是仓管组长。员工工资缴纳：巴枪和员工的扣钱卡关联，工资卡是工行卡，今天快递员收的货款会在明天扣掉，业务员①要及时向扣钱卡

---

① 桥东点部的业务员主要包括快递员和仓管员，但快递员数量相对较多，文中如无特殊说明，业务员一般指的是快递员。

里充足钱。如果卡里的钱不够扣，主管会提醒业务员及时充值，否则会处罚。员工收的是现金，要存在扣钱卡里扣钱；员工收的是网上支付，就直接扣。（包青禾，仓管组长，20180714）

还有一类快递员属于机动员，他们的收入构成与普通快递员有差别。其一，普通快递员的工资收入与区域状况有比较大的联系，区域好、收派量大，收入自然高，反之则低。然而，区域分配受资历、运气等因素的影响，不是每一个快递员都能分到好区域。而作为机动快递员，不论好区域还是差区域，他都会参与收派，收入固然低于好区域的快递员，但是也不会差许多。其二，机动员收派快件比正常标准多4毛钱，机动快递员的工资是快递员平均工资的1.1倍。

区域搞熟了，还是很舒服的，机动员有机动员的好，不用管月结或点部很奇葩的事情。多跑跑，过一两年后，这几个区域我都熟悉了。做机动累是累一些，但是好区域、差区域我都会跑一下，最后取个平均数。公司规定机动员平常收派件还要另加4毛钱，还有我们机动员的工资是（快递员）月平均工资的1.1倍。比如说，如果我们点部的平均工资是5000元，那我就是5500元。我们点部现在的平均工资是4000多元，1.1倍的话不会超过5000元，不过我每次都超过这个数。之前是范师傅跑机动，他感到太累了，不想干，最后才换成我。（黄敏，快递员，20180729）

机动快递员相对于普通快递员来说就是工作比较累，在同样的时间，其他快递员只要熟悉某个固定区域即可，但是机动员要同时熟悉几个区域，需要耗费更多的时间，付出相对较多的精力。快递员对路况、地形熟悉能有效降低派送时间，因此在固定时间内机动员要想完成派送要承受更大的工作压力。

> 李师傅做的是机动岗。机动岗太累，比如你今天收了一个快件，客户没有给你费用，说用微信转给你，但是到第二天的时候，你就转到另一个区域了。（路威，快递员，20180724）

> 我为什么要做机动快递员？你老在一个区域做，每天都是同样的路线、同样的事情，时间长了会很烦的。但是做机动就不一样了，我今天在这个区域做一天，明天就换到另一个区域做一天，面对的客户都不一样，非常有意思。（黄敏，快递员，20180729）

机动快递员要想与区域内客户建立熟人关系，也会耗费比较长的时间，比如说你今天刚认识的客户，下一次再碰面还需要重新认识。对机动员来说，还有一个棘手问题，即客户付款很不方便，由于彼此不熟悉，只能选择现结。如果是固定区域的快递员，就可以接受延迟付款或按月结，但是机动员做不了。下面这位刘师傅跑机动，不固定在一个区域，不好接受个别客户赊账，这引起客户不满。

> 我有一次在碧桂园给一个浙江老板寄快件，他的货比较多，好几十个呢，好几百块钱，他没有给寄费，我就给他发微信，最后把他弄烦了。他说，我以前寄过那么多快件，我就没欠过别人的钱，你怎么老担心我不给你钱呢？估计是我给他发了两次微信，他有点儿不耐烦。问题是你这个寄费又

不是二三十块钱，我垫付一下就可以了，你是好几百块钱，我要放进我的卡里面让公司扣付。最后他还是给我了，但是这次经历不是太愉快。当时他本人不在现场，是把快件放在小区的一个便利店，又没有放寄费。你寄快件嘛，不给钱怎么可以？我是跑机动的师傅，跟他也不熟悉。他这个区域的路师傅跟他就比较熟，有一次还是路师傅帮他垫付给我的。（刘文瑞，快递员，20180727）

速安快递公司除了能给员工开出比较高的工资外，有固定休息日也是一个很重要的福利。桥东点部设置机动快递员就是为了在固定快递员休息的情况下保持区域照常运转。

三 惩罚机制：客户投诉与服务压力

速安快递公司除了给予快递员比较优厚的收入和固定休息日、节假日外，还制定了严格的工作考核制度。在调研过程中，快递员们经常提及的一个话题是客户投诉。这种投诉一旦调查属实，快递员将面临严厉惩罚。以《奖励与处罚管理规定》为例，该公司的处罚分七类：①书面警告，免予行政扣分；②一类责任，警告，扣 1～2 分；③二类责任，严重警告，扣 3～4 分；④三类责任，记过，扣 5～6 分；⑤四类责任，记大过，扣 7～10分；⑥五类责任，解除劳动合同，永不录用；⑦管理责任。这要求快递员在日常派送快件过程中必须依规操作，否则一旦被客户投诉，追责程序就会启动。

行政分 12 分是终身跟随，不论你是业务员还是领导，都会跟着受影响。这个分数不会扣完，会累计。业务分是 12

分，全部扣完之后你要去衡阳区域学习一周。这笔学费是你自费，而且还要误工，有时一次就扣完了，不过这个分数年底会清零。（王灿，快递员，20180721）

业务员赔付没有其他快递公司处罚得厉害，一下就是几百块钱，我们会处罚几十块到100多块，但这会让业务员觉着大半天白做了。现在我们公司上市了，其他快递公司也上升了，单票速安是22元，通达是两三块钱。安湘速安的利润占25%，市场份额占16%。以客户需求为主，（客户）寄送速安，不同价格就是不同的服务。（客户）投诉快递员，我们不像通达系那样罚员工的款，员工和公司按比例承担责任。（夏立，经理，20180725）

速安快递公司重视客户投诉，这是保证其快递服务质量的一个重要条件。客户投诉一旦调查属实，对违规的快递员来说，轻则受到口头批评，重则直接被开除，这种惩罚机制有效约束了快递员的收派快件行为。

四　工作风险：防不胜防的侵害

快递员们平时从事快件派送会面临不少工作风险，有些是自己不小心所致，而有些就是飞来横祸。本次调查发现，交通风险、人身伤害风险、快件财产风险、快件质量风险和客户投诉风险是快递员们面临的主要风险。

一是交通风险。交通风险可以进一步分为交通事故风险和交规惩罚风险。交通事故风险指的是，一些快递员为了节省路上时间，会选择逆行、抢道、横穿马路甚至闯红灯，加上长时间工作后容易疲劳驾驶，从而产生风险（杜沂蒙，2019）。这些行为带有很高的危险性，一旦处置不当，极容易引发交通事故。然而，我们在了解情况之前不要先苛责快递员的不文明驾驶行为。快递员每天都要按时完成收派任务，尽快抵达目的地，按照正常的交通规则行驶很可能就会延迟；为了不耽误时间，他们会提前让客户在指定地点等待，这样快递员在赶来的路上就要提前联系客户，一边接听电话一边开车就成为工作的常态。不少快递员遭遇过交通事故，要么是磕掉牙齿，要么是摔断胳膊。这些由于不遵守交通规则而带来的风险是快递员面临的最大风险，然而在高强度收派快件的工作负荷下，有时是不得已的选择。

> 公司规定接电话要靠边停车，怎么可能？倒是我一边开车一边打电话，很少出事。以前我开车跟一辆小车撞了，牙齿都撞掉了。（谈文超，快递员，20180714）

除了交通事故风险，快递员在收派过程中还会面临交警检查的风险。一些快递员由于区域内快件数量多，为了装载更多的快件，会拆掉面包车里的座位，将其改装成运输车辆。这种直接改变机动车辆运营用途的行为一旦被查到，就会面临大额罚款。这就是他们面临的交规惩罚风险。

速安快递公司为每一名快递员配备了三轮电动车，还有两名快递员，由于所负责区域内的快递业务量比较大，自行购买了小型面包车并做了初步改装。在实际调查中，这些三轮电动车由于使用频率高，出现车后镜破损、蓝牙不方便使用等问题，快递员在开车路上接听电话更容易引发交通风险。

二是人身伤害风险。快递员每天要进入不同场所为客户派送快件：有些场所门槛较高，快递员轻易不得入内；有些工厂的门卫养狗，快递员一不小心就会被狗咬伤；等等。在我的调查中，就有两名快递员被狗咬伤过。

> 快递员风险无处不在，我们有时候还要担心被狗咬。那家工业园里有家工厂的门卫养狗，把我们的业务员给咬了。这个业务员每次去这个工厂，每个月都有三四百块钱的提成，后来因为这件事，这三四百块的提成没有了。（对方）赔了医药费和误工费，主管过来还和他们领导谈，估计就是赔付不够。我自己也被狗咬过，就是这条狗，当时可能是快要生狗崽了，还好是冬天，我穿得比较厚，没有被咬破皮，所以没有打疫苗。（黄敏，快递员，20180720）

快递员在派送过程中遭遇的各类事故可以说层出不穷。点部主管向我介绍了他亲历的煤气管道爆炸的惊险一幕：

> 我们业务员的服装一直都是湿的。有一次和经理站在楼下，上面的煤气管道爆炸，我就只听到"轰"的一声，赶快用手抱着头就往外面跑，上面的玻璃磕掉在胳膊上都刺破了，流了不少血。（迟近，点部主管，20180713）

快递员每天要到城市的各个角落收派快件，遭遇各类人身伤害的概率自然也相对高一些。上述只是我在调查中听到的情节，事实上还有更多的故事在他们身上发生。

三是客户投诉风险。客户投诉风险指的是，快递服务不到位，比如快件破损、丢失或快件收派延迟等，若处理不当都有可能被客户投诉。快递员为了提高效率会软化正式服务合同，结果是虽降低了时间成本，却提高了收派风险。

> 如果客户查验签收，那很有可能是业务员自行签收的。一旦出现这种情况，就是主观责任。我就会问快递员，快件到哪里去了？会不会弄丢了，还是被遗弃了？你有没有给客户打电话？因为我们用的是巴枪，打电话是有记录的，保存十天，我都可以查得到。如果物件破损或被遗弃，按比例业务员要赔付 10%，公司会承担一部分责任，最高不超过 200 元，有的时候就是几十元钱。（杨楠，运营主管，20180725）

客户投诉后，若经公司派人调查属实，会根据情节恶劣程度给予快递员不同程度的惩罚，最严重的是直接开除。这种制度虽然规范了快递员的收派快件行为，但是反过来又促使他们选择与客户私下和解。

四是快件财产风险。快件财产风险指，快递员给客户派送的快件若被盗，就会面临巨额赔偿。快递员为客户上门收派快件时，三轮电动车就停放在路边，车辆一旦丢失，就会造成重大财产损失。特别是一些贵重快件丢失后损失无法弥补，不少快递员表示每次上门服务都是提心吊胆，以最快速度跑上去再迅速跑下来，尽量减少电动车停放路边的时间（胡大可，2014）。此外，由于电动车采用充电模式，电瓶被人偷走的情况时有发生。

> 你看这幅图片，我们公司一个同事的三轮电动车的电瓶居然被人偷了。公司不让我们晚上把电动车放在仓库内充电，担心有火灾，我们只好放在仓库外面充电。如果晚上不充电的话，白天一早我们就跑不了快递，我们必须晚上充好电后才赶

得上早上出去送快件。我的电动车一般开回去放在小区，这个小区有门禁，所以不用担心被人偷。一个电瓶要好几百块钱呢，偷了自己还要花钱再买一个。（黄敏，快递员，20180720）

"双十一"的时候，点部会派人支援我，增加两个人手。你不知道呀，当时学生买的球鞋堆满了整整一个墙。我们一直从早上7点忙到晚上10点，这种情况会持续十天左右。在学校，老师和学生的素质比较高，不会急着向我们催件，对他们来说快件晚一点儿或早一点儿都不是太要紧。在学校还有一个好处就是骗子少，有些学生是到付，但后来他自己忘记了，我跟他说一声，他会马上转给你。小偷也少一些，电动车放到外面都感觉安全些。如果是放到学校外面的话，车和货都有可能会被人给带跑了。电动车放在学校里就不怕丢。（黄科恒，快递员，20180726）

快递员车辆上的快件被偷走的情形这些年并不鲜见。当然，快件的风险系数与派送场地有很大的关系。据快递员们介绍，在熟人小区或学校里，安全系数会高很多，而直接停放在路边，被偷走的可能性就会变得很大。

五是快件质量风险。一些快递员在收取客户快件时，若一时疏忽没有检查出危险物品，比如在快件内有违禁物品，过安检系统时被查出来，快递员和公司都要面临严厉惩罚。在实际操作中，实名认证、开箱查验逐步落实，尽管这增加了快件收派的时间成本，但是降低了风险。还有不少客户将物品拆分快件，核查难度高，快递员一般无法辨认，这在某种程度上增加了风险。

除上述五种风险外，还有一种是失业风险。快递业近年来高速发展的重要原因是电商产业的突飞猛进，这需要一大批快递员。问题是，一旦遇到经济发展速度放缓或电商产业走向低迷，快递业萎缩，很可能就会导致一大批快递员失业。此外，快递工作对快递员的身体素质有比较高的要求，工作强度大、负荷高以及易导致精神紧张，都意味着快递员不能长期从事该行业。

五　职业规划：快递员的不同选择

快递员是一个紧张忙碌的职业，一般到一定年龄后一些快递员就会考虑转行。据杨主管介绍，与前些年相比，快递员现在离职率变高了。

> 快递员流失率比以往高了，工资增长幅度慢，工作压力大。"90后"员工个性强，不满意直接撂挑子不干了。（杨楠，运营主管，20180713）

一是彻底跳出快递业，在新领域谋求职业发展。有的快递员在年轻力壮时吃"青春饭"，认真收派快件，在积累了一定的经济资本和社会资本后改行，例如开个门面店之类的。这里面既有认真干了好多年改行的，也有短期内将快递当作跳板的。快递员和各类人打交道，一来二往熟悉后，会对其他很多行业有一定了解，这为他们未来跳出快递业寻求新的谋生出路提供了先机。

> 干快递员的都是没有文凭和技术的这帮人，现在工作又不好找，早上起来一睁开眼就是花钱。现在有孩子和家庭了，做快递也是一份稳定的工作，我要好好干。但是说到未

来的晋升空间，我可以说晋升空间是零，你没文凭、没技术凭什么晋升？我如果不在速安干了，以后再也不会做快递员了。（刘瑞文，快递员，20180727）

做快递就是个"青春饭"，速安不招收 40 岁以上的员工。（我）将来赚钱开个超市。（张伟，快递员，20180725）

快递员在收派快件过程中会接触各式各样的行业和形形色色的客户，在完成业务的同时可以获取不同渠道的信息。这些信息为他们未来转行提供了重要的参考。

二是在本行业内谋求晋升，逐渐转变成储备干部。有的快递员会在快递公司内部寻求晋升，从快递员、仓管员升至仓管组长、点部主管、运营主管，甚至到片区经理。这个晋升渠道不是说没有可能，而是要考虑有限的岗位数能不能满足晋升者的需求。运营主管和安湘片区经理都是从一线业务员做起来的，后来抓住竞聘机会脱颖而出。但是，不可否认，随着职位的提升，晋升难度越来越大。除了岗位数目有限外，还包括对快递员综合素质的考查，比如要看学历和能力够不够胜任上一级的岗位。从机会方面来说，一个片区的点部主管名额有限，符合条件的候选人多于这个数，以至于安湘分公司储备了大量的候选主管。

从业务员到仓管员再到点部主管，随后再到片区经理。从业务员不能一下子升到点部主管，要经过仓管组长这一环，你必须熟悉电脑吧。还有如果你的学历不行，还要进修一下。（迟近，点部主管，20180713）

这种行业内部的晋升只是理论上可行，由于上一级岗位有限，只有出现空缺，下面的人才有可能填补上去。

> 速安晋升机制还是有的，不是一潭死水。收发员到仓管再到点部主管，还要到衡阳开会，通过之后是候补主管，看哪个点有位置了再填补上去，再往上就是运营主管和片区经理等。（黄敏，快递员，20180720）

> 我刚来的时候，有一个老快递员就对我们说，如果你将来不想内部晋升，那就是浪费时间。迟主管是心累，大家都不听他的，他忙前忙后的。我们这边一团糟，除了快件数量多外，管理也成问题。张经理和杨主管都是收发员出身，他们知道快递员目前面临的境况。（李亮，快递员，20180719）

三是在快递业的各快递公司之间跳槽。这取决于快递员对收入与福利的选择。速安快递公司相对来说每天收派的快件量比通达系的少一些，平均收入自然要少一些，但优点是有固定节假日。当然也存在从通达系、顺丰系跳入京东或去送外卖的，外卖员收入会高一些。速安快递公司在培训快递员方面投入很大，快递员综合素质比较高，其他快递公司如果处于扩张阶段，就会高薪聘请快递员。

四是在行业内积累，选择与快递相关的领域自主创业。在快递业积累了资本之后，一些人选择自己开快递超市，与上述快递公司合作收派快件。因为之前有做快递员的经历，积累的人脉以及从业经历都会起作用。比如顺丰响应国家快递下乡的号召，鼓励一部分员工自主创业，给予一定的优惠政策。各个乡镇开办的快递公司，创始人大部分都有当快递员的经历。还有一些工作时间比较长的快递员，由于是在早年开拓市场中有参与，因此比较好的区域就分给他。

五是在公司内部流转，根据自己的体力和经验做力所能及的事。一些快递员如果晋升无望，但是又不想离开速安快递公司，可以在企业内部流转。年纪稍大一些，不再适合跑一线，就可以去快递公司的中转站做一些快件分拣的工作。

> 年纪大了做不动了，准备去中转站做个分拣员，一天工作两三个小时，轻松一些。以前有过这样的先例，有几个快递员年纪大了就去中转厂做了分拣员。点部主管让我考虑一下主管岗位。候补那么多，总共才有七个点部，十几个人是候选，你是桥南分部的，一般不会考虑到桥北分部。我现在一个月有五六千元，有时会到七八千元。（黄敏，快递员，20180725）

快递员频繁跳槽是让点部主管颇为头疼的事，刚刚培训好的快递员由于嫌待遇低而离职的情况时有发生，当然也存在因业绩突出被其他快递公司挖走的可能。点部主管向我介绍说，这几年快递员离职率比较高，尤其是"90后"出生的年轻人入职不久就离开，他们现在仍向社会不断招聘快递员。

快递员的高离职率可能只是表象。经过二十余天的调查我们发现，快递员离职背后其实有入职时间长短的差异，离职倾向性大的往往是入职时间短的快递员。如上文所言，快递员的工资收入和所在区域的客户规模、集中度有很大关系。好区域往往被老员工占据，新手接受的要么是客户量小的区域，要么是路况复杂或稍显偏僻的区域，加上刚入职需承受路况不熟、客户不熟所带来的职业压力，新手往往熬不过前几个月这一关，会知难而退。

> 老员工来得早，接手的区域就是比较好的、比较成熟稳定的。他们的收入也不错，一个月有七八千块钱，这些老员工是不会愿意走的，除非他们有更好的发展去处。新员工刚来的时候接手的区域并不是太好，工资待遇也不是很高，工作压力又大，因此有好多人干上三五天、两三个月就走人了。快递员的流失率是比较高的，但是你要看流失的是新员工还是老员工。（刘文瑞，快递员，20180727）

中国社会科学院社会学所的调查数据显示，快递员入职前大部分从事过建筑工人、餐饮服务员、销售员、保安和司机等工作。该报告同时指出，由于存在投诉纠纷、缺少保障或职业发展等问题，不少快递员只是把做快递当成一份短期或过渡性工作，从业 1 年以内的占 39%，1 ~ 2 年的占 31.2%，2 ~ 3 年的占 12.1%，5 ~ 6 年的占 5.9%，7 年以上的占 11.9%，短期从业特征明显（杜沂蒙，2019）。这项报告是建立在全国调查数据基础之上的，对我们全面了解快递员的未来选择有重要的参考价值。

第四节 流动的快件

桥东点部负责将从全国各地来的快件派送给所在区域的客户，还承担着将所在片区客户的快件迅速转往中转站并寄往全国各地。由于资料所限，本书关注的是快件在桥东点部与下辖各个区域之间来回往复的过程。

一　从中转站到点部

速安快递公司在国内快递公司中在信息化、网络化方面做得比较超前，在其他企业还在用纸单填写操作时，速安快递公司已经开始实施电子单操作。每个点部还会激励快递员帮助客户下载App软件，填写电子单。这种电子单的好处就是，客户寄送给对方的信息会保存在手机上，下次如果再寄给同一个客户，就免去重新填单的环节。此外，这个软件还设置了自动填写功能，客户如果不会在电子单里填写信息，只需要将主要信息填写在空白处，软件会自动将这些信息分散到每一个栏目里。速安快递公司不但在物流研发领域有大量资金投入，而且在信息化和电子化方面也走在快递业的前列。快件收派有一个全国网络，各个集散地在网络中分布。①

> 我们有一个5A电子地图。速安快件流通在全国就是一个密集的网络，地区派送网格在每个大的片区、点部和小区域都有设置，并对每个区域里快递员的数量和质量都有交代。这样，新的片区经理到达这个地方之后，只要点开这个地图，很快就会非常熟悉。（夏立，经理，20180718）

桥东点部制定的早班分货制度规定，分货人员每天早上7：00准时到岗，其余人员7：30之前必须到岗位分货，到岗后必须参与完

---

① 这个网络的操作流程和具体内容由于涉及商业机密，负责人只是做了一般性介绍，我也不便多问。我们至少知道速安快递公司在全国布置的上千个快递点部的信息都已经录入系统，公司总部对某个省、某个市下面某个点部快递员的实际服务绩效可以一目了然。

成分拣任务后方可离开分拣区。分货人员分成小组轮流完成任务。

快件收派工作由两个环节构成。第一个环节是，各个点部从快递员那里收取当地客户的快件后，在点部分类打包，转往快递中转站，再发往上一级快递中转站，随后由上一级中转站发往其他地区的中转站，再到其他地区的各个点部。第二个环节是，在市快递中转站收到外地寄往桥东片区的快件之后，送往桥东点部，随后在点部分配到各个区域，再由快递员及时派送给区域内的各个客户（见图3-2）。

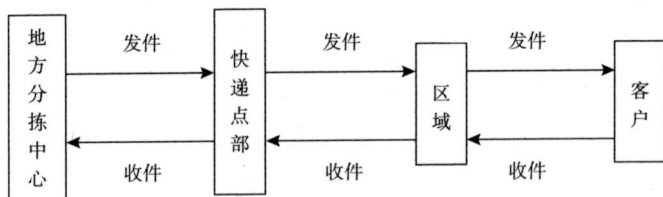

图3-2　快件收派的一般流程

来自全国各地的快件经过上一级中转站分流后，到达安湘市快递中转站，随后会及时发往各个点部。以桥东点部为例：

> 早上5点从中转站到点部（第一次派件），7点从中转站到点部（第二次派件），8点从点部到水仓铺，10点从水仓铺到点部，11点从点部到中转站（第一次收件），下午1点从中转站到点部（第三次派件，第二次收件），3点从中转站到点部（第四次派件）再到水仓铺，晚上7点从点部到中转站（第三次收件）。我一般是早上四五点起床，晚上9点多回到家，10点左右睡觉。我也要保证休息，毕竟每天要开车。（符成，仓管员，20180726）

表3-2呈现的是快递员的日常工作流程，整个流程严丝合缝、高效且安全。从上一级中转站到达安湘快递中转站之后会马上分拣，大量快件通过传送带迅速分配至每个点部，接着通过运营车辆运输到所在点部。为了保证运输过程高效，速安快递公司的司机从中转站到点部运输时，会错开当地上下班的高峰时段。

> 市区早上7点到9点不允许通行货车，我要赶在7点之前开过来。下午5点到7点也不允许通行，所以我晚上7点以后才能开过去。上午我去乡镇就不去市区，这样就不受影响。如果要过去也可以走高速，但是要绕一大圈，还要交过路费。（张学，中转车司机，201807141）

表3-2 快递员的日常工作流程

时 间	路 线	内 容
早上5点	从分拣中心到快递点部	第一次派件
早上7点	从分拣中心到快递点部	第二次派件
早上8点	从快递点部到乡镇	第一次派件（到乡镇），快递员在点部分拣所在区域的快件后第一次派件
上午10~11点	从乡镇返回快递点部再到分拣中心	第一次收件，快递员收取的快件在点部做分类打包后集中发至分拣中心
下午1点	从分拣中心到快递点部再返回分拣中心	第三次派件、第二次收件。快递员收取的快件在点部做分类打包后集中发至分拣中心，快递员第二次派件
下午3点	从分拣中心到快递点部	第四次派件，快递员第三次派件
晚上7点	从快递点部到分拣中心	第三次收件，快递员收取的快件在点部做分类打包后集中发至分拣中心

表 3 - 3　桥东点部排班

桥东点部 7 月份排班表

日期	排班人员	普通人员	排班人员	替班人员	分货人员	分货人员	分货人员
1							
2							
⋮							
31							

从快递中转站发往点部的快件首先要在点部卸下，随后进行快件分拣工作，卸货任务由仓管员负责。所有快递员都要分组，每天按小组来帮忙卸货，快递点部专门制定了规章制度。点部制度规定，早班分货人员早上 7：00 到岗，其余人员 7：30 到岗分货，到岗后必须共同参与完成分拣任务后才能离开分拣区。如果只到岗却没有参加分拣任务，等同于迟到。当天没有参加早班分货或 7：00 迟到人员，每天扣 20 元；上班人员 7：30 没有到岗，每天扣 10 元。[①] 所有快件卸完后，快递员要迅速将大量快件通过传送带分拣到各个区域。全程通力合作完成。

二　往返于点部与客户之间

快件流通包括两个环节：一是派件环节，即快件从上一级中转站到点部再到快递员最后到客户手中；二是收件环节，即快件从客户到快递员再到点部最后到上一级中转站。

1. 派件：从点部到客户

所有快件分拣到各个区域之后，快递员会迅速将快件信息扫

---

① 这部分内容来自《桥东快递点部制度表》。

描到巴枪上。一旦扫描完毕，快件信息就会在公司、点部、快递员和客户之间共享，各方都可以看到快递的物流信息。按照桥东点部制度规定，每班次的快件出仓后，业务员必须在一个小时内将当班次的快件交接并送至各自的车厢内，同时将产生的客户声音反馈到仓管那里及时登记。[①] 所有快件被分拣至各个区域后，快递员会迅速将快件放置在各自的三轮车厢内，根据客户所在的位置以及快件的缓急程度分门别类放置，需要先送的快件放在最前面。此外，快递员的三轮车充一次电之后所跑的里程是固定的，这在某种程度上也使他们在收派快件的过程中避免走回头路，否则电瓶的电没了，自己都回不到点部。

> 天津到汾阳市算一转，汾阳到安湘算二转，这两站通达系不会比我们慢多少，甚至还会比我们快一些。安湘中转集散地发到点部再发到快递员，我们是一天三趟，快就快在我们的快递员身上。（杨楠，运营主管，20180725）

> 送不出去的快件交回点部。出仓三次后还没联系上客户，仓管就会联系寄件方，问是不是收件人信息有错误，还是说给了个陌生电话。快件一天都在车上没有回仓的话，还只能算一次。（范成，快递员，20180723）

快递员的日常工作一般来说是上午主要负责派件，辅以收取快件，而下午则是派件和收件同时并行。快递员充分将移动互联网运用到自己的工作中，建立客户微信群，每天通过微信及时告

---

① 这部分内容来自《桥东快递点部制度表》。

知客户快件的相关情况，并尽快获悉客户收派快件的实际情形。移动互联网不仅减少了快递员和客户沟通的时间成本，而且在支付方面也方便很多。对于到付快件，微信和支付宝都能有效减少支付时间。

2. 收件：从客户到点部

收件的过程与派件的过程正好相反，是从客户到快递员再到点部，快递员与客户约定收取快件的时间，收好快件后统一回到点打包、归类整理，最后装载至运输车运送至中转站，最后发往上一级中转站。

> 省内快件在安湘就区分出来了，发往底娄和德常的中转站，随后再发往省内各地。省外快件统一发往安湘市后，再分拣发放到全国各地。文件用袋子装起来，用绳子绑起来，绳子上有标识，说明寄往哪个地方。（符成，仓管员，20180714）

> 通达平均一天是150（个）件，可能更多，一天跑一趟，速安一天要三趟，这就是我们说的"最后一公里"。不过，以后速安要发展做重物物流了，我们领导上次和我们说的。（黄峰，快递员，20180718）

> 这个二维码就是快件的身份证，这个单号有客户联和速安联，客户联留给客户，速安联留给我们。客户要寄送快件的时候就用手机扫一下二维码，在手机上填写寄件人和收件人的姓名、地址和联系方式。我们的业务员用巴枪扫描之后就知道这个快件的详细信息，随后打印出来贴在快件上面。业务员扫描之后就将这个快件和他联系在一起，我们随后分

拣的时候送上车之前也要扫描。不过，如果是文件的话，我们会统一放在一个大编织袋里，只要扫描大编织袋上的条形码，我们就确定这个快件出去了。等这些快件送到安湘集散地之后，那里的快递员还要将各个点部送过来的快件重新分拣，要运送出去的还要用巴枪扫描一次。反正就是每个交接的环节都要用巴枪扫描，这样我们就能确定快件到哪个步骤了。当然，如果我扫描了这个快件，但是在这个环节丢掉了，就是我的失误。如果我没有扫描到这个快件，但又丢掉了，那不是我的过失。（谈芳，快递员，20180719）

桥东点部是速安快递公司在全国上千点部中的一个。它固然不能反映其他点部的所有情况，但是对该桥东个案的描述至少能给出三个启示。① 第一，作为快递公司的末梢，桥东具备快递点部需要的主要构件：人员方面，包括快递员、仓管员和点部主管；设备方面，有各类运营车辆和仓储环境。第二，它呈现了快递点部的主要事项，一个是从中转站到点部再到区域最终到客户手中的派件过程，另一个是从客户到点部再到中转站的收件过程。速安快递公司的快递员在快递"最后一公里"的每天三趟派送也是同类点部的共同特征。第三，它展示了快递员群体的主要特征，包括来源、构成、收入、奖惩机制、工作风险以及未来的职业发展。当然，说这个点部代表其他点部肯定是违反了研究的

① 这部分讨论案例研究的代表性论题。本研究选择的桥东点部，作为直营式企业的末梢，对于我们了解加盟制的通达系点部有一定的借鉴价值，但不能简单类比。该个案没有经验层面的代表性，但对我们了解直营式企业有重要的参考意义。

外部效度，但是该个案具有点部类型上的代表性（王宁，2002），它不同于加盟制快递公司的末梢点部，即使在直营公司内部，也与大城市的点部存在一定差异。与加盟制快递公司的快递员相比，速安快递公司的快递员每天的业务量相对少一些，工作负担也相对轻一些。此外，速安快递公司非常重视客户投诉，严格管理快递员，这使得他们的综合素质要明显高于同类行业的快递员。

第四章

收派区域：公司管理与人际协作

　　快件从点部出发最后到客户手中先后经历了快递点部、快递员和客户，可以划分为点部与快递员的关系和快递员与客户的关系。本章先介绍点部与快递员的制度连接，下一章则讨论快递员和客户的人际关系。快递员与点部的制度连接包含两个层面：一个是区域分配、调整与快递员的多种应对关系，点部将区域分配至每个快递员名下，根据快递员的实际绩效来保持、分割或调整区域，而快递员也会根据实际情况来应对点部的这种调整；另一个是点部时效系统管理与快递员收派快件的关系，每天点部都会时刻督促快递员尽快派送并记录快递过程中发生的各种突发事件，快递员通过人际协作来化解快件派送中的紧张与压力。

第一节　快件收派区域的分配与调整

　　点部将所属片区分成若干区域，将其分至每个快递员名下，采取计件制，即每个快递员在自己承包的区域内多劳多得，这意味着收派区域的好坏会直接影响快递员收入的高低。按照客户是否相对集中、客户是否在场和快件收派数量，可以将收派区域分为各种类型。从理想类型来看，客户相对集中、客户在场且快件数量多的区域是最佳区域，集中在学校、大公司或医院等。快递员在这些区域派送快件，既能降低时间成本，又能避免风险发生，承接这些区域的快递员收入相对高一些。相反，客户相对分散、客户不在场且快件数量较少的区域是最差区域。承接这部分区域的快递员派送成本很高，而且面临风险，收入自然少一些。而实际中，更多的是处于两类区域之间的一般区域（见表4-1）。

表4-1　快件派送区域划分

类型	客户集中度	客户在场与否	快件数量	所在位置
最佳区域	高	在	多	大公司、学校、医院
一般区域	中	不确定	中	便利店、小区
最差区域	低	否	少	偏僻居民区

桥东点部下辖的十个区域中，既有最佳区域，也有最差区域，当然更多的是一般区域。不过，在一个片区中，最佳区域相对来说是稀缺资源，并不是每个快递员都可以分到。接下来，我们先介绍快件收派区域分配的标准，以及快递员采取的多种应对举措。

一　区域分配的标准：资历、投资和运气

关于快件收派区域的分配，有研究根据整合出来的各项评价指标来计算工作量并进而划分区域。这种区域划分既能将邻近派送点归并到一个区域，又能均衡每一个快递员的工作量（王旭东，2015）。问题是，快递点部是如何将不同类型的区域分配至快递员名下的呢？根据本次调查，桥东点部在分配区域时主要有先到先得原则、投资优先原则、随机运气原则和兼顾公平原则。[①]

---

① 　快递点部将区域分配给快递员，其实已经涉及产权论题。既有研究发现，界定产权的标准有强力原则、投资原则、先到先得原则和生存原则（折晓叶、陈婴婴，2005；申静、王汉生，2005；曹正汉，2008）。

首先是先到先得原则。通俗讲，就是我们常说的论资排辈，它指的是早年加入公司的老快递员由于资历老，在公司开发本地区业务时有实际贡献，因此在后来的区域分配和调整中会优先获得好区域。只要他本人没有出现严重的工作失误或跳槽，这个区域在他的管辖之内就一般不会有大的变化。

新手接手的是差的片区，一般是从别人手上接过来的，除非是别人做不过来，才会分一部分给你来做。做快递员就是养家糊口。城区的快递员工资要少一些，4000多一些，工业园是挂在公司下面。我们的快递员，工资上万的有两个人，他们在旺季的时候能做到2万，不过平均的待遇是一个月4000多。你让业务员开发新客户，难！送快件这么贵的价格怎么开发？（李亮，快递员，20180719）

速安是要看资历的，不是你一来就有权利去选择好的区域。那些资历老的员工会分到好区域，待遇自然就好一些。这时你要慢慢做，等有员工有更好的发展离开速安，他的好区域就会轮到你的身上。（应若，快递员，20180723）

我来速安的原因是有两个表弟在汾阳速安工作，他们工作有七八年了，作为老员工待遇很好，他们分配的区域也比较好。慢慢熬，时间长了，一代新人换旧人，你就能换到好区域。点部效益好，别人吃肉，我也可以喝到汤。（王灿，快递员，20180721）

这个区域我是去年9月份接手的，我占了这个区域就是我的，新来的员工是不能占的，除非是我犯了什么错误。

（范成，快递员，20180723）

先到先得原则得到大多数快递员的共识。其中有四位快递员的区域就比较好，两位辖区内有大型企业、工厂，一位辖区内有学校，一位辖区内有居民小区。不过这四位快递员的资历相对其他快递员来说确实稍微老一些。在实际调研中，后来加入的快递员也大体认可这种分配原则。

其次是投资优先原则。投资优先原则指的是，快递员在所属区域内长期经营，通过认真的工作态度和扎实的快件派送服务不断吸引更多的新客户，当这个区域慢慢做起来之后，它就归这个快递员长期经营，除非他将来跳槽或有重大工作失误。这项原则也得到不少快递员认可。

老业务员把快件数量多的区域挑走了，不过也没关系，这个看你怎么看。我们也要注重开发业务。（黄峰，快递员，20180718）

一个公司要寄速安，一般不会流失，除非你丢了人家好几次件，给人家造成了很大的损失。（李亮，快递员，20180719）

通达系抢不走速安的客户，寄速安的不会为了便宜而寄其他快递公司，速安倒有可能会抢他们的客户。有一次一个客户等圆通快递员老等不来，看到速安快递员就说，给你寄算了。（张海洋，快递员，20180719）

开发客户，你在接触过程中，通过快递服务，任何人都有可能成为你的客户。以前速安是比速度，现在其他快递公司速度也快了，也有空运，最后比的就是一线快递员的服务质量。一个客户寄快件，他正好有一个快件要寄韵达，看到我过来了就说，那就寄速安吧。（王灿，快递员，20180721）

速安的业务是很难做起来的，你的价格就摆在那里。人家寄一个东西用其他快递公司两三块，用速安寄到广东要18块或22块，你说他能寄吗？客户要寄安全、时效性强的快件才会考虑用速安。我先干一年吧，什么行业都要做一年后，多熟悉一下情况，没有更多的东西可学习了我再离开。（应若，快递员，20180723）

如果说先到先得还有资历成分的话，那么投资优先就是承认后来者的实际努力。只要你在辖区内经营得当，业务持续攀升，那么该区域自然就在你的名下。换一种角度看，这也是公司激励快递员挖掘辖区内客户潜力的重要手段。新手刚入职往往接手的是不太好的区域，投资优先原则也是为了进一步激励新员工。

在实际调查中，我们也发现，近年来伴随电商产业的蓬勃兴起、城市居住人口的相对集中，一些区域内的客户潜力还是有挖掘的可能，当然，这就要看每一个快递员的服务质量了。

我来速安属于比较早的了，当时碧桂园的房子还没有建起来，条件很艰苦，城院的快递业比较少，我们当时就是中午的时候在学校摆个地摊，把快件摆开放在地上，等学生过来取。上午的时候送学校外围的快件，中午在学生食堂吃饭，回到点部时就是下午一两点了，派货的车开始卸货，当时真是赶不过来。公司会考虑老员工的付出，不可能让新手接我们的区域。刘师傅和唐师傅当时一个月就有上万块，而我只有五六千块，唐师傅后来顾不过来，就划出一个片区出来。我这边没啥问题，做得也还好，没有什么投诉，不存在区域调整。（黄科恒，快递员，20180726）

投资优先原则有三个好处：一是调动了新手快递员的积极性，只要用心提供高质量服务，挖掘区域内客户的潜力，业务规模就会慢慢涨起来；二是大幅拓展了公司的业务规模，为公司业绩上涨提供了保障；三是化解了快递员们之间争夺好区域的矛盾。

再次是随机运气原则。先到先得和投资优先两个原则是点部给快递员分配区域的两大标准，还有一种特殊情况属于随机运气原则。比如在点部，一位快递员资历浅，却可能分到一个比同期加入的快递员更好的区域。他这种情况就纯属运气，可能是他跟随的一个老快递员因故离开了速安快递公司，他此前正好跟着这位老快递员跑这个区域，该区域就自动落到他的头上。

这要论资排辈了，那些老员工都来这么多年了，自然分的区域好一些，但有时候也有运气成分。比较好的区域有安湘学院，是胡师傅负责的，还有蒲华振负责的医专，张伟负责的顺德城，李亮负责的碧桂园。比如羊舞岭那个地方，就是安湘学院对面的那片居民区，快件就不好送。这个区域以前是和医专放在一起的，后来点部考虑将它们剥离开，蒲华振就比刘文瑞早来了几天，他和他的师傅一直在派送，后来就把羊舞岭给了刘文瑞。蒲华振的师傅做了一段时间后就离

开速安了，这个区域自然就落到了他的头上。（路威，快递员，20180724）

随机运气原则说的不只是快递员正好承接了一个好区域，有时候还指快递员接手的区域由于遇到新的城市规划而有了无限商机。例如，他负责的区域内正好有新楼盘要开发，在不久的将来大量居民入住就会带来很多快递需求，这在某种程度上来说何尝不是一种好运气？

现在我这个区域一般，每个月我大概有 4000 多块钱，先做着吧，等以后一些业务员跳槽了可以让出一些好的区域，我再去接手。（路威，快递员，20180730）

在现实分配中，随机运气原则带有很强的不确定性，在区域分配上只能作为一种补充，大部分区域的分配还是遵循先到先得和投资优先原则的。从更一般的层面来看，随机运气原则在解决疑难事项中颇具说服力。运气的表现形式有好多种，老师傅离开公司，该区域随之落在相应快递员名下这只是一种表现形式，在现实生活中通过抓阄来分配区域的例子比比皆是。我们可以设想，当一批新快递员同时入职，点部掌握的区域有好有坏，为了平息众人不满，就有可能采取抓阄的方式。

最后，点部在遵循三种标准的基础上也会适当兼顾公平原则，简单说就是要做到好坏区域结对分配，这样既可以激励区域差的快递员通过为客户提供高质量的派送服务来挖掘市场潜力，也可以适当减轻区域好的快递员的工作压力。因为好区域同时也意味着业务量很大，快递员若为了完成业务量而不小心降低了服务质量，这并不是公司希望看到的局面。

> 区域搭配是好的区域带上差的区域，不能一个人都做好的
> 区域，这是刚开始区域客户分配的标准。但是后来会慢慢变
> 的，有些业务员发现不好的区域就不要了，分给别人。（王灿，
> 快递员，20180721）

快递点部在分配区域的时候会综合考虑上述原则，同时要保证派送效率。当然，区域分配不是一成不变的，随着该区域内市场形势的变化和快递员派送能力的变化，区域调整在所难免。

换一种思路来看，这种区域分配其实可以看作快递公司对资历深和能力强的快递员的不同程度的工资奖励。早期加入公司的快递员有机会优先获得比较好的区域，后期加入公司的快递员一般只能分到位置比较偏僻、快件收派数量不大的区域。除了本人在所属区域内努力开发业务外，能否得到好区域还取决于以后是不是有新的区域被腾出来。假如这个快递员能坚持下来，别的快递员腾空出来的区域就可能落到他头上。作为快递员，收派快件的工作内容是相似的，但是不同区域的客户规模以及客户集中度不同，间接地影响了快递员收派快件的数量，进而影响到最终的实际收入。

二 区域调整的动力与后果

快递点部在将区域分配至每个快递员的名下后，如果快递员的派送能力与所属区域的业务发展不相匹配，点部就会调整或重新分割区域。区域业务发展的好坏，有的与快递员派送服务有关，有的与宏观经济发展有关；快递员的派送能力，有的与业务

熟悉程度有关，有的与个人综合能力有关。但是区域发展与快递员能力匹配的均衡点何时出现却是不确定的。这里要分两种情形：匹配类型，指如果区域业务量正好在快递员掌控的范围之内，快递员的派送能力也达到了顶峰，则均衡点出现；不匹配类型，既包括区域业务发展超过了快递员能力的情况，也包括区域业务没有充分被挖掘的情况。一旦出现不匹配，点部就会考虑调整区域。如果是快递员能力跟不上，就会考虑从原区域中划出一部分；如果是区域业务上不来，就会考虑调整快递员。

划分或调整区域的前提是快递公司充分掌握区域的业务情况和快递员的工作能力。问题是，业务情况在快递员和点部之间存在信息不对称，即快递员在挖掘区域内客户潜力的同时充分掌握区域内的客户快递需求，但很可能向公司点部隐瞒区域的实际业务情况。针对这种信息不对称难题，快递点部分别从区域信息管理和快递员主动提出两个方面破解。

首先，桥东点部通过设计快递员派送服务的综合考评体系，适时判断每个快递员在所属辖区内的服务绩效情况。速安快递公司研发出一套信息管理系统，可以全面掌握每个区域内快递员的综合服务效能，评价标准是收入、效能、增速和质量四个方面。根据综合服务效能水平，具体分为黄、黄绿、绿、橙和红五个档次。[1] 如果快递员收入高、效能强，但是增速不够明显，那就意

---

[1] 作者在实际调研中还希望就这个论题展开进一步的了解，却发现这已经涉及公司的内部管理信息，负责人委婉绕开了这个论题。然而，负责人透露的这部分信息至少包含了三个要点：第一，明确认识到区域内客户市场规模的变化；第二，快递员和公司间存在所知信息不对称的情况；第三，通过对快递员设计综合考评指标来间接测量该区域的客户市场规模。

味着快递员所在区域的客户业务量状况很好，快递员可以提供高质量的快件派送服务，但是没有充分挖掘区域潜力，此时点部就会考虑划分区域。

> 以往是不同区域的客户面对的是所在区域的业务员，但是现在要调整。我们对每个区域评价的标准是收入、效能、增速和质量四个方面，共有五个档次，分别是黄、黄绿、绿、橙和红。高收入、高效能、低增速、低质量就说明这个区域出了问题。比如说，一个业务员在一个区域一个月能拿到8000元，那么他就没有积极性去扩展新的客户，维持这个收入就可以了，反正我靠着这些老客户也能赚到这个数。这个时候，我们就会对每个区域实施监控，根据上面几个标准对每个区域打分，随后进行调整。我们会考虑将某个区域的某些片区划给其他区域，要保证所在区域的业务员能给客户提供高效的服务质量。因为快件数量增多了，会影响到服务质量，这样快递员就做不到精准服务。如果有业务员发现自己所在区域的快件数量增加，自己又做不过来，可以向点部提出划分区域申请。比如划分之后一个月只能拿到6000元，那么公司依然会按8000元支付他3~6个月。快件多也要看业务员所在的区域，如果区域范围小或在办公区，量大一些也不会产生太大的问题。（夏立，经理，20180718）

速安快递公司根据综合考评体系对所有快递员的服务效能进行考察并考虑是否分割区域。快递员派送能力如果与区域客户规模不相匹配，会出现两种情况：第一，将快递员调配至另外一个与之匹配的区域；第二，在原有区域的基础上划出一部分合并到其他区域，适当缩小原区域面积进而降低快递员的工作量。

> 碧桂园的客户开发是硬做起来的，以前派件很少，后来碧桂园建起来，入住的居民慢慢多起来。安湘学院寒暑假学生离校，快件就少很多，胡师傅平时在忙的时候一个上午都能派 150 多个件，不过一到寒暑假他就闲下来了。医专容易出事，破损遗弃或他人签收。区域什么时候调整？比如你在这个区域做得不好，你的区域又比较大，点部就会考虑从你的区域中划出一部分给别人，还有一种办法就是把你换到另一个区域。（路威，快递员，20180724）

其次，制定激励快递员如实反映辖区内客户市场规模的制度，为快递员提供必要的经济补偿。除了信息管理系统的适时管理外，如果快递员在平时快件派送过程中发现该区域有很大的市场潜力，但是本人兼顾不过来，比如说保证了数量但质量跟不上来，就可以向公司提出区域分割的申请，公司在重新划分区域时会适当以原来区域的收派量为标准给这名快递员相应补偿。换言之，这种补偿制度是为了化解辖区内快递员和公司点部之间所知客户信息的不对称，公司希望通过适当的经济补偿来激励快递员提供充分准确的信息。

> 区域业务量增加，每个快递员有效能考核，就是一天派件量加收件量，我们会考虑每个快递员的极限值。比如你一天能派送 100 个，那超过 100 个怎么办？我们会拆分区域。这个拆分不是你快递员想怎么拆就怎么拆，我们要考虑区域的整体性和规则性，不能拆得零散化，比如会考虑拆这个角

或那个角。拆分之后会给你适当补偿，三个月，比如说你原来的区域每个月是 7500 元，给你拆除三分之一就是 2500 元，从 8 月 1 日开始补全额，9 月份为 2500 元的 90%，10 月份是 80%。这个是你的贡献，我们当然要补偿。如果你在 10 月份又上升到 7500 元，这个我们就不会补偿了。（杨楠，运营主管，20180725）

如果你做得好，但是觉着量太大，做不过来，可以主动提出来，点部主管会从你的区域中划出一部分区，但是在接下来的三个月里给你相应的补助。当然，做得不好的业务员，主管会将你从这个区域直接调离。（黄敏，快递员，20180801）

上述介绍的是区域业务量剧增而快递员能力又跟不上的情况。另外，还存在一种相反的情况，那就是如果区域内快递业务量出现下滑，点部主管也会约谈快递员，询问下滑的原因，并给出相应的对策。

如果区域业务量增长慢甚至出现下滑，我们就会找业务员谈话，询问是怎么回事，是不是有些客户不选择速安了，到底是什么原因。我们要调查分析。其实有很多的潜力客户还没有被我们挖掘到。（杨楠，运营主管，20180725）

一个单元的快递员做的业务量多，但是做得不太好，我们就会重新调整区域，将他负责区域的一部分划出来给另外的快递员。当然也可能是他的快件数量太多了，所以顾不过来。（迟近，点部主管，20180713）

　　客户投诉是很麻烦的，快递员要向客户道歉，有时也会被调整区域，严重的还会被开除，因为系统里面有客户反馈。（谈文超，快递员，20180725）

　　点部给每个快递员分配的区域并不是一成不变的，而是根据市场形势的变化来调整或分割区域，背后遵循的是快递员的工作能力与区域客户业务量的匹配。在匹配好的区域，快递员不仅可以迅速收派快件，还能保证较高的服务质量，快递员服务效能好；在匹配不太好的区域，要么是只有数量增加却没有服务质量的提高，要么是连数量增加都成问题，此时快递员的服务效能出现严重问题。换言之，这种人、区匹配既要最大限度地调动快递员的派送能力，又要最大潜力地挖掘区域内的客户，双重最大化基础上的匹配对公司和员工才是有利的。

　　无论是区域内的客户潜力，还是快递员的实际工作能力，对公司来说都是一个未知数，因此，点部通过设计激励制度和综合考评指标体系来努力寻找这个均衡点。如果区域客户的增加超出快递员的工作能力范围，点部就会分割区域，一般做法是在原来区域的基础上划出一部分合并到其他区域；如果快递员的工作能力应对区域内的客户量绰绰有余，那么点部要么鼓励快递员继续好好开发客户，要么将快递员调到另外一个区域。总而言之，区域业务发展要与快递员能力相匹配。

三　应对区域调整的快递员

　　正如上文所言，快递点部调整快件派送区域的原因在于，快递员的派送能力与所在区域的业务量不匹配。这种不匹配从主观来说是快递员工作能力的不足，从客观上说是区域潜在客户的增长存在不确定性。公司通过信息管理监控和激励快递员主动提出两个举措来划分区域或调整快递员。如果区域内快件收派量大，超出了快递员的派送能力，从公司管理层来看，分割区域显然是一个比较好的办法。然而，实际情形可能要比我们想象的复杂。

第一种情形是快递员在派送人力不足的情况下，通过动员亲戚朋友来增强快递运力，但是绝对不能出现服务质量问题。这种动员方式存在暂时性、隐蔽性和辅助性三个特点。暂时性指的是，快递员所辖区域的业务量存在淡旺季的差别，淡季的业务量在快递员的能力范围之内，旺季就可能存在快递员派送能力不足的情况，但快递员可以动员亲属和朋友来增强运力，这种情况只是暂时性的。辅助性指的是，快递员作为正式员工，在重要客户和贵重快件的收派上起重要作用，亲属只做一些辅助性工作。隐蔽性指的是，这种动员不能维持很长时间，毕竟与正式制度不太符合，因此在很多情况下是隐蔽存在的。

第二种情形是快递员通过软化服务合同规定来降低快件派送的时间成本，这样就可以在有限的时间里派送更多的快件。如果快递员按照公司的正式制度来收派快件，在工作能力不变的情况下会达到一个临界值，此时收入并不会太高，遇到业务增长，要么跟公司反映分割区域，要么出现服务效能下滑进而被公司发现。此时快递员可能倾向于软化服务合同来提高派送时效。快递员会采取五种派送方式来派件，这样既能保证服务效能，又能避免分割区域，还能保证收入增加。关于服务合同软化的内容在下一章会有详细介绍。

第三种情形是快递员在自己所辖区域内确实来不及送快件，

主动向点部提出分割区域的要求。这正是点部希望看到的情况，也符合之前制定的激励制度。桥东点部基本上做到了将快递员的工作负荷与区域快递业务量进行比较好的匹配。

> 碧桂园和城院原来是我和胡师傅负责跑的区域。有段时间我做金融特服，胡师傅和他的徒弟闹意见，碧桂园和城院就分开了，他还是跑城院。后来他的徒弟又没有做了，碧桂园缺人，我说要不我接过来吧。刚开始还包括路那边，一天光派件就有90余份，但是时间不够，收件只能搞一二十份，我实在搞不过来，你不知道派件很花时间又不赚钱，我就划出一部分出来。后来，我每天的派件有五六十份，收件有三四十份。派件就是1块多钱，收件有2块多钱。你看那些浙江老板寄快件，一次就是十几个件，开箱验货，包装贴单很方便。派件一个一个地派实在是很麻烦。（张伟，快递员，20180725）

快件派送区域调整的动力关键在于快递员工作能力和区域业务的不匹配，这里可以具体分为两种情形。第一种是快递员的工作能力跟不上区域业务量的发展速度，点部通过信息管理系统和激励快递员主动上报来分割原区域，这样做是尽可能为客户提供高标准的服务。发生这种情况后不是快递员的工作能力问题，而是市场需求量忽然变大的缘故。还可能是快递员的工作能力维持不了区域的业务量，点部发现这种情况会及时询问快递员，甚至会将其调至其他区域。第二种是快递员的工作能力足以应付区域业务量，点部此时会激励快递员充分挖掘区域潜力来扩大市场，也会通过区域调整将其调至与其能力匹配的其他区域。

这种人与区的匹配其实是动态变化的，对快递点部和快递员来说，每一个区域的市场潜力和快递员的派送能力到底有多大都是个未知数，而这种区域分割调整的制度可以有效地挖掘两方潜力，从而达到一个均衡点。调整成功的话会带来三个效果：对快递公司来说，充分挖掘客户需求后将会进一步扩大市场份额，如果快递员不够，可以立即招聘新人；对客户来说，匹配意味着快递员可以为其提供标准化、高质量的快递服务；对快递员来说，可以收到奖优罚劣的激励效果。

综上，点部在给快递员分配区域时遵循了先到先得、投资优先、随机运气和兼顾公平原则，区域分配完毕后就会鼓励快递员尽可能挖掘所在区域的市场潜力，每个区域的市场潜力一直要挖掘到与快递员的工作能力不匹配的程度。不匹配情形一旦发生，区域分割就在所难免，例如从原有区域中划出一部分合并到其他区域，当然也会给快递员相应的经济补偿。针对点部的区域调整分割制度，快递员有三种应对举措，分别是动员亲属和朋友加强运力、适当软化服务合同和向公司如实汇报并提出分割区域的要求。点部将固定区域分配至每个快递员名下后，接下来就是快递员与点部管理之间的制度联结。点部对快递的实时监控展现的是现代社会理性化的操作，而快递员通过人际协作会适当缓解这种管理压力。

第二节　快件派送的管理控制与人际协作

快递员派送快件包括两个环节：第一个是快递员和快递点部的关系，涉及点部对快递员派送快件的实时监控与派送督促；第二个是快递员和客户的关系，涉及快递员与不同类型客户的联系。接下来，本节从快递员和快递点部的制度联结角度，探讨点部的实时监控与快递员的应对策略。

点部对快递员派送快件的监督、管理采用两种办法：一是将快件派送信息化，使每个快件都有电子轨迹，点部可以对每个快件的派送过程进行实时监控；二是为客户提供投诉渠道，只要快递员服务不规范，损害了客户权益，客户就可以向公司投诉快递员，投诉一旦成立，快递员就要面临惩罚。

从市快递中转站发往各个点部的快件会被迅速分配到该点部下辖的各个区域，随后快递员通过巴枪扫描每一个快件并将其放置在三轮电动车上，这样每一个快件就有了"身份证"，快件的物流信息立即上传至公司系统，这意味着快件信息实现了快递员、客户与点部仓管三方共享。快递员每天在派送快件的过程中不仅要面对点部的适时提醒，还要面对客户的来电催促。正是公司和客户的双重督促，保证了快件快速、安全地到达客户手中。

现实派送快件的情形复杂多变。快递员通过人际合作和互相帮忙来化解管理督促。从公司制度看，每一个快递员负责各自不同的区域，所在区域的快件都属于该快递员负责的范畴，他人无权干涉。这种制度暗含着将每个快递员看作原子化的个体，每个人负责所属区域即可，采取多劳多得的计件工资制。大部分快件派送确实采取这种模式，问题是总有例外。当所派送快件的客户处于邻近区域时，快递员就会寻求其他快递员代劳，这样就减少了自己整体派送的时间，又没有给邻近快递员带来很大的工作压力。

一 管理控制：来自点部与客户的双重督促

快件派送除了快递员的辛勤劳作外，还包括点部对快递员的适时监控，这个过程由点部仓管员和企业客服共同完成。仓管员在电脑上通过操作时效系统管理软件，时刻监督每一个快递员收派快件的进度，对于客户急需的快件会及时提醒快递员派送。

第一，对正常快件的实时监控：快递物流的信息化使客户、仓管员和快递员共同分享快递信息。速安快递公司在业内属于快递信息化做得比较超前的公司，当众多快递公司还在手写单的时候，它就已经开始采用电子件了。这种电子件对客户来说在第一次填写时并不方便，然而却方便以后的操作①。更重要的是，当客户信息被录入电子单中，速安快递公司就可以在全国物流网络上做通盘考虑。当中转站的快件被分拣到不同点部后，点部人员立即将快件分拣到具体区域，经过巴枪扫描后就会在网上出现快件信息，公司客服、点部仓管员、快递员和客户的信息一览无余。快件派送的信息化对快递员提出了时效性要求，即在规定时间内必须将快件送到客户手中。除了点部仓管员的实时监控，客户也在督促。正常快件的派送是在点部仓管员与客户的共同督促下完成的。

> 货出仓要巴枪扫。到了快递员手上经巴枪扫描之后，客户通过电脑上网、微信就能看到快件在哪个快递员手上、何

---

① 在实际调查中，不少快递员反映，点部督促他们要客户学会填写电子单，这种电子单需要客户在手机上下载一个软件后再操作。第一次填写会有些费时费劲，但之后就会方便很多。

时到，因此我要在两个小时内必须派出去。客户要发快件，会通过发微信、打电话、关注速安公众号下单，也可以通过打客服电话联系业务员下单。（黄峰，快递员，20180718）

有些客户查到他的快件在我手上，就让我赶快送过去，但是送快件也要看时间呀。你知道吗？这个货车早上七八点才到点部，你就要我8点给你送到，这怎么可能？（刘文瑞，快递员，20180713）

消单量、派件量、收件量，预警一个小时送达，还剩20分钟，仓管员会打电话提醒业务员。（包青禾，仓管组长，20180714）

我们负责的事项比较繁杂，比如说督单，寄件方跟客服联系说地点改变、收件人改变、收件人号码改变，我们就会着重跟进这个单，督促业务员派送。有的时候，业务员的失误也会影响到我们工作的质量。业务员派送生鲜果蔬，没有派送成功的话，我们会上报给客服，让客服联系寄件方，问问到底出了什么情况。还有每天的货到达点部之后，我们要按区域分拣。出现错分的情形，我们就要将货重新出仓，转移到集散地之后再发往正确的点部。反正就是尽量避免客户投诉。（符成，仓管员，20180723）

仓管员在点部通过电脑对正常快件实时监控并及时提醒快递员各类快件的剩余时间，这为快件的准时到达提供了重要保障。换言之，派送快件的安全与快速是快递员和仓管员合力的结果。

第二，对问题快件的分类处理：将客户更改的快件信息及时传送给快递员。除了每天督促正常的快件派送外，还有一些问题快件需要仓管员和快递员共同处理，例如多次派送不出去的快件要及时想出解决方案。下面是一位快递员在派送快件过程中出现问题后想到的解决办法。

> 我们速安对于派件率没有硬性规定，一天争取派完就行。我们打电话给客户，客户两次不接我们就要赶快赶到下一个地方，我们不能等，如果等的话快件就送不完了。一天三趟没有派完，晚上就得拿回来，做个分类，有的是电话不接的，有的是拒收的，有的是约好第二天再重新派送的，都要一一归好类，重新返回仓库，第二天重新出仓派送。假如三次派送都没有成功，仓管就要上报客服联系寄方。我们如果没有打通客户电话，是不能签收派送的，这会被客户投诉。通达系有派送率考核，好像是90%吧，不达标就要扣钱，最后使得快递员造假签名。（刘文瑞，快递员，20180723）

速安快递公司与其他公司相比，之所以在快递"最后一公里"上遥遥领先，就是因为一个快件每天有三次为客户派送的机会，这增加了快件派送成功的可能性。如果三次派送都失败，而客户要求改天派送，那么这个快件就会重新回仓做滞留件处理，第二天重新通过巴枪扫描后再送。如果还是联系不到客户，快递员就会联系客服询问寄方如何处理，对方拒绝就要考虑是否重新寄回去。如果重新寄回去，就要收取2倍运费。假如寄方也不收，点部会保存三个月之后作废。整个过程井然有序。点部对不同问题快件的分类处置，既提高了快件派送的时效性，又降低了客户投诉的风险。

我主要负责在点部卸货装货，还有处理一些问题快件。比如说电话未接、拒收或者电话是空号，我们都会处理。三次都派送不出去就会上报联系客服，联系寄方问怎么办。如果寄送回去的话是 2 倍运费，还有一种是不收运费。如果是寄方也不收，我们会保管三个月之后作废。今天派送不出去，明天继续派送，可能是客户今天都很忙，没有时间接听电话。我们电脑上这个是时效系统，有收件、派件预警，电脑操作一目了然。客户如果打电话给我们，我们要跟业务员联系，一小时之内必须跟客户联系，约好收快件的时间。（王远，仓管员，20180724）

仓管员每天对问题快件的分类管理，不仅大幅提高了快件的派送时效，而且保证了快件的安全。所有流程都要按照正规制度进行，滞留件必须重新入仓而不能归快递员自行保管。对正常快件来说，点部仓管员每天都在时刻监督快递员快件派送的整个过程；对问题快件来说，做好分类是为了提高处置的效率。速安快递公司研发的时效系统可以将每一个快递员与他负责的快件全部置于掌控范围内，这种信息管理系统做到了实时监控，大幅降低了快件派送的风险和难度，时效系统背后体现的是用理性化操作实现快件派送的可控与规范。

关于问题快件的处置，除了点部仓管员负责全程监督外，速安快递公司还设置了运营主管，这个岗位主要是在更高层面上监管多个点部的快递服务质量。运营主管既负责对不同点部服务质量的综合考核，也对情况严重的快递员进行有针对性的了解和督促。

　　我是运营主管，负责的是快递员的服务质量，包含的内容很广泛，我给你看看这个月的报表，你就知道了。你看这个表格包含不同的内容，比如说派送延迟就是一个快件要在12点送达客户手中，但是客户在1点时发现这个件没有到达他的手中，他就会打客服电话，这就算一次。不过，这种延迟也分很多种情况。你跟着快递员跑也发现了，一些快件派送延迟有好多种原因，比如你打了他电话，他没有接电话，你把这个快件作为滞留件处理，这种情况是可接受的。你再看这个寄件方查件，客户寄送快件出去之后，他可以查询这个快件是否送达收件方，这个还不是太严重的，不过也在我们质量监控范围内。收件方查件就是比较严重的情况了，我就会询问业务员是不是把快件给弄丢了。当然，还有一种情况就是业务员没有给客户打电话，直接把快件放在客户的办公室或让客户的同事签收，而这位客户不知道，直接打客服电话询问快件，这就是我们业务员的主观责任，因为你没有按照公司的规定给客户打电话。我们现在这个巴枪有录音功能，可以查得到你这个业务员有没有打电话。还有快件破损，这种破损既有外包装的破损，也有内部破损，比如客户买的水果放的时间长了，也有可能破损。还有信息不符的情况，签单回收有误，就是寄件方寄过来的快件，需要客户当面签收后在信封里的发票上签个字或盖个章再寄回去。我们业务员的职责就是提醒客户要盖章、签字之类的。但这也有突发情况，比如收件方正好手头没有章。还有邮费差错。我们业务员收快件一般是把快件拿回来封存，实际会分两种情况。第一种是主观责任，你收了客户34块钱，但是最后你只花了30块钱的运费，4块钱装进自己的口袋里了，这是公司不允许的。还有一种是客观责任，这个快件只需要30块钱，你收了客户34块钱，而且也是34块钱寄送出去的，你没有把这多余的4块钱装进自己的口袋里，这只能说你做事不认真。（杨楠，运营主管，20180730）

围绕着快件派送服务事项，至少有两个层面的督促管理。第一个是来自点部仓管员（组长）的适时督促，仓管员在电脑上通过时效管理软件及时督促正常快件派送并尽快处理问题快件；第二个是来自运营主管的统筹管理，运营主管既负责定期对每个点部的快递服务质量做综合考评，也对个别快递员的服务偏差提供有针对性的督促与管理。

二 协同派送：快递员与企业的双重合作

对仓管员来说，时效管理系统加强了对快件派送的实时监控，但是对快递员来说，派送快件有时却是一个不太好完成的任务。在派送过程中，由于实际情况瞬息万变，快递员并不能保证每个快件都能被及时送到客户手中。如果一不小心，由于个别客户耽误了快件交接时间，就会影响后续整个快件派送的进程，最终导致连锁反应，使得在规定时间内难以完成所有派送任务。

公司规定10点半要给客户派到货，怎么可能，12点还差不多。上午没有派完的放在车上，下午继续派送。如果一个客户电话里说三天之后回来，我们就要回仓做滞留件处理，三天后再派送。他们这些人坐办公室，想象着我们可以在10点半

之前完成，根本不了解实际情况嘛。不像你还亲自下来做社会调研，了解实情。（谈文超，快递员，20180725）

针对点部时效管理系统带来的工作压力，快递员们在感到无法完成的情况下，会主动请求其他快递员帮忙派送区域内偏僻位置的快件，来减少不必要的时间损耗。如果遇到区域分拣错误的快件，一些快递员也会顺手帮忙投递，这在无形中帮了另外一个快递员的忙，这些都会缓解实时监控所带来的精神压力。

1. 寻求帮助，主动请求其他快递员帮忙派送快件

由于派送快件信息已经由公司、客户和快递员三方共享，快递员在日常派送中要时刻面临快递点部和客户的双重督促，稍有不慎就会招致客户投诉。快件派送不只是一个体力活，而且极度考验快递员的抗压力。在调研中，一些快递员回忆起刚送快件的日子里那种精神压力，普遍认为不堪回首。一些快递员在派送任务紧张时会考虑与其他快递员合作，对于地处偏僻的客户会请求相邻区域的快递员帮忙派送。

> 我和范师傅负责这条路的两边，我是这边，他是路那边。刚才送的几个快件都是他的，这边本来是范师傅负责的区域，但是今天他让我帮他代劳送一下，这样他就可以绕开这条路直接从那边拐过去。我平时跟他关系好，帮个忙倒也没什么。其实我不想给别人代劳，挺耽误我自己的时间的。（刘文瑞，快递员，20180727）

在这次调查中，还有一种情况是跨企业之间的人际协作。如

果快递员派送区域的客户相对分散且量不大，不同快递公司的快递员在适当情况下也会相互照应和帮忙来降低派送成本。当然，这种跨企业的人际协作需要具备一定的现实基础：一是不同企业的派送区域有重合地带，对其他企业的快递员来说不过是举手之劳；二是不同快递员之间相互熟悉，作为熟人相互帮忙是难免的事。

> 申通、韵达快递派送的区域有不少是重复的，他们的业务员可以相互帮忙为对方送一下快件，大家都是朋友嘛。（蒲华振，快递员，20180719）

> 我和刘师傅不一样，我这边的工厂个别周日还有件，但是太少了，跑过来不划算，连油钱都不够，我就让一个京东师傅过来代劳帮我拿一下。大家都是熟人，平时和人家把关系搞好，要不然人家也不会帮你这个忙。大家互相帮忙，比如爱迪润滑油，他的那辆车就带不下，我的车有地方可以帮忙带一下。（贺齐志，快递员，20180728）

不过需要补充的是，这种人际协作派送是在快递员确实没有时间的情况下发生的，比例相对不是很大。另外，双方合作也是建立在同意基础之上。公司明文规定，不同区域的快递业务要泾渭分明，快递员不能随便干涉相邻区域的业务。简言之，快递公司的管理控制是为了进一步提高派送效率，速安快递公司设计的时效管理系统在督促快递员准时派送快件的过程中也将监督权让渡给客户，客户在手机上可以直接监控快件位置和送达的时间。换言之，公司正式服务合同条款对快递员的约束加上现代管理系统的有力配合，使快递员在派送快件过程中显得更加紧张。

2. 举手之劳，在力所能及的情况下为其他快递员分担

除了主动请求其他快递员帮忙外，还有一种特殊情形属于举手之劳。如果照章办事，发错区域的快件需要快递员重新带回点部，再由所在区域的快递员重新派送。这尽管遵守了规章制度，却延误了客户收到快件的时间，还有可能被投诉。此时，快递员只要不觉得麻烦，就会顺手将快件送到客户手中。这种人际协作并不一定是其他快递员提出请求，而是正好被自己碰上了。遇到这种情况，快递员完全可以照章办事，将快件拿回点部重新入仓，第二天再给客户派送，但是这会拖延快件派送的进度，给客户带来麻烦，特别是一些生鲜果蔬类的快递最好能送出去就赶快送出去。

> 帮别人代劳是说，这个快件是别人的区域，我到那边就到头了，如果再将快件转给同事就会耽误几天，产生投诉比较多。（贺齐志，快递员，20180728）

> 有一种情况就是我拿到分错的件，比如客户就在我所在路边的对面，在时间允许的情况下，我就会考虑给他送过去。有些业务员会将快件拿到点部，通过点部重新将那个快件转给那个区域所在的业务员，这样看起来是照章办事，却耽误了客户，特别是生鲜果蔬多放一个晚上就会放坏了。（路威，快递员，20180724）

这种人际协作也有一定限度，那就是在对方忙不过来主动提出请求的时候可以帮忙，如果对方不存在这种情形，那就要尽力避免这种事情的发生。

在点部管理与快递员处理上，我们看到冷冰冰的机器操作与

温情脉脉的人际协助之间的相互联结。在理性化程度极高的快件派送过程当中，快递员之间的彼此协助缓解了派送快件带来的紧张压力。此外，彼此的人际协作也是一种人情负担，在未来也需要回报给对方。还有，这种减缓也是有一定限度的，每个快递员都有自己的区域，为其他快递员伸出援助之手也是在力所能及的情况下实现的。

第三节　特殊时期的区域调整与员工协作

上面讲述的是快递员在正常情况下派送快件的区域分配，没有遇上特殊情况一般都是这样操作。然而，在"双十一"这种重要时期，平时的固定区域就要重新调整，一般采取合并相邻区域与重新调整人员配置的方式。据公司负责人介绍，遇到这种特殊情况，公司有十几种模式来应对，但到底选择哪一种模式，需要结合点部及下辖区域的实际情况。从现实来看，应用比较多的是下面三种模式。第一种是二程接驳模式，在点部与各个派送区域之间进行快件运送。在每个区域增加1名快递员，通过减少点部与区域之间的距离来减少快件派送的时间成本。第二种是区域合并模式，将三个区域合并到一起，总共6名快递员，1名快递员专门负责点部和区域之间的快件运送，在三个区域中设置一个中心点，留1名快递员联检，1名快递员负责保管快件，其余3名快递员分别派送自己所属区域的快件。第三种是金融特服模式，委派专人负责这项业务。

"双十一""双十二"和年底过年这几个关节点是我们一

年最忙的时候，通达系的快递公司在这个时间点是会爆仓的。爆仓就是说仓库摆不下货物，把仓库挤爆了。我们的业务员平时一天是100多个快件，在这几个节点多的时候一天会达到400多个快件。9月至（来年）2月是我们快递业的旺季，我们会考虑提前做好预案。现在就是7月开始打报告，8月开始招人。我们速安会有十几种模式，跟你说几种吧。第一种是二程接驳，负责点部与区域之间的快件运送。我们会给每个区域增加1个辅助工，这样的话每个区域就是2个业务员。还有一种模式是将三个区域合并到一起，共有6个员工，其中1个员工负责点部和区域的快件运送，三个区域的中心有1个员工负责揽件，1个员工负责看管快件，其余3个业务员在所在区域快速派送快件。这个专门负责点部和区域中心的业务员一般是新手，不熟悉路线和客户，主要是同我们业务员和货物打交道。

"双十一"的时候我们会招一些小时工来帮忙。速安其实在"双十一"的压力还不是太大，压力最大的是年底，因为好多快递公司都不做业务了，很多客户的件就全部压在我们这里了。像去年，我值班，晚上7点有一趟，10点有一趟，12点有一趟，凌晨2点有一趟，5点又有一趟，早上我还得起来上班，那几个晚上基本上就是睡一会儿就要醒来卸货。当时拉货的车不是现在你看到的大货车，而是依维柯。你说的二程接驳是公司统一推出的模式，但这种模式已经淘汰了。我们现实中操作二程接驳的是快递员的电动车，不用回来点部，点部专门派师傅开车拉货到他们所在的区域给他们送快件。这种二程接驳模式不是你这个点部想弄就弄的，这个要看你所在点部的快件量和现有员工的数量。有一些点部人手本来就不够，快递员加主管再加上仓管就只有八九个人。公司推出的那种模式，不是很多点部可以操作的，因为要增加人手，增加多少人手还要根据你公司平常的业务量来计算。我们这个点部就可以做。（陆平和，快递员，20180730）

"双十一"的时候，我的件比较少，大部分是派件。到时候快递员会忙不过来，我们要请小时工做二程接驳，面包车在点部拉完货就走，业务员在区域内直接派送，前后持续近十天。（谈芳，快递员，20180726）

上面三种模式是速安快递公司在特殊时期遇到快件数量剧增时采用的派送模式升级版①，关键是增加派送人手和减少单个快件派送的时间成本。在关键的时候，全员上阵，包括亲属、朋友也会参与缓解这种临时性的紧张局面。然而，这种旺季的派送模式毕竟是暂时的，区域调整也不会维持太久。因此，在日常工作模式下，区域划分依然是一种常见模式。这里需要补充说明的是，速安快递公司作为直营管理企业，主要客户还不是大量电商，因此在重要节假日，快递量确实比平时多得多，但是不会有通达系公司压力那么大。

有一年，天气非常恶劣，安湘中转站爆仓，三四层楼，

---

① 这部分内容是来自负责人的介绍。这里需要说明的是，由于是商业机密，负责人只是稍微介绍。从这些话语中我们可以初步推断作为讲求效率的速安快递公司在应对各类突发情况时的备选模式，而且这类备选模式一旦成型就会成为公司的常规操作。

货物都堆到天花板了，随后公司就发动点部主管、运营主管和经理等中高层领导全部出来搬货，通宵才搬完。后来派送的时候，人手不够，我们就动员速安的家属参与，一个快件以前是4块，现在涨到5块，很快就搬完了。后来还有人不断来问：还有东西要搬吗？（夏立，经理，20180718）

上面是桥东点部应对非常规时期推出的举措，这种时期相对来说比较短且在可控范围内，但是这给了我们一个很大的启示：如果说平时是常规运作，那么此时就是战时运作，尽管运作内容和过程大有不同，但是经过若干次运行之后，这种战时措施也将慢慢制度化。

第四节　快件收派中的管理监控与劳动协作

桥东点部与快递员之间有区域分配和管理督促两个层面的制度关联，接下来做一个简单小结。

首先，以快件收派区域分配为例，涉及区域分配的标准、区域调整的动力和快递员的多元化策略。点部将片区划分为不同区域后再分到每个快递员名下，随后根据快递员的工作能力与区域市场潜力是否匹配来决定是否分割或调整区域。点部既不能让一些区域业务量过大而导致快递员忙不过来，也不能让一些区域业务量过小而导致快递员无事可做。点部通过快递员服务效能考核指标来判断快递员与区域是否匹配：针对业务量大的区域会划出一部分给隔壁区域，但是会给快递员相应的激励；针对业务量小的区域会调查情况或调整快递员。快递员针对点部的制度安排，形成增加派送运力、软化服务合同和提出分割区域要求三种应对方案。

其次，以管理督促为例。公司通过快递信息化、电子化的操作使快件处于点部仓管与客户的双重监控中，这既保证了正常快件的及时派送，也为问题快件的处置提供了解决渠道。快递员通过人际协作来化解双重监管带来的压力。第一个是公司内部的合作，包括有意识地寻求其他快递员帮助和顺便为其他快递员伸出援助之手；第二个是不同公司快递员之间的人际协作，这主要是由于不同快递公司的业务有交叉，快递员们在长期交往中形成了熟人关系。但是，这种人际协作只是作为一种辅助手段出现。因为点部给每个快递员分配的区域实际上就是每个人的承包地，每个人要全权负责所辖区域的快件收派工作。快递员自觉不介入隔壁区域，这成为快递员内部之间的共识。

近年来，对服务业的研究成为劳动社会学的经典论题，主要采取劳动过程理论的分析思路。然而，与工厂内部的劳动控制不同，快递员不是在工厂监控范围内工作，而是在派送的路上和与客户交接快件的过程中完成工作。快递公司实行的是计件工资制，这样既能有效激励快递员收派快件，也能保证按质按量完成。从这个角度来看，劳动过程理论的侧重点是资方对劳方的控制，而劳方则是想方设法摆脱这种控制，通过建构与客户的熟人关系来摆脱。快递员与客户的熟人关系是作为辅助方法而进入劳动过程理论的，然而本研究却力争凸显快递员更多的主动性和自觉性，侧重于对快递员和客户间熟人关系的深入刻画。而这种熟人关系将会适当软化服务合同约束，进而将派送时效与化解客户投诉有效地结合在一起。

第五章

快件派送：提高时效与降低风险

快递员每天为客户派送快件，除了要与点部正常对接外，还要与各类客户打交道。派送快件分两个阶段。第一个阶段是在来的路上，快递员需要迅速找到客户，不能漫无目的地寻找，而是要根据事先确定的路线来找，这条路线要相对固定且规划合理，本书将其概括为"路径优化"模式。第二个阶段是在送的环节，快件员要将快件完好无损地送到客户手中，本书将其概括为"派送优化"模式。上述两种模式灵活组合，将大幅提高快递员的派送时效。速安快递公司为客户提供的是安全且高效的快递服务。问题是安全与快速本身就是一对矛盾，越快就越危险，要安全，速度就上不来。这种自相矛盾体现在每个快递员身上。①

第一节　路径优化：规划路线，减少路上时间

桥东点部的每一位快递员分别负责不同区域。来自全国各地的快件通过安湘市快递中转站转运到桥东点部后，很快会进入区域分拣流程，所有快件依次被分发到不同区域，快递员迅速将快件放到三轮车或面包车里。我们通过分析资料后发现，快递员在

---

①　路径优化和派送优化讲的是如何"快"（派送时效），风险防控讲的是如何"稳"（派送安全）。化解这对矛盾的关键是快递员与客户建立熟人关系。这对范畴是我在实地调研中根据资料分析而逐渐提炼出来的。

送快件的路上可有常规路径、例外路径、循环路径和权变路径供其选择。四种路径只是分析需要，在实际送的路上，快递员会灵活变换组合，尽可能减少在路上的时间。

> 我当初一进入快递点部，点部主管就介绍快递员提前规划派送路径的重要性。每个快递员都会经营规划好自己所在区域的路线，什么路线最便捷，不同地点快件送达的时间并不相同。如果一个快件耽误 2 分钟，20 个就会耽误 40 分钟，这样一个上午该送的货就送不出去了。（迟近，点部主管，20180713）

点部主管的这段话在后来快递员那里得到了反复印证，"规划路线""便捷""耽误"是高频词。请注意，路线是快递员自己规划出来的，而不是网格员为他们设计好的。

一 常规路径：通盘考虑区域路线

常规路径指的是快递员从点部到客户所在位置，按照由近及远逐一派送快件。遇到联系不上的客户，根据公司规定给客户打完几次电话后，马上赶往下一个客户地点，尽量不走回头路（见图 5 - 1）。具体来说，快递员在点部分拣到所属区域的快件后，马上将快件分门别类放在车厢内，立即出发。快递员每天派送快件的情况并不一样，但是他们会根据区域内不同客户所处的位置，事先规划出一条最节省时间的路线，这种路线的特点是由近及远逐一派送、不走回头路和在场客户优先派送。这条路线是该区域内的固定路线，一般不会有太大调整。需要提及的是，这条常规路线有的是快递员根据平时派送快件逐渐摸索出来的，比如新接手的区域需要亲自设计路线，这需要花费比较长的时间。比较常见的情况是，承接这个区域的老快递员设计出一条合理的派送路线，后来在自己离职或调配到其他区域后，将这条路线交给新快递员，这就缩短了新手摸索路线的时间。

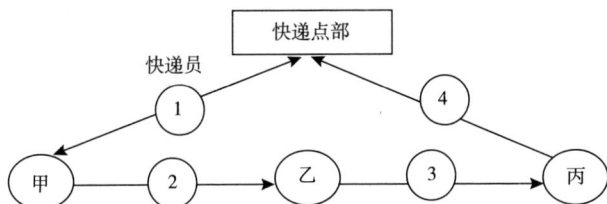

图 5 - 1　常规路径

第一，快递员采取由近及远的路线向客户逐一派送快件，为节省等待客户的时间，一般会在到达目的地前就打电话联系客户。[①] 这样做有三个好处。首先是大幅减少了快递员等待客户取件的时间，如果到现场才打电话，就会在原地白白等待客户。其次是及早筛查出没有接听电话的客户，快递员就可以尽快决定是离开还是继续拨打电话。最后是保证快件派送的连续性，如客户在就立即交接，客户不在就赶快离开，这样从整体上可以尽快完成快件派送任务。

> 我要给他打个电话。你看这个客户就耽误时间了，至少耽误了我 15～20 分钟，这样耽误下去，就会影响后面的快件。（刘文瑞，快递员，20180713）

---

① 为节省时间，不少快递员会一边开车一边接听电话。这固然节省了等待客户的时间，却带来严重的交通风险。这的确是快递员的职业风险，不少新闻报道中均可见。一位快递员跟我说，做快递员这几年在路上看到了不少交通事故。

　　时间是我们描述事件发生过程的一个物理参数。它是一个客观量度指标，用小时、分、秒精细刻画，但是不同职业的人群对时间的主观敏感度却千差万别。快递员对时间的敏感度要远远超过大部分客户。通俗地说，1 分钟对快递员来说可能就是 5 分钟的感受。不少客户在与快递员打交道时会有一种这样的体验：明明才是几分钟的事情，但是快递员却说等了很久。有时因为对时间主观感受的差异，双方为此还产生一些不必要的误会。①

　　　　不认识的话当然要提前打电话，要不然到地点之后再打电话，他走过来还需要一段时间。（谈文超，快递员，20180725）

　　快递员给客户打电话收快件，至于以什么样的方式收，快递员和客户可以在电话里商量，但前提是一定要打电话，这是速安快递公司的正式规定。这种规定在保证服务质量的同时，也给快递员带来一些麻烦。一般来说，给客户拨打电话会出现三种情况。第一种，客户正常接听电话并在第一时间赶到目的地收快件，即使不能当场签收，也可以告知快递员如何处置快件，比如改天派送或放在安全区域，这是快递员最想看到的局面。第二种，客户正常接听电话后说马上到，但迟迟不出现，这是快递员最害怕的局面。客户说马上到，结果一直不到，快递员如果自行离开，客户却到了，没有拿到快件就会投诉快递员。而快递员如果害怕投诉，在原地等待，就会延误后面快件的派送进程。第三种，客户没有接听电话，快递员根据公司规定打过几次之后，客

---

① 读者看到这里，就可以理解快递员的烦恼和无奈了，用争分夺秒来描述他们的工作状态一点儿都不为过。

户还没有接听，他就马上赶往下一个地点，这是快递员可以从容应对的局面。快递员最希望的是第一种情况，最担心第二种情况，第三种情况则在自己掌握范围内。

> 快递员最害怕的就是客户不接电话，没接电话，我是走不敢走，但又不能死等。一般会打三个电话，无人接听我们会告诉客户稍后派送，有个客户打了没接，过来半个小时问快件，我说没有见到人没有派，他就说你就不能放在快递点？（黄敏，快递员，20180720）

第二，快递员派送快件一般不走回头路，如果离开后才接到客户电话，要和客户解释，比如约好时间下一轮优先派送。快递员在派送快件的时候，最怕遇到的是给客户打电话，结果无人接听或正在通话中。此时，快递员就处于走与不走的两难境地。如果不走，客户何时能接到电话是一个未知数，即使接到，能不能马上到也是一个未知数，接到电话答应过来到底要花多少时间依然不确定，一直等下去，却不知道能不能等到结果。更麻烦的是，会耽误后面快件的派送工作，一步慢会步步慢。可是如果刚刚离开，客户就打电话过来询问，快递员此时再折返回来同样耽误后面快件的派送工作。从实际情形看，客户没有接到电话，快递员会根据公司规定打几次电话后立即赶往下一个地点。遇到客户来电询问，特别是要求快递员现在就送的，快递员可在电话里与客户沟通约定下一轮派送时间。速安快递公司之所以比其他公司要快，优势并不是全国发达的物流网络，而是一天有三次派送。一天三次机会给快递员和客户约定下一次派送时间提供了先决条件，这既避免了走回头路，又能赢得客户的理解。

派送快件尽量不走回头路，你不要刚走开又有人来寄，这样折返回来，三轮车电力不足，来回折腾，一天送不了几趟。如果是熟人，就好一些，我们会打电话约好哪个点，我有个总体安排，沿着一条路线一起收派。（黄峰，快递员，20180718）

刚才做这个快件就20分钟，你说怎么高兴得起来？（黄敏，快递员，20180720）

快递员最烦的事就是给客户打电话不接，三四次都不接。但是刚走开不久，他电话就打过来了，让我现在马上就给他送过去。电话一次你没听到就罢了，三四次你都没有听到？有人说自己在充电，没听到。客户接着就给客服打电话催派，那我就没办法了，我要送完一圈才能再折返回来。比如说珞雅苑，我们早上一大早就去送快递，他们还在睡觉，没有听到电话，醒来之后就给我们打电话，让我们送快递。（路威，快递员，20180724）

这里要交代一个情况：快递员每天用的三轮电动车出发前要充满电，有一定里程数要求，一般维持一个循环，电量不足就要及时充电。走回头路对快递员来说不仅耽误后面快件的派送，更麻烦的是，电量消耗完后连点部都赶不回来。所有快件的派送时间成本和电动车的固定里程的双重硬约束，使快递员在遵守公司规章条件下会选择尽快赶往下一个目的地。一天的第一趟派送如果没有联系上客户，至少还有两次机会。

上午还差两个没送出去，给碧桂园物业办公室送，打了两通电话，没人接，我就带回来了，等会儿下午再过去看一下，不行就明天送。这个是重要文件，不能给弄丢了。（刘文瑞，快递员，20180714）

快递员和客户沟通后一般会出现两种情况：一种情况是客户不太急的话，与快递员沟通后同意稍后收取快件；然而还有一种情况，那就是极个别客户提出异议，问这么近的距离为什么不能现在就送过来。

客户说，你到我这里只有两三公里，为什么不能现在就给我送过来？（范成，快递员，20180723）

做快递很烦，巴枪7点之前都还要用，到很晚的时候有人看到来自速安的未接电话，就给我打电话让我送快件。（李亮，快递员，20180719）

快件派送有路线规划，有些点比较远，可能放在后面去派送，但肯定是今天上午可以派送到。问题是远处点的客户一早就给我打电话，让我第一时间将快件送到他那里，这就会影响我上午整体派送的进程。（黄敏，快递员，20180720）

我来送快件，派送给客户的时候，他没有接听电话，接下来这个派送的时间就由我来定。你给我打电话说很急，那另外一条路上的客户也很急，我得考虑后面那个客户。（张海洋，快递员，20180722）

出现上述矛盾情况主要在于快递员和客户在路线规划上的错

位。客户是从自己收取快件的实际需求出发，而快递员却不只是送一个客户，他要对区域内的所有客户通盘考虑，绝不能因为个别客户请求而随意打乱派送路线。除非遇到特别紧急的情况，否则快递员一般不走回头路。快递员必须着眼全局，一般不会因为个别客户而延误整体派送进程。

第三，快递员会全面合理地规划所属区域内的客户时间，优先将快件送给在场的客户。快递员根据客户是否在场，提前规划派送路线，客户在场的优先派送，不在场的稍微靠后。客户在场就可以当场面签，既提高了快件派送的效率，又降低了快件丢失的风险，毕竟让客户面签会大幅降低双方产生纠纷的概率。然而，这种优先派送也是根据快递员的实际情况。下面这位快递员派送的客户就分为两大块——办公区和居住区，白天会优先送给办公区域，而当人们下班后，居住区的客户家里有人再送也不迟。

> 收派快件路线是我们事先规划好的。比如说这条公路的一边是办公楼，那边楼房小区是住宅区，办公区快件一般是比较紧迫的，我要在别人上班的时间送到，毕竟有些材料对别人来说要得很急。住宅区的，我可以送完这些之后再过去送，即使下班了，家里会有人，即使不是他本人，家里其他人收件也是可以的。我是按照事情的紧迫性来派送快件的。如果先过去送住宅区，办公区的快件我就顾不过来了。（刘文瑞，快递员，20180713）

在常规路径下，一些熟练的快递员为进一步减少派送时间，会事先在车厢里将快件分类，距离近的客户快件放在前面，远的靠后。这些都是快件派送的小技巧。快递员为了提高快件派送的时效性，可以说在每一个环节都做了合理规划。他们对时间的敏感度要远超客户的感受，"时间就是生命，效率就是金钱"就是对快件派送的真实写照。常规路径可以降低快件派送的时间成本，帮助快递员尽快建立对本区域的熟悉感。在常规路径模式下，快递员最怕的是客户让自己原地等待又迟迟不到，最后产生连锁反应，延误了为区域内的其他客户派送快件。

> 我之前还有等一个小时的呢，客户说3分钟到，最后让我等了一个小时。如果从他那里走过来起码要30分钟，你早点儿告诉我呀，我在这个时间段还可以去其他地方办点儿事，回头再接你的货。我连续给她打了四个电话。当时还没有面包车，就是这么大的太阳，我躲在路边的树下。（谈文超，快递员，20180725）

> 打一个不接，打两个不接，公司规定两个电话之间是10分钟，我们一般就是5分钟左右，搞10分钟这些快件就送不完了。一个小区10个件，搞两三个这样的件就把时间给全部耽误了。（黄敏，快递员，20180720）

面对这种情况，快递员会立即赶往下一个地点，但是要给客户做解释，说明下一轮派送会再联系客户。如果客户有误解，快递员要做好说明，否则会招致投诉。一般来说，快递员会提前做好预案，按照公司制度在规定时间内给客户打几次电话，即使有纠纷也能避免麻烦。常规路径是快递员根据区域内的客户分布或在场情况规划出来的最优路线，除非所在区域的客户发生重大变化，否则一般来说不会有大幅调整。新快递员要接手该区域，往往要跟老快递员跑一段时间。路线越优化、快递员越熟悉路线，速度就会越快。

由近及远、不走回头路、在场客户优先和做好与客户沟通工作，都是常规派送路径的显著特征。从长远趋势来看，快递员所辖区域内的常规派送路径也不是一成不变的，随着区域内客户变化也会做出适当调整。比如说客户增加或减少，都会使快递员调整原有的派送路径。但是需要说明的是，常规路径一旦形成，快递员走熟之后就会越来越快。常规派送路径还有一个优势，即快递员不仅在摸索路线，也会掌握一部分固定客户的时间特征，比如说客户到达指定地点的时间，从而尽可能掌握快件派送的主动性。

> 珞雅苑是安湘最大的小区，里面有100多栋楼房，我要安排好路线，确定第一站、第二站和第三站怎么走，依次排列过去。后来对这里熟悉了，熟能生巧，派送越来越快，很快就可以送完了。（王灿，快递员，20180724）

快递员在常规派送路径中要尽可能减少等待时间。这种路线的最佳情形是当快递员给客户打完一通电话之后，就能与客户在相应的时点见面，当面签收既能提高派送时效，又能降低派送风险。快递员熟悉路线之后，在每次派送之前大致计算好在每个点上等待客户的时间。在他们看来，提前联系客户并不会耽误派送日程。这种派送方式背后体现的是一种理性化，这种理性化又表现为可预测、可控制、可计算。

然而，在现实操作中，实施常规派送路径需要克服三个困难。第一个困难是派送路况复杂，没有任何规律可循。复杂的路况意味着快递员要花费更多的时间才能找到客户。然而，再复杂的路况，只要快递员日复一日地送快件，时间稍长就能对辖区内的客户位置了如指掌。但是对新手来说，复杂的路况刚开始绝对是一场梦魇。

> 这边的小区有100多栋，是安湘市最大的居民区，我第一次在这里派件从上午8点派到下午1点，还没有派完。刚开始都没时间吃饭，我是一个一个地认地点，上午、下午的路线都是一样的，派送都是依次往后，第一站没有，直接到下一站。你看那边我下午就不会过去，因为没有客户。这边机关比较多，比如房管局和检察院之类的。（路威，快递员，20180724）

第二个困难是快递员无法判断客户到达指定地点的时间。客户有没有接听电话，接听电话后多久能到，这些都是快递员无法掌控的。基本上所有快递员都提到在给客户打电话时最担心客户不能到，一旦遇到这种情况，快递员处理不当就会产生连锁反应，直接影响其他快件的派送。

> 我对客户说走开了，下午再给你送吧，这就是打了好几个电话都不接电话的客户，现在他又把电话打回来了。我是按公司规章制度办事，给你打了好几次电话，你都没有接，我不能老等你，否则就干不了活了。有些客户没有接到电话，后来看到电话后打过来要求我现在马上就把快件送到他手中。哪可能啊，我已经离开那个地方了，我送快递都是有

计划的。（王灿，快递员，20180721）

常规路径面临的第三个困难是该区域内存在一个离散点，某个客户的位置与其他客户相距较远。如果要去送就会耽误很多的路上时间，但是按照公司规定一定要过去送，这在一定程度上就增加了快递员派送的时间成本。

> 这里就是青山区的乡村了，这里面有一个做变压器的厂，每次都是有几个快件让我们过来取。走这么远的路，就收派几个快件，说实话我真的不想过来，但还是要过来，这是前面的师傅留下的点。这条小路是以前一个师傅带我认的路，开车走在这里面的最大好处是很安全，我们现在外面走的这条路是国道，有很多车辆。走这条小路到目的地的距离还近一些。（刘文瑞，快递员，20180727）

常规派送路径是快递员在自己所属区域内根据客户分布位置设计的一条兼顾各个客户的合理派送路线，快递员根据这条路线依次派送快件将极大地节约派送快件的时间成本。常规派送路径要最大化发挥效果，需要客户相对集中和相对在场两个条件。然而，所属区域客户分布位置并不规则，客户相对集中就能大幅减少快递员的路上时间。个别客户脱离这个集中区域，就会给快递员带来额外的时间压力，这也是让不少快递员感到亏本的原因。

二　例外路径：牵一发而动全身

例外路径模式指的是在特殊情况下，快递员即使打破常规路径也要提前给特殊客户优先派送快件（见图 5 - 2）。常规路径是快递员平时为应对所属区域大部分客户规划的正常派送路径，但是也存在特殊情况，此时快递员要适当调整路线，优先考虑给特定客户派送特殊快件。本研究将其称为"例外路径"模式。这种路径模式有应急和例外两个特点。

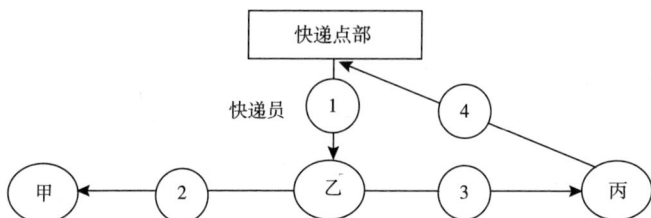

图 5 - 2 例外路径

第一，由快递物品的特殊性决定，容易腐坏的快件要优先派送。速安快递公司讲求的时效性意味着会承接一些时效性强的快件派送服务，这些服务紧接着就落到了快递员身上。快递员如果接到生鲜果蔬类的快件，就要选择在第一时间将其送到客户手中。这涉及不同类型快件的风险系数，比如生鲜果蔬类快件容易腐坏，其风险系数相对较大，如果没有及时派送，就有可能腐坏，导致客户投诉，最终演变为服务风险。因此，如果快递员当天遇到这种类型的快件就要稍微调整路线，优先派送。

　　快递路线规划中，生蔬水果要先寄，害怕坏了，重要物件像笔记本电脑，首饰比如项链、戒指等要当面给客户，其他的可以考虑放在门卫。路线一般不走回头路，来回走容易耽搁时间，但是也有特殊情况，比如遇到别人要寄件，有时也要走回头路。客户打电话急着要，我们会调整路线从 C 到

B 到 A。如果客户没有打电话，我们就按快件的正常速度来派送。（谈文超，快递员，20180717）

第二，由客户需求的紧迫性所决定，这种派送占一小部分，但是也会干扰快递员的正常派送进程。遇到客户急需的快件，快递员此时就会"一反常态"，在当天提前给特定客户送特殊快件，在满足了该客户需求的同时，自然也会影响整体派送进度。在大多数情况下，快递员遵循常规路径模式依次派送快件，总体上来说属于比较节省时间的路线，但是由于一少部分快件的时效性或特殊性，就会暂时打破这种派送模式，由此衍生出例外路径模式。

路线偶尔也会调整，要得急的，我们会和客户约好时间去派送。（路威，快递员，20180724）

这个路线是规划好的，每天都一样。如果有一个客户急着收件，就把我的路线给打乱了，派件进度就会受影响。（李亮，快递员，20180719）

例外路径模式是快递员在常规路径模式基础上根据客户的紧迫性和快件的风险系数来优先派送。与常规路径稍有不同，例外路径有三个特点。一是发生频率并不高。无论是客户的急件，还是风险系数大的快件都不会是经常出现的情形，即使出现，也在快递员的正常承受范围内。试想一下，如果这类快件过多，那么就会给快递员带来很多麻烦。即使当天只有一例这样的情况，也会"牵一发而动全身"。二是派送的时间成本在可控范围内。因为发生频率相对较低，快递员即使稍微调整路线也不太会严重影响其他快件的派送进程，只是比平时要多花些时间在路上。三是遭客户投诉可能性比较大。高紧迫性和高风险性是这类快件派送的两大特征，遇上这类快件，快递员如处置不当极有可能引发客户投诉。为降低派送风险，例外路径就成为一种选项，我们将它看作对常规路径的一种有效补充。

三　循环路径：不可避免走回头路

与常规路径和例外路径不同，循环路径模式指的是快递员一段时间内在固定区域内循环往复地给客户送快件。无论是常规路径还是例外路径，快递员面对的客户都比较分散，不同客户间的距离又较远，因此要避免走回头路。然而，还有一种情形，是在特定区域内客户相对集中，但不确定是否在场，也没有放置快件的安全区域，快递员在这个区域内就会来回奔走不断联系客户。本研究将其概括为"循环路径"模式（见图5-3）。这种模式有三个特征。

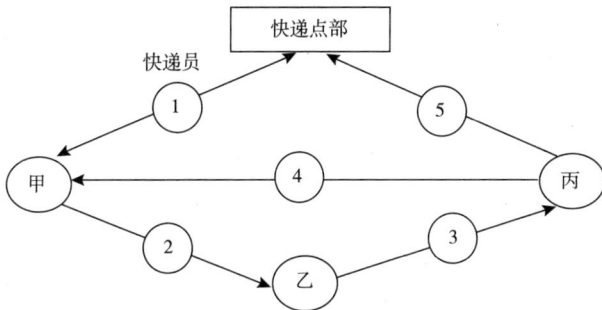

图5-3　循环路径

第一，该区域内的快件派送量必须达到一定规模，否则会让快递员得不偿失。运用循环路径模式的区域，客户量要稍微多一些，只是客户分布的位置有些分散。这种分散不仅指客户地理位置的纷乱复杂，还包括客户的不确定在场给快递员带来的烦恼。

第二，在固定区域内，客户的分布位置相对比较集中，快递员在多个客户之间往返的路上时间相对较少。一批客户相对集中在固定区域，比如说居住小区或农贸市场，快递员此时会在这个区域循环往复地给客户送快件。更重要的是，在该区域内不同客户之间来回往复的时间相对不太长。

第三，客户不确定在场，快递员要反复联系客户确定派送时间。客户是否在场是快递员事先不能确定的，反复联系成为一种常态。快递员在这类区域并不需要设计最佳路线，客户的变动不居或地形的复杂使快件派送异常艰难，这就衍生出循环路径模式。这种区域对新快递员来说就是一场噩梦，从陌生到熟悉一般要花好几个月时间。

> 这里的朝阳市场是"三不管"地带，里面有打麻将的，打着打着就打起架来了。这里什么都卖，凡是你想得到的东西都有得卖，你看还有足浴按摩，这里是应有尽有，啥都有的卖。这里的商铺虽然排得有些乱，但还是有规律的，要不然快递员怎么送货？比如说这里就是西街。（应若，快递员，20180723）

> 你看那个小区就不好派送快件，路很杂，绕来绕去，里面的楼房位置也没有规划，35栋、36栋、37栋，突然在后面就冒出一个50栋。我们送快递的最怕这个，不好规划路线，没有规律，这样送快递挺耽误时间的。这个区域我也才来十几天，对这边的情况不是太了解。（王灿，快递员，20180721）

快递员派送快件的路线并不是无章可循：在客户相对分散且在场与否不确定的情形下一般会采取常规路径模式；遇到特殊快件（应急或风险系数大）时会暂时调整为例外路径模式；在客户相对集中且在场与否不确定的情形下又变换为循环路径模式，在固定区域循环往复地为客户派送快件，走回头路反而成为一种常态。在快递的"最后一公里"，快递员到底选哪一种路径，取决于客户是否相对集中和是否在场两个要素。接下来，还有一种权变路径模式，它是循环路径模式的升级版，但是因其有一定的特殊性，所以将它单列出来。如果说循环路径模式至少还有主干道与支干道区分的话，那么权变路径模式则没有区分，快递员在固定区域内到处都有路走，只要能尽快将快递送达客户手中就算成功。

四　权变路径：一边派件，一边调整路线[①]

权变路径模式指的是快递员在固定区域内循环给客户派送快件，但是每次走的路线并不固定，而是根据快件派送的完成情况来不断调整派送路线。这种权变路径模式有三个条件。一是该区域内的快件派送量必须达到一定规模，否则会让快递员得不偿失。二是该区域内路况复杂，尤其是大路、小道纵横交错，快递员只能灵活机动地穿梭。三是快递员对该区域内的客户和路况非常熟悉，这样才能根据快件派送情况不断调整路线。

---

① 权变路径是受管理学中权变管理理论的启发。这种理论的核心思想是"没有绝对最好的东西，一切随条件而定"。具体说就是，没有适用于普遍情况的理论，一切都要根据具体情况行事。权变路径指的就是每次行走的路线都是随着客户情况的变化而发生变化。

假如以线条来描绘这些路径的话，那么常规路径就是一条主线，例外路径就是一条主线之外偶尔伸出的一条支线，循环路径则是闭合的主线，而权变路径则是纵横交错的迷宫，主线、支线随时发生变化。

张伟是我在调研中印象深刻的一位快递员。我与他的接触并不早，一直到调研中后期才跟他跑了一趟快递，后来又连续跑了两趟。然而，正是他带我跑的这三趟让我见识了权变路径。相对其他快递员来说，他是一个老快递员，只负责碧桂园小区的快件收派。这个碧桂园小区特别大，有几十栋楼，分为别墅区和普通住宅区，有的区域入住率能达到80%，有的区域入住率只有百分之五六十。碧桂园小区派送点与其他派送区域相比具有以下四个特点。

第一，区域快件收派量特别大。这个小区每天的快件收派量有近千件，安湘市内的大小快递公司每天基本上都要和碧桂园小区的居民打交道。

> 这里有几十栋，八街、九街有80%左右的入住率，其他街是百分之五六十的入住率，几个快递公司加起来每天有上千个快件。小区高层的住户白天都不在家，我只好将快件放在驿站，他们下班回家时再过来取。速安和驿站签订了协议，他们派送一个快件速安支付驿站1块钱，驿站负责快件保管和派送，收件的话我们会给驿站一个快件2块钱。速安比较规范，出钱都是我们自己出，不会跟客户再收钱。（张伟，快递员，20180725）

区域快件收派量特别大意味着该区域内客户相对集中且客户

规模大，这样既限制了快递员扩张区域的需求，又保证了快递员的工资收入不至于太少，因为能安全快速派送完这些快件就已经很好了。

第二，区域内客户收入比较高。这个小区里面有一片区是富人别墅区，住的都是在当地收入很高的企业老板或经理。

> 住在别墅区的都是赚了钱的大老板，很有身份。我们不能直呼其名，他们会发火。有一次，我派送快件在电话里说"你是杨悦吗？"杨在电话里说，你是谁呀？语气很不好。后来我知道情况后，在电话里再说的时候就说："杨总，您好，有您的快件。"他就没有那种语气了。给这些客户打电话不行，一是他们没时间接电话，或者就根本不在家，你在他别墅门口前直接放下。熟人和生人不一样，打电话的和不打电话的直接放下也不一样，都有讲究，不能严格按着公司的规章要求来做，有时我们和客户会有一些私下协议。这些客户每天都是晚上 6 点半下班，你不能 6 点半再过来送吧，我也要回家休息呀。还有一种情况，你看这些小区的楼有门禁，人不在家，你都进不去。如果你按别人家的门铃打开门，邻居会发火，他们小孩儿在睡觉。（张伟，快递员，20180725）

客户收入高意味着他们可能对快递单价不够敏感，更看重的是快递的安全与快速，同时也暗含了该区域有比较大的市场潜力，需要快递员尽力挖掘。

第三，区域内部道路复杂。这个小区内大道、小路错综复杂，不熟悉路况的快递员进去之后就好像进入了一个大迷宫，绕来绕去特别费时间。

　　一条街有十几条路，外面的点认识起来快一些，我在这边做了五年，就住在这个小区，所以对这个地方很熟悉。你看，如果是我的同事，他就会从那边出去，其实他不知道这里有一条小路可以绕过去。我跑的多了，熟悉了。有时，我的路线会根据我派件的顺序临时改变，比如派完一个件，我就会想下一个附近的件在哪里。我是一边派件，一边想路线。基本上就是每条街进来出去、进来出去，不像外面的路线每天基本上都是固定的。这里面的人不是很多，但就是路比较复杂。这个小区有需要派件的永远就是那么几户，这些别墅区都装有监控，小区治安比较好，基本上没有丢件的。（张伟，快递员，20180725）

　　区域道路复杂多变的影响因人而异：对熟练的快递员来说，到处是路反而能大幅减少路上时间，降低快件派送的时间成本；对生手来说，到处是路会迷惑，不利于派送快件。

　　第四，区域内部安全性比较高。小区内安全系数相对较高，除了有摄像头监控外，还有供快递员放置快件的安全地点。

　　我是属于比较舒服的，我只送碧桂园小区，这个小区很大的。我熟悉这个小区所有的路口和地点，这个路口进去哪个路口出来，我都知道，所以我每天送快件的路线都不一样，上午和下午也都不一样。我每次开车出来后都会根据快件分布和客户地理位置分布情况在头脑中画出一张图，依次派送。有时，早上我从这边进来，那边出去，下午就从那边进来，这边出去。其他机动师傅不知道这些诀窍，我给他们画了路线图，但是很多岔道口他们还是不知道，这只好让他们自己慢慢摸索了。比如这条路，很多师傅会返回去，跑下一条街，但是我知道这条路可以拐到另外一条街。今天下午他们是送好多个地点，不像我只送一个小区。（张伟，快递员，20180725）

区域内安全系数比较高，意味着快递员可以在与客户有效协商的情况下采取不同的派送方式，包括当面签收或放置在别墅区的安全位置，这不仅减少了快件派送的时间成本，而且能有效降低快件派送的风险。当然，权变路径模式在实际派送中占比不高，因为它对快递员和区域都有比较高的要求，快递员要熟悉复杂的地形，区域内要有相对集中且规模大的客户，快递员才可以在派送过程中一边派送一边调整路线。由于不确定客户是否在场以及按照何种方式来收快件，所有情况都是在不断变化中，这就需要非常灵活的快递员才足以应付。权变路径模式尽管不常出现，却是一种重要的派送路径模式。

综上，为应对灵活多变的客户情况，快递员因此发展出了常规路径、例外路径、循环路径和权变路径。四种路径看似不同，但背后都隐含了两个重要条件：客户是否相对集中和客户是否在场。如果客户相对分散，无论是否在场，快递员一般会采用常规路径；例外路径只是对常规路径的有效补充，即遇到紧迫性客户和特殊性快件就要立即启动例外路径；如果客户相对集中，但不确定是否在场，快递员就会采用循环路径，在固定区域内一边派送快件，一边联系客户；权变路径则是循环路径的升级版，快递员可以灵活应付复杂多变的路况，一边派送快件，一边调整路线，这种派送路径没有任何章法可循。四种路径只是类型学区分，快递员对具体派送路径可以灵活运用，也就是说在所属辖区内灵活组合使用不同的路径类型。例如，一位快递员所属的区域主要由两个板块构成，一个板块是客户相对集中的农贸市场或居民小区，另一个板块是地理位置相对分散的店铺，那么他就会采取常规路径与循环路径相结合的方式，至于何者优先，取决于快递员的派送习惯。总而言之，快递员不管采用何种路径，大原则是尽可能减少路上时间。

快递"最后一公里"派送路径模式与快递公司的全国物流网络的最大不同就是，客户不确定在场与客户相对不集中。全国物流网络中的中转站和末梢点部都是确定的，除非遇到恶劣天气等特殊情况导致交通阻塞。而快递"最后一公里"派送路径模式缺少上述确定性。快递点部为快递员分配的区域在外人看来就是一个地理辖区，然而在每一个快递员眼中，这个区域就是一张地图，地图中的客户如何分布与是否在场是每一个快递员考虑的关键。在通盘掌握这些信息的基础上灵活使用不同的派送路径，可以大幅减少路上时间。

第二节　派送优化：软化合同，减少交接时间

按照速安快递公司的正式制度，快递员要准时将快件完好无损地交到客户手中，客户检查完好无损后签收，这项业务才算完成。这也是作者在进入现场前对快件派送的初步认识。然而，后来多名快递员跟我介绍，这种情况在每天的派送数量中只占一部

分，或者说对全部快件如果都采取这种方式，就送不完。送不完，会被客户投诉，会受公司惩罚，就会导致收入下跌。而实际情况却是大部分快递员每天基本上都能按时完成任务，这里面一定有窍门。

> 我们给客户派送快件有几类情况：一类是面对面给客户；一类是送到前台转交给客户；还有一类是送到小区的门卫或物业，让客户自己去取。面对面给客户的只占 1/3。陌生客户要么是通过向其他人问速安快递的号码，要么打总部的客服，总部话务员将客户信息发到客户所在区域的快递员手机上，我们再和客户联系取件。（刘文瑞，快递员，20180713）

> 没有什么好送不好送的区域，只要客户接电话都好送。接电话无非几种情况，要么你放在门卫，要么我下来自取，要么你上门派送，要么约好改一个时间再给我。（谈文超，快递员，20180725）

本书根据客户是否在场与客户是否相对集中这两个关键要素，归纳出现实快件派送的五种类型，分别是正式派送、逆向派送、虚化派送、托管派送和代管派送，五种派送类型蕴含着不同的成本、收益与风险。除正式派送外，另外四种类型都是对正式服务合同相关条款的适当软化，本书将这四种统称为"服务合同约束软化"。

一 正式派送：客户当面签收快件

正式派送是公司约束快递员提供派送快件服务的标准类型。

公司规定，快递员将快件交给客户，客户当面检查无误后签收才算完成（见图5-4）。然而，正式派送要实现的条件很苛刻。首先是客户必须在场，这样才能完成当面签收。假如客户不在场，快递员就要等，等的时间过长，就会延长派送其他快件的时间，最终导致不良连锁反应。其次是所在区域内的客户要相对集中，集中意味着快递员在一定时间内可以送出更多的快件。客户相对分散，即使都在现场，快递员一个接一个去送，派送成本也会很高。客户相对分散和客户不确定在场两个现实条件，使快递员按照正式派送规定来做很难。当然，这里有一个特殊情况，有一些快件相对特殊，例如生鲜果蔬类或非常贵重的快件（文件或物品），快递员即使花费更多的时间，也要选择这种正式派送。

> 这一栋楼有四层楼，四个公司都在办公，往这边寄送的是贵重文件，没有报价，丢了也不好赔，你不知道赔多少钱。我一定要送到他本人手中，即使人不在，我可以放在他们的办公室，都是同事嘛。（蒲华振，快递员，20180719）

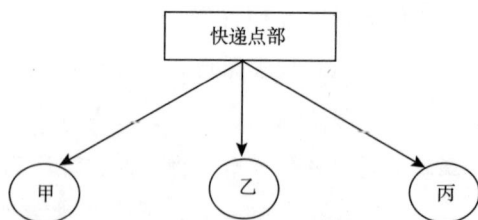

图5-4 正式派送

换言之，如果客户不在场、分布位置相对分散且属于普通快件，快递员要是还严格遵照合同送快件，就无法完成任务，会招致客户投诉和公司惩罚。

　　最好的客户就是双方都是默契的状态，昨天你跟的那个章波就是这种情况。4S 店，我们都不用打电话，直接过去派件，人在的话就立马丢下，人不在可以放在他的办公桌上。办公室和办公桌我们跑得多了，大家都知道。打电话其实是很浪费时间的，取件的话我们也会顺道过去看一看有没有，或者客户给我们打电话说，有快件要寄，填好单了，让业务员过来取，时间上都没有限制，随时都可以过来取快件。最差的客户是一天收三次都没有收到。早上客户打电话说急着要寄件，让我赶快过来，过来了又说还没弄好，下午再过去又没接到他的电话。还有奇葩客户。有一次我给一个客户派送手风琴，货送到她手里之后，其实客户查验手风琴外部没有破损就行了，客户非得打开包裹说要检查琴的音色音质，还说要弹唱一首歌才让我走。我说这些情况你与卖方联系就行了，我只负责货有没有破损。我给主管打电话问怎么办，主管说你直接走就可以了。（黄敏，快递员，20180720）

　　这个小区门我进得去呀，但里面的电梯门你进不去呀。你得保证他家里 24 小时有人。如果这栋楼有人一直在家，我可以给你送上去，亲自送上门那有多好啊，放在物业和门卫，我还担心件丢了我要赔钱呢。办公场所地点一直有人在，这就好办多了。如果每个小区的客户都让我们把快件亲自送上门去，那就啥都搞不了了。以前就是在这个小区，有一个孕妇非得让我上门送快件，说自己下不来，她当时怀孕有三四个月了，说拿不动快件，那个快件还不到一公斤，我就不相信她提不动，那次让我感到很烦。（应若，快递员，20180729）

今天我连电话都没怎么打，认识又是熟人的话，真的很快，直接放在他的办公室，不认识的话就要给他打电话。（李亮，快递员，20180719）

正式派送是公司为快递员制定的标准规范，目的是规范快递员的派送质量，进而赢得客户赞赏，这不仅可以守住原有客户市场，还可以拓展新的业务。确实如此，按照这种规定，客户可以获得高效、安全、便捷的快件派送服务，公司可以有效降低客户投诉率，并进一步挖掘客户潜力、拓展目标市场。可现实问题是，正式服务合同的实施需要非常苛刻的条件，即客户相对集中与客户确定在场这两个条件要同时满足。我们不排除有这种情况，例如大型企业公司的办公场所就具备这种条件，可是这类优质客户或区域在快递员所辖区域内并不是很多。大部分现实情形是客户分布相对分散与客户不确定在场。

如果说得更宽泛一点儿，就涉及正式制度实施的现实基础这个传统论题。以往我们关注这个论题往往是讨论政府推行的正式政策在基层落实的情况，但是本研究关注的是快件派送，尽管讨论的是快递点部，可是运作的逻辑具有一定的相通性，那就是：正式制度的实施需要相应的现实条件来支撑，如果具备，制度就会落实下去，若不具备硬要落实，那么操作者就会做各种变通，本书将其概括为"服务合同约束软化"。

二　逆向派送：客户到指定位置取件

逆向派送指的是快递员在派送快件过程中适当软化正式合同中规定的快件派送方向。正式服务合同规定快递员要上门将快件交付客户手中，这是速安快递公司与其他公司相比引以为自豪的优势。然而，在实际中，逆向派送却是快递员在某个固定地点先依次给客户们打电话，随后原地等客户前来取件（见图 5 - 5）。此时，快递员不是亲自去找客户，而是在等客户，派送方式与正式合同的规定正好相反，本研究将其归纳为"逆向派送"模式。

> 还有一种情况是客户比较谨慎，不太想让快递员知道自己的家庭住址。虽然快递员报复客户的情况很少见，但是有一部分客户有这方面的顾虑。（贺齐志，快递员，20180728）

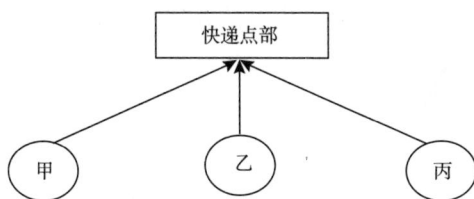

图 5 - 5　逆向派送

这种快件派送类型的产生，有其特定的条件。一是路况相对复杂。快递员所属区域内的路况相对复杂，快递员不熟悉每一个客户的具体位置，如果逐一派送，不仅会提高派送时间成本，而且会延缓客户收到快件的时间。二是入户门槛限制。基于安全考虑，一些公司不会让快递员进入办公区，一些小区门卫也会阻止快递员进入，此时快递员就不能亲自上门送快件。反过来看，这个入户门槛限制倒是让快递员找到了不用去找客户的理由。三是距离相对较短。客户到达快递员指定位置的路上时间相对较短，若时间过长，客户是否会按时取快件则是个未知数。这里分为两种情形：一种是一对一关系，快递员只等待一个客户来取件；另外一种是一对多关系，快递员在固定地方给多个客户打电话，等待各个客户前来取件。四是地点容易辨识。客户对快递员所说的地点相对熟悉且很容易找到，否则会给双方带来麻烦。五是隐私保护意识。客户如果不希望快递员获悉自己的居住位置，也会选择这种派送类型。六是出于快件安全考虑。快递员担心自行离开后车辆和快件被人偷走，因此会与客户协商不去送件。可见，这种逆向派送模式是多种因素共同起作用的结果。

> 我们一般将这个小区客户的快件放在门口的这个母婴店，以前是放在隔壁的便利店，但后来在便利店丢过一次快件，还有下雨又把我们的快件给淋湿了。后来大家就考虑将快件全部转移，客户也要求我们转移。通达系在这里也有放件，每个件是 4 毛钱，速安不用给钱，我们的件也不是太多。这个小区的居民大部分是要求我们将快件放在母婴店自己来取，但是也有个别客户要我们上门派送。我以前就遇到过一个客户，他要求我上门给他送。如果他不让我送上去，我就放在母婴店。客户硬要坚持让我上去的话，我也不能马上就上去，我会跟客户约好具体送上门的时间，等派送完其他快件后再送上去。还有一种特殊情况，就是我车上有贵重快件的话我不会上去。有一次，一个客户要我上门送货，我

当时有一个顾客的快件放在三轮车上，里面是项链、耳环和手链之类的，价值总共有 2 万多块钱。我就对这个客户说，很不好意思，我电动车上有一个很贵重的快件，我担心上去给你派送快件的时候弄丢了，我真的赔不起。我把实情跟客户沟通了之后，他很理解，就没有让我上楼了。（刘文瑞，快递员，20180727）

这种逆向派送的时间成本较少、收益较大且风险较低，但是如果客户坚持要求快递员送货上门，快递员没有任何理由拒绝，否则就会被投诉。这里有一个特殊情况，如果是一对一的关系，客户迟迟不到反而会大幅提高派送服务的时间成本。这种情形需要快递员与客户做好沟通，保证在不被客户投诉的前提下说服客户赶快前来取件。

假如小区门口有 6 个快件，我上楼的话要花费 20 分钟时间，在门口站等 6 个客户过来取件也差不多是这个时间。在门口 20 分钟等 6 个客户取件和等 12 个客户取件花费的时间都差不多，但上楼的话 20 分钟肯定送不完这几个件，人又累。我站在小区门口是 1 个对 12 个，上楼的话是 12 个对 1 个，我们快递员的时间很紧张。（黄敏，快递员，20180801）

这种逆向派送的现实条件是客户在场与客户分布相对分散且没有规律，快递员如果一个接一个送，尽管降低了风险，但提高了派送的时间成本，显然送不完。逆向派送是在同一个时间等若干个客户取件，降低了派送的时间成本；客户面签可以保证快件完好无损，降低了交易风险；单位时间内派送数量大幅增加，提高了派送效率。不过，假如快递员习惯了逆向派送，但突然有客户提出上门服务，那么快递员即使不情愿，也会上门送货。

三 虚化派送：客户事后到指定位置取件

与正式派送和逆向派送不同，这种虚化派送指的是快递员与客户事先在电话中协商将快件放在固定区域的安全位置，客户稍后过来取件（见图 5-6）。在上面两类派送中，快递员与客户始终是要见面的，差别只是在于谁去找谁。虚化派送却指的是快递员到达地点后客户不在场，或即使在场也不方便马上过来收快件，快递员又不能一直等下去，因此双方会协商将快件放在客户指定的安全位置，比如小区的物业或工厂的门卫，等客户有时间时来取件。本研究将其归纳为"虚化派送"，原因是客户后来再来取件时，快递员已经不在现场。

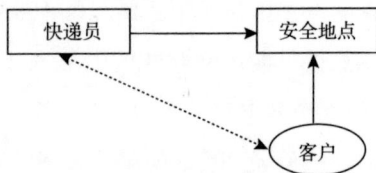

图 5-6 虚化派送

这种派送类型是快递员经常遇到的情形，也是化解客户不在场的最好解决办法。然而，这种虚化派送需要具备三个条件。一是快递员要与客户充分沟通、协商，一定要经过客户同意，千万不能没有通知客户就直接将快件放在所在位置。客户同意是先决条件，否则就会被投诉。二是客户指定放快件的位置相对安全，否则被他人误拿、偷拿之后就会引起服务纠纷。一般来说，这种安全性受两个因素的影响，即熟人社区建构的安全现场和监控摄像头营造的物理安全。因此，居民小区和工厂、企业办公室一般来说都是比较安全的区域。三是快件的风险系数要相对较小，贵重票据和金银首饰等一般不采取这种派送方式。因为一旦丢失，快递员就要赔偿客户，当然，客户考虑到安全性也不会选择这种派送方式。

> 门卫是肯定不想让我们放快件的，这毕竟是给他们的工作增加了麻烦。但你小区物业既然收了大家的物业费，那就得提供这方面的服务。业主希望放在门卫，我们也希望放在门卫。（黄敏，快递员，20180801）

> 熟客固定，可以将快件放在小区物业。如果物件贵重，不是本人，一定不能给，万一是个几十万元的发票或各种证件，赔都赔不起。当然，客户委托别人过来取也是可以的。你看，这个小区没有门卫和物业真麻烦。（范成，快递员，20180723）

虚化派送是服务合同约束软化的又一种类型，它是应对客户不在场这个条件而产生的新类型。这种派送类型时间成本较低，收益较高，但是风险也较高，快件由于被他人偷拿或误拿而丢失后，快递员就会被投诉。此外，由于没有专人看管快件，快件派送的时间成本与快件丢失风险形成一种负相关关系。然而，不少快递员认为，这种风险没有我们想象得那么大，毕竟小区和工厂是熟人社区，快件丢失相对较少。此外，目前小区和工厂内部安装的监控摄像头在某种程度上进一步降低了这种派送模式的风险，快件一旦遗失，至少在理论上可以通过调取监控录像来查证。监控摄像头所塑造的全景敞视在保证小区居民物品、财产安全的同时，也在无形中提高了快件的安全系数。当然，这种虚化派送依然存在风险，例如快件破损或客户恶意拿走后讹诈没有收到快件等，这些风险都在快递员的考虑范围之内。不过，产生这种风险的比例相对低一些，快递员不能因为这种小概率事件而放弃这种派送方式。

需要补充的是，小区物业或工厂门卫等针对这种虚化派送，为了降低客户冒领的风险，采取登记快件的相关信息（日期、客户姓名、手机号码和快件信息）的方式。当客户来取件时，通过签名领取方式来保证快件不会被误拿或错拿。一般来说，这种冒领情况出现的概率很低。

四　托管派送：第三方机构合作派送

与上述三种派送方式不同，托管派送指的是快递员通过给第三方直接让利让其帮忙保管并派送快件，第三方会从快递利润中提取一定比例，在一定程度上也要承担快件丢失的风险（见图5-7）。为防止误拿或偷拿快件，第三方会考虑让客户出示身份证件再取件。

1. 人际层面：与便利店的非正式合作

虚化派送的前提是客户所在区域有一个安全位置来放快件。如果一些小区没有物业或者物业不给放快件，附近的便利店就成为快递员托管快件的重要选项。问题是，这种托管相对来说风险比较大。为了降低快件错拿、丢失和破损的风险，快递员会考虑和店主合作，让他们负责保管、派送快件，但是店主会从中抽取一定利润，提成让利降低了快件派送的风险，却也减少了快递员的收入。这是快递员在派送快件中不得已的选择。

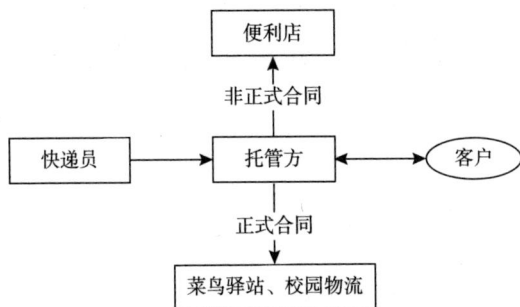

图 5 - 7　托管派送

客户要寄包裹，会给店老板地址和邮费。比如 10 块钱，寄圆通只要 5 块钱，这个店老板还能从中赚 5 块。寄速安太贵，没得赚。我们做快递员从每个快件中也只能抽一两块钱，哪能给人家那么多钱呢？派快件，快递员将快件放到便利店，一个快件 1 块钱，会送到客户手上，安全，保证不会丢失。（刘文瑞，快递员，20180714）

这种托管派送是快递员化解客户不在现场的重要解决办法，它的实现需要具备五个条件。一是客户不确定在场且所在的小区没有物业来保管快件，快递员不得已才会考虑附近的便利店。二是快递员要与客户充分沟通协商，一定要经过客户同意，不经过同意直接将快件放置在小店就会被客户投诉。三是客户与店主的关系首先是相对熟悉，这样能有效降低快件丢失或错拿的风险；其次是便利店距离相对适中，太远的话客户也不愿接受。四是快递员与店主的关系相对熟悉，店主愿意承担这种快件托管事项；店主抽成比例在快递员承受范围内，太高对快递员不利，太低让店主没有积极性。五是快件的风险系数相对较小，贵重票据或金银首饰等不能采用这种派送模式,因为店主不负责保管,一旦丢失,快递员就要面临赔偿,甚至会因为赔偿事宜与店主发生纠葛。需要说明的是,这是快递员和便利店店主达成的非正式合同。这种非正式合同一般来说是快递员的私人行为,并没有被公司正式认可。

2. 菜鸟驿站:与物流服务平台的正式合作

除了与便利店这种非正式合作,在实际派送中广泛存在的是速安快递公司与菜鸟驿站的正式合作。在这次调查中,根据客户类型的不同,速安快递公司点部分别与医院、学校、居民小区达成了公司层面的正式合作。

> 设置这些合作点,减轻了快递员的派送压力,扩大了我们的派送范围,但同时也增加了公司的运营成本。你比如一个快递员派一个件是 1 块 4 毛钱,但如果你让这些投递点给你派的话,你除了给合作点提成,还要保证快递员的提成,实际上是增加了公司的运营成本。我们和这些合作点签订合同不是按件的重量来算,而是按照件的数量来算,也就是说,快件重量越重的话实际上对我们来说越划算。但你也看到了,我这个点部主要是小件比较多,不过总的来看,还是一半对一半吧。(杨楠,运营主管,20180801)

本次调查仅以小区和高校为例,探讨桥东点部与菜鸟驿站达成的正式合作协议。由于快件收派量相对较大,一般是公司出面签订正式合同,但是该区域的快递业务量依然被计算在快递员名下。速安快递公司与该市的碧桂园小区附近的菜鸟驿站签订了正式合同,菜鸟驿站负责帮速安快递公司派送快件,但是要从中抽取一部分利润。据快递员介绍，派送一个快件公司会补贴一部分，菜鸟驿站派送一个抽成 1 元钱。菜鸟驿站在派送快件的时候也要核实身份，还有正规的巴枪操作，重要的是这家驿站安装有监控摄像头，这就保证了快件的安全。

> 碧桂园有个菜鸟驿站，它和我们公司签订了合同。快递员派送一个快件是 1 块 4，公司会补足我们 2 块钱，1 块给菜鸟驿站，1 块给快递员。收件是什么情况，我就不清楚了。我前年就和公司签了一次合同，好像是三年，以后就再没有签什么合同。（范成，快递员，20180723）

> 路师傅负责的碧桂园小区高层也是不太好送，后来他自己想了个办法，也是公司和菜鸟驿站签订了一个合作协议：它帮我们送快件，然后从快件中提成。刚开始菜鸟驿站还不太乐意，说每天你们只有三四十个件。他们嫌我们给的快件太少了。（应若，快递员，20180729）

> 速安把要寄送的快件放在菜鸟驿站这里，每个快件 1 块钱，是我们给他们投递点的。我们点部距离这里的碧桂园太远了，如果来送就划不来，确实来送我们就没有时间到其他地方送快件了。我们就和菜鸟驿站合作，让他们帮我们送，从中抽成，派送一个快件 1 块钱。他们负责碧桂园的八街、九街和十街，保证将快件送达客户手里。他们还和其他快递公司有合作，你是不知道啊，早上很早的时候，这个店铺前面排满了很多车，中通、圆通和韵达的车都排成了一排，好多的货都放在这里啊。其实这种合作形式在汾阳早就有了，这是

当前快递业发展过程中形成的一种新模式。（刘文瑞，快递员，20180714）

菜鸟驿站是一个由菜鸟网络牵头建立的面向居民社区和高校的物流服务平台网络，为网购用户提供包裹代收服务。目前，在末端派送网络建设上，城市内部有超过 4 万家的菜鸟驿站，由此构成了城市末端派送网络。从一般层面来看，菜鸟驿站按照服务人群分为社区站点、校园站点和社区服务商三种类型：社区站点面向社区，店铺为个人所有或租用；校园站点在高校范围内，面向高校师生进行包裹代收代发；社区服务商负责特定城市的驿站拓展、管理和服务经营等。菜鸟驿站作为城市快递物流的末端，不只与速安快递公司一家有合作，其他快递公司但凡有需要都会选择与它合作。菜鸟驿站内部划分为不同的区域，分别对应不同的快递公司，员工分为两部分，一部分负责管理快件、接待前来收取快件的客户，另一部分负责为客户送快件。

菜鸟驿站相对来说比较安全，主要有两个保障措施。一是快件交接电子化，从快递员到菜鸟驿站会经过巴枪扫描，这样就在他们二者之间完成了交接。菜鸟驿站可以为客户提供的手机号发送密码，快件收取时需要客户凭借密码。二是全方位监控，快件一旦遗失可以根据调取摄像头来追寻快件的下落。当然，这种监管还是存在漏洞，比如客户给的手机号码有误，这样就收不到取件码，还有一种情况就是极个别客户恶意取走快件，但是又不承认。

交接，是我将快件扫描入库，这个驿站也有扫描终端，他们把快件条形码扫描之后会给客户发短信，告诉客户取件的密码，客户可以凭借这密码来取件。一般不会有人来偷，这个驿站四个角有 360° 监控，如果有丢件，他们就根据快件被提走的时间来提取监控，通过监控就能看到到底是谁拿走了快件。不过，这种做法也有漏洞，比如说收件人的号码错误，那你发密码就发到了别人的手机上。还有一种就是客户让家人来冒领快件，随后再说自己没有收到快件。（张伟，快递员，20180731）

还有人偷快件，这种偷风险并不大。他如果偷了，你抓住他，他会说是拿错了。即使抓住他，也就是两三百块钱的事，你能把他怎么样？菜鸟驿站去年丢了好几次快件，调监控后发现就是有那么几个人老是在驿站里面带走快件，丢的快件中属速安和京东的容易丢，因为快件比较值钱嘛。我挺恨这些偷快件的人，丢一个，我得干好几天才能赔上这笔钱，没办法。不过，其实风险也很低了，一年发生了两次，洗发水和足球，足球是肯定被人偷了，至于洗发水，不知道是被偷了还是被客户拿走了却说没有拿走。（黄敏，快递员，20180801）

菜鸟驿站作为城市快递末梢的最重要端点，一般设置在客户需求量比较大的区域附近，也是对接各个快递公司快件派送"最后 100 米"的重要接口。因此，它会从中抽取一部分利润。各大快递公司的快递"最后一公里"实现了派送末梢联结，即由一家菜鸟驿站统一解决每个快递公司快件派送"最后 100 米"的难题。这种组织形式至少有三个好处。一是对速安快递公司来说，在让利的同时既能大幅降低快件派送的时间成本，又能保证快件的安全。这种情况对很多快递公司来说都是如此。不少快递公司会考虑与菜鸟驿站合作，这也是在短时间内菜鸟驿站得到迅速推广的重要现实基础。二是由于各个快递公司都存在快件派送"最后100米"的难题，因此若都选择与菜鸟驿站合作的话，快件数量就自然会多起来。菜鸟驿站的快递员采取的是薄利多销的方式，从中抽取一部分利润。三是菜鸟驿站对附近客户相对比较熟悉，可以进一步降低派送的时间成本。菜鸟驿站通过与各大快递公司合作，抽取它们中的一部分利润并共担一定的风险来解决快件派送的"最后100米"难题。[①] 此外，菜鸟驿站还在一些大城市的小区推出了菜鸟智能柜，这种智能柜大小不同尺寸，数量有几十个之多，充分满足了客户快递多元化的需求，因此被很多人期待。客户通过手机发送的提取码来收取快件，解决的依然是客户不确定在场的难题，这也是不少快递员选择菜鸟驿站的重要原因。然而，在安湘市这类三线城市，这种智能柜还没有完全普及，因为它推行的一个前提是客户相对集中且数量规模比较大，否则这种智能柜对快递员来说就不划算，因为使用快递柜要被抽成。

3. 校园物流：与高校的正式合作

除了在大型小区附近有菜鸟驿站外，大学内部也有校园驿站等物流公司，运作模式与菜鸟驿站大致相同。我在跟随快递员的过程中正好进入当地城市建设学院的校园驿站。这家校园物流公司作为末梢共同派送的中心，与顺丰、圆通、优速、安能、快捷、唯品会、顺风、韵达和中通等各快递公司均有合作，在校园

---

① 菜鸟驿站的大范围推广在一定程度上解决了快递公司的快递"最后一公里"难题。它背后隐含的末梢融合理念更是关键。快递下乡之所以难，就是因为客户相对分散且数量规模小。不少公司在乡镇设置快递代理点，为弥补成本损失，代理点向客户收取快递保管费，这引起消费者的普遍不满。我们可以借鉴菜鸟驿站的模式来创新思路。

物流点部，为上述各家公司都安置好了对应的位置。快递员将学生的快件放置到校园驿站，由这些驿站的店员帮忙派送，并从中收取一部分费用。调查发现，校园驿站会及时根据快递公司和邮政管理局的提示要求学生提供身份证明来收取快件，在学生寄送包裹的时候也会要求出示身份证明。安湘市城市建设学院内部的一个快递驿站就承担了这个功能。

　　学校里面有个快递点，但是他们会从我们提成里面收费。他们负责对快件进行安全查验，防止学生冒领、错领，他们的收入比我们高多了。学生的快件量大，就是因为量太大了，我们搞不过来，所以才设立了这个快递点。这个学校投递点生意好着呢，学生毕业七天能赚好几十万，平时一个月也有好几万，老板赚得比这个学校的教授还多。他是中间赚差价，学生寄快件也要收费。学校投递点赚的从我们快递员的提成里扣，一个要1块多钱，不会从公司利润里扣。（王灿，快递员，20180721）

　　校园驿站收取包裹的温馨提示：为了保障大家的包裹安全，为了维护你们的利益不受损失，凡校园物流公司的快件代领一律需要持有本人证件或复印件才能领取，若有不便之处，敬请谅解。感谢大家的配合与支持！特此告知。

　　　　　　　　　　　　——《安湘学院物流公司温馨提示》

　　邮寄包裹请出示身份证。邮寄包裹自觉承诺物品中不含以下违禁品：一、各类武器、弹药，如枪支、子弹、炮弹、手榴弹等；二、各类爆炸性物品，如雷管、炸弹等；三、各类燃烧性物品，包括液体、气体和固体，如汽油、酒精、生漆、气雾剂、气体打火机等；四、各类腐蚀性物品，如火硫酸、盐酸、硝酸、危险化学品等；五、各类烈性毒药，如砒霜；六、各类麻醉药物，如鸦片、大麻、冰毒等；七、各类生化物品和传染性物品；八、各类危害国家安全和社会政治稳定的印刷品；九、各类妨害公共卫生的物品；十、国家法律、法规、行政规章命令禁止流通、邮寄或进出境的物品；十一、包装不妥，可能危害人身安全，污染或者损毁其他邮寄件、设备的物品等；十二、其他禁止邮寄的物品。

——《安湘学院校园物流告知》

不巧的是，我是在暑期调研，因此学生比较少，这个时候，快递员有可能就会直接送给学生而不会放置到快递点。事实上，无论是菜鸟驿站还是校园驿站，其负责人尽管在派送快件上自主性不高，但是对于客户寄送快件却有比较大的建议权。由于资料所限，这部分内容只能在以后再做进一步的调查。

　　我负责的区域比较特殊，暑假学生都放假了。平时上课，收件方的地址写成安湘学院就行，我只要放到学校的投递点就好了。现在放假了，收件人如果再写安湘学院就不行了，那个投递点关门了，不知道送到哪里。我得先打个电话问客户在哪里，有的人在学校，有的人已经回家了，我问清楚后在快件上写上收件地址就好派送了。（黄科恒，快递员，20180726）

五　代管派送：第三方机构协作派送

与托管派送不同，代管派送指的是快递员通过给第三方间

接让利来让其帮忙送快件。与上述托管派送相似，快递员同样
会选择客户附近的店主帮忙负责保管快件，但是不给店主提成，
店主只负责看管快件（关系好的店主会帮忙核查客户身份），
不承担丢失的责任（见图 5-8）。这种派送方式降低了派送的
成本，却提高了派送风险，例如快件误拿、快件派送延迟和快
件破损都时有发生，遇到这些情况，店主不承担责任。为降低
这些风险，快递员会考虑选择熟悉的店主，在平时通过买香烟、
槟榔和矿泉水等方式与店主建立良好的熟人关系。此外，客户
来小店取件也会积聚人气，比如捎带买一些商品。这种派送类
型在现实操作中并不少见，对店主来说就是顺手人情，不过是
给快递员和客户提供一个放置快件的平台，至于丢失与否不在
自己的考虑范围之内。

```
┌────────┐           ┌────────┐          ╭────╮
│ 快递员 │·········▶ │ 托管方 │◀········▶│ 甲 │
└────────┘           └────────┘          ╰────╯
```

图 5-8　代管派送

这种代管派送是快递员化解客户不在现场难题的重要解决办
法，它的实现需要具备五个条件（与托管派送相同）。而与托管
派送最大的不同就是店主没有从中抽成，这种派送方式同样是快
递员和便利店店主达成的非正式合作。

你看刚才那个就是我心里有底的店铺老板，那个老板是
一个熟人，我们把快件放在他的店铺，客户来取的时候，他
还帮我们负责实名验货。我们平常路过这个店的时候，会跟
他开个玩笑，有时候也会在他这里买包烟什么的，当然了，
还有速安放在他这里的货比较少。这个老板还认识来取件的

客户，我们是三方认识，把快件放在他们店，就算是让他帮我们个忙什么的。除了心里有底的老板，还有心里没底的老板，我们进他们的店，说快件放你这里吧，客户自取。这个店老板没有什么好脸色，就对我说："那你就放着吧，不过说好了，货丢了可不怪我呀。"店铺老板是熟人的话，有责任心，随和一些。（刘文瑞，快递员，20180727）

这个投递点还没有开门，客户说让我放在旁边的那个网吧。这个以前是一个网吧，后来变成了棋牌休息室，客户经常去那边打打牌之类的，跟这个老板都很熟了，要不然也不会让我把快件放到这里。（黄敏，快递员，20180801）

这种代管派送在现实操作中还可以细分为两小类：一类是快递员和店主之间有强信任，信任感越强就越会在无形中激励店主帮忙看管快件，这进一步降低了派送快件的风险；另一类是快递员和店主之间有弱信任，快递员要留心选择那些责任心强的店主或者附近有摄像头的店面，尽可能降低派送风险。

客户让我把快件放到这个便利店，他们和便利店老板之间是熟人，要不然也不会让我放那里。经常过来买东西的，或者本身他们就是熟人，便利店老板就不会收费。如果他们专门做这方面的生意，就不同了。送到乡镇的快件，一个快件1块钱，因为距离太远，快件送不到村里，客户只能自己来取。一般不会出现拿错件，主要是担心遗失，比如放在便利店久了就会丢掉。贵重的东西比如文件、证件、驾驶证，这些是无价的，我会在电话里着重提醒客户，放到便利店可能不安全，请你尽快来取。当然，我们丢件还是很少的。
（黄峰，快递员，20180718）

下面这位快递员多年前就与店主认识并建立了初步的信任关系，在小区的某个便利店设了一个快件放置点。

这个是大学教师的家属区，小区居民的素质都比较高，这个粮油店外面还装有监控，他们的快件我就放在雪飞粮油店。我在这里干过四年，以前速安在这里设了一个点，当时经常在粮油店买烟，就和老板都混熟了。其实，主要是我们放的货不太多，慢慢搞习惯了，这个点也是客户他们提出来要我放在这里的。（黄科恒，快递员，20180726）

当然，也并不是说所有便利店的店主都会为快递员提供方便，还有一些便利店的店主一点儿都不领情，不会给快递员们提供放置快件的地方，因为这会占据他店里的空间。快递员在派送快件过程中会筛查便利店，对于责任心不强的便利店一般不会放置快件。

这个便利店老板我认识好久了，快件放在店里也不碍他们的事，他们也知道我们做快递的辛苦。但是有些人就不这么想，他不愿意让我们把快件放在店里，觉着我没有收你的钱，快件丢了客户还要过来找，说老板你怎么把我的件给弄丢了。有些便利店老板不给我们放快件，你一放下他就扔出来。他觉着我在店里放个货架，是用来摆货的，你的快件把他的地方给占了。其实我们没有很多快件了，一个小区就是三四个件，别的快递公司一放可以放三四十个件。你说他们给便利店老板提成吧，也给不了多少，他们自己派一个件也就是 8 毛钱。其实，这些便利店老板就没想到快件放在你的店里，别人在你这里取快件说不准买点儿东西呢。反正有时候他们就是看到熟人的快件留下，看到不认识的就不给放。（李亮，快递员，20180731）

除了小区附近的便利店，车管所也是代管派送的一个选择。在这次调查中，我跟随快递员进入当地车管所收派快件。事实上，这个快递员并没有向我介绍代管派送的详情，而是另一个快递员跟我介绍时才说起的。①

> 每个快递员师傅送快件的情况都不一样，比如在车管所，周师傅进办公楼要到处去找人，在里面跑来跑去，找不到人的话他再打电话。我就不行，我不认识他们，我要打电话跟客户说我在哪里哪里，约好一个地点，让他过来拿一下。车管所负责车辆年审，里面都是帮客户年审的中介，很多客户人在外地，但车上的是安湘号牌，因此要在这里年审。他们在外地就寄快件过来，快件里面都是车辆的发票之类的材料。这条路上的店面都是跟车有关的，你看那是机动车检修站，还有二手车交易市场，那边是车管所，背后还有驾校。周师傅一个月有七八千块，一年下来也有近 10 万块钱，但是车管所对他要有个提成，因为别人帮忙给他收件，

---

① 这个信息意味深长，我跟随的快递员没有跟我讲详情，可能有两个原因，一来是没有意识到，二来是不方便说。第二点可能是主要原因。因为我在跟随他几次的调查中，他都没有跟我讲内情，反而是另一个快递员跟我说起，我才忽然意识到。

他给别人提成，所以最后也没有那么多了。那个提成还是挺狠的，我们快递员收个件要 2 块 2，车管所要从中提成 1 块 5 毛钱。（黄敏，快递员，20180729）

综上，除正式派送外，其余四种派送都是快递员在和客户的交往中逐渐形成的新类型，当然，作为公司层面正式合作的菜鸟驿站属于混合类型，毕竟它里面包含公司和员工两个因素在内。快递员在快递"最后一公里"为客户派送快件时，如果只遵守正式派送规定当面签收，结果就很难完成派送任务。快递员之所以会选择不同派送类型，关键在于客户是否在场与客户是否相对集中这两个要素。两个要素的不同组合是确定选择何种派送类型的重要现实条件。正是在这个基础上，快递员会选择不同的派送模式，以提高派送时效并降低派送风险。

客户在场且分布相对集中，快递员会采取正式派送模式为客户送快件，这种派送类型成本低、风险低且收益相对较高，事实上这类客户在实际快件派送中所占比例并不高。客户在场，但是分布相对分散，快递员自然可以采取正式派送方式让客户当面签收快件，但是现实状况是有地形复杂、入户限制、隐私安全和快件安全等多种考虑，快递员会与客户沟通协商之后等待客户前来收快件，这种逆向派送成本相对较低，同时等若干个客户前来取件，成本自然降下来。但也不能一概而论，有时候因为一个客户会耽误很长时间，但是派送风险比较低，面对面交接会安全很多。正式派送与逆向派送的相似之处是客户在场。

客户不在场，快递员会选择将快件放在安全位置等客户有时间再来取，比如小区物业，本研究将它称为"虚化派送"模式。

如果小区没有物业，快递员就会与客户沟通将快件放在小区附近的便利店，为了让店主帮忙照看快件，通常会选择让一部分利润给店主，本研究将它称为"托管派送"模式。这种托管派送是快递员与一些便利店店主达成的一种非正式合作，具有相当大的隐匿性。这种托管派送模式还有其他重要类型，那就是速安快递公司与菜鸟驿站或校园驿站开展的正式合作，在居民小区附近或高校内委托其帮忙代收、代发快件。这种合作模式比较正规，在一定程度上，这些菜鸟驿站或校园驿站是速安快递公司解决快件派送"最后100米"难题的关键。与托管派送模式不同，现实中还有一种情形是快递员不给店主让利，只是通过为便利店积聚人气和靠熟人关系来激励店主帮忙看管快件，此时快递员、客户与店主的熟人关系就显得非常重要。需要交代的是，快递员与便利店的非正式合作带有自发性和隐匿型的特点。首先是自发性，客户的快递需求量变动不居，当需求量变少甚至没有时，这种非正式合作就自动取消，当客户需求量突然增加，快递员就有动力主动寻找可以接受托管/代管的便利店。其次是隐匿性，这种非正式合作超出了公司服务合同的范畴。

表 5 - 1　快件派送模式

| 派送模式 | 客户 | | 成本 | 风险 | 派送地点 |
	是否在场	是否集中			
正式派送	是	集中	低	不确定	企业、医院等
逆向派送	是	分散	高	低	在固定区域等待
虚化派送	否	集中	低	高	小区物业、工厂门卫等
托管派送	否	集中	高	低	便利店、菜鸟驿站等第三方
代管派送	否	集中	低	高	便利店等第三方

上述五种派送类型只是出于分析需要而做的类型学划分，每个快递员在所属区域派送快件时会灵活组合不同类型。此外，组合也与快递员的从业经历有很大关系，刚入职的快递员往往会以正式派送为准，由此我们就不难理解为什么刚入职的快递员会送不完快件，这不只与业务不熟练有关，还因为缺少对不同派送模式选择组合的考虑。随着快递员对业务越来越熟悉，与辖区内客户的交往越来越多，就会考虑在正式派送之外选择其他派送类型，目标是尽可能在规定的时间内派送完快件。

第三节　风险规避：用熟人关系化解客户投诉

快递员不仅要尽可能降低派送的时间成本，还要化解在派送快件中存在的各类风险，安全与快速对快递员来说是一个两难选择。上面讲述的是快递员为了尽快派送快件而在派送路径和派送类型上做了各种创新，可是创新带来的是快件派送风险的提高，除正式派送外，其他四种类型都有可能导致快件丢失或破损。如果只是一味提高速度而导致风险扩大，结果将得不偿失。

公司还针对快递员代签和违规行为设置了客户投诉渠道。公司高度重视客户投诉，一旦接到投诉，就会立即启动调查程序，调查属实就会追责。客户投诉是让快递员颇为头疼的事。刚开始，我们以为客户只有在遭遇经济损失时才会投诉快递员，这自然在情理之中。殊不知，被客户投诉的事项包含范围很广，有些甚至不近人情。更麻烦的是，被客户投诉后，快递员除了向客户道歉、赔偿外，还要被扣业务分并到公司培训中心继续学习。

投诉也是挺厉害的，不说钱，主管经理找你，扣你的绩效，有压力。公司有规定，速安抓服务，收那么多钱，跟中通一样，没有优势，速度不明显。他们的量不用拼车，不会拖，直接发。广东发航运、陆运没差别，中通收 8 块，速安收 22 块，所以我们的服务有提升。乡村四通八达，他们网店比我们多，镇上面有网点，小的聚集地也有，量大，支撑很多东西。乡镇做得比较好，速安主营，件量不多，可以干点儿其他事情。（贺齐志，快递员，20190728）

一是从集散地到点部运输的过程中丢掉了，二是快递员将快件送给客户的过程中丢掉了。有一部分业务员没有见到客户，就直接将快件放在便利店或门卫那里，客户没有收到就说快递员弄丢了。我们有电话录音，但是这也无济于事。小件丢了，业务员负责一部分，公司负责一部分，大件赔的最高限额是 2000 元。（杨楠，运营主管，20180713）

此外，来自邮政监管部门的各项制度规定也在尽可能规范快递业从业人员的操作，其中《快递暂行条例》第三十七条明确规定了邮政管理部门的权责，政府、公司和客户三方都在监督快递员。

邮政管理部门应当建立和完善以随机抽查为重点的日常监督检查制度，公布抽查事项目录，明确抽查的依据、频次、方式、内容和程序，随机抽取被检查企业，随机选派检查人员。抽查情况和查处结果应当及时向社会公布。邮政管理部门应当充分利用计算机网络等先进手段，加强对快递业务活动的日常监督检查，提高快递业管理水平。

上述各项正式制度在规范快递服务质量和维护客户正当权益方面提供了重要保障。然而，正式服务合同落地的前提是客户相对集中和客户确定在场。问题是，这两个条件都符合的不是说没有，而是在快递员所辖区域内占比不大。客户相对分散和客户不确定在场才是快递员面临的实际难题。无论是路径优化还是派送优化，快递员都要尽可能降低派送成本，这才有了正式派送之外的其余四种派送类型。这些派送模式在大幅降低派送成本的同时，却提高了交易风险。简单来说，正式派送模式的风险相对较小，而其余四种派送都可能存在风险：逆向派送可能会导致客户投诉快递员没有上门送货，虚化派送容易出现快件丢失，代管/托管派送模式很容易出现快件破损或丢失，这些情形一旦发生，快递员就会面临客户投诉。

接下来，我们将着力考察如何规避快件派送中存在的各种风险。本研究从服务态度、服务质量和服务规范三方面考察。服务态度指的是快递员在面对客户时是否保持微笑，是否和客户面对面签收快件，是否耐心解答客户提出的疑惑；服务质量包括快件派送是否延迟、是否破损、是否丢失，准时、安全是最基本要求；服务规范是快递员是否按照邮政管理局和快递公司的各项规定来提供服务。

一 服务态度：客户永远是对的

作为服务行业，快递员的服务态度直接影响客户是否会继续选择这家企业。在各大快递公司物流网络基本同质的情况下，时效性已不是速安快递公司的优势。为了巩固老客户并开发新客户，公司在强化快递员服务态度方面可谓是下了大功夫。速安快递公司采用统一管理模式，为客户提供高质量、标准化的快件派送服务。在保证客户满意的同时，快递员则会面临由于服务不够周到而遭到客户的各种投诉。

> 速安快递员的高工资，其中就包含了比较高的服务体验。你说数量少，工资还高，速安是一个品牌，待遇中包含了这部分服务。（包青禾，仓管组长，20180714）

> 我们讲究的是服务态度，这个公司有要求，其他快递公司只要将货送到位置就可以了。（黄敏，快递员，20180720）

1. 快递员为客户送快件时要做到微笑服务

微笑服务作为一种情感劳动，对提升快递公司的品牌形象有很大帮助，这是速安快递公司要求快递员必须做到的标准。面无表情就会遭到客户投诉，而且一旦有投诉公司就会受理。

> 讲究快件的时效性，指客户有没有及时收到快件。我跟你说个真实的快递员的例子。一位快递员去收快件，当时收件的时候面无表情，当时这个客户也没说什么，但是后来就投诉快递员面无表情。我跟这个快递员说的时候，他感到很委屈。我觉着也是啊，我只是面无表情，我没有对你发脾气，这也投诉我们。（迟近，点部主管，20180713）

> 快递员也是人，不能时时刻刻保持高涨的服务热情。（苦笑）做快递不是太累，但很烦。不烦的话，一天过得很

快，做完一天过得很充实。（范成，快递员，20180723）

类似的事例我在调研期间听不少快递员提过。公司要求快递员时刻保持一种高昂热情的服务态度，通过积极情绪来感染客户，这本无可厚非。问题是快递员每天的工作压力比较大，神经处于高度紧张状态，面对不同类型的客户，要一直保持高昂的热情确实不太容易，稍有不慎就会引来客户投诉。公司通过引入客户投诉来强化服务意识，而这种压力就会转移到快递员那里。①

2. 快递员面对客户发火时要做到心如止水

快递员在跟客户打交道的过程中有时会遇到客户发火，有的是客户因快件迟迟不到而心急如焚，有的是客户跟快递员沟通不畅导致误解。这个时候，快递员要做到不与客户论短长，尽可能减少客户的负面情绪。"客户永远是对的"是快递员们反复陈述的内容，但是我每次听到这句话时都能感受到他们的那种无奈。

客户发火，你不能吭声，要不然他说你态度不好，投诉你。客户永远是对的。（陆平和，快递员，20180718）

客户发脾气，我们不理他，走开就是了。（李亮，快递员，20180719）

有一次，送快件没有找到客户地点，在一个小区没有标注楼牌号，我就找啊找啊。那时候是正月，很多人不在小

①　我在调研期间听到这类例子时感到很惊讶，同时感受到快递员的不容易。尽管被客户投诉面无表情可能不会有什么经济损失，但这种心理感受还是让人很压抑。

区，我想找个人问一下都找不到。我给这个客户打电话，她说你个做快递的连个地方都找不到，后来见到之后拿快件的时候骂骂咧咧的。你知道吗？她是一个十七八岁的小姑娘。我被人骂，心里很难受，还要对客户说，是我的不对，我没找到地方。她家里是挺有钱，还在汾阳读书。（谈文超，快递员，20190717）

除了面对面接触可能遇到客户发火，还有一种情况就是快递员在接听客户电话的时候。假如遇到客户无理取闹甚至大发脾气，快递员在电话里要么不吭声，要么想办法缓和气氛。即使想发脾气也要放下电话，否则跟客户吵起来，自己连辩解的机会都没有。快递员面对的是各式各样的客户，收派的是形式各异的快件，尤其是面对客户刁难、误解甚至发火的时候都要做到心如止水。

做快递员使自己的脾气变小了，性子磨掉了。你要发脾气也要确定电话挂掉之后才能发，这不能让客户听到。（范成，快递员，20180723）

作为服务行业，快递员确实要给客户提供高质量的快件收派服务，客户也会认为自己支付了高价理应得到相应的服务。问题是快递员面对形形色色的客户，特别是在遇到客户发脾气的时候能否妥善处理，这对快递员来说是一个挑战。不过，也正如上面这位快递员所讲，做快递员可以磨掉性子。

3. 快递员与客户交流用语一定要文明规范

快递员在为客户收派快件时讲话一定要规范文明，尤其是不能在言语上有人身攻击。一旦发生言语攻击，就会立刻被客户投诉，快递员将面临严重批评甚至会被立即辞退。

> 如果快递员跟客户沟通的时候骂人，客户就会投诉。如果是主观态度不好，我们直接劝退。如果不是故意，而是口头禅，我们就会批评教育，不准辱骂客户，不准和客户有肢体冲突。（夏立，经理，20180718）

快递员与客户交流除了要保证言语文明外，还不能和客户抬杠。下面这位快递员讲述的事例就表明，和客户使性子、说话抬杠也是被明令禁止的，否则被投诉在所难免。

> 我听同事说起过一件事：有一次一个客户和业务员闹意见，好像是业务员对客户说那你投诉我吧，客户就给客服打电话说，你业务员让我来投诉。这个投诉就成立了。（黄敏，快递员，20180720）

快递员与客户交流时一定要注意不能冒犯客户，特别是一些禁忌词一旦出口就会导致客户投诉。这个规定会让客户充分受到尊敬，而快递员在日复一日的收派快件过程中不断约束自己的言行举止。

4. 快递员遇到无理取闹的客户要学会冷静处理

在与各类客户打交道的过程中，快递员可能会遇到各种突发情况，即使是客户犯的错误，自己也不能发脾气，否则同样会被投诉。

> 再给你说一个例子。有一次，一个老大爷过来速安寄被子，寄到黑龙江。我说，大爷这个被子重，有点儿贵。他说

没关系。等我给他打完包后报价格，他说贵了，说从黑龙江寄到这里都没有这么贵。我打包花了 20 多分钟，他觉着价格贵又突然说不寄了，把我给气的呀，但是你又不能跟他闹，他当时喝了点儿酒。（黄敏，快递员，20180720）

在与客户日复一日的交往过程中，有时快递员不小心的言行举止可能会让客户不适，在客户投诉之前要尽快跟客户沟通道歉，尽可能化解客户投诉。下面是我在调查时亲身经历的一件事。

你看这是我刚才给一个客户打电话后他给我发的短信，他说我刚才打电话把他的游戏给卡死了，我还要用微信跟他说声"不好意思"。（应若，快递员，20180723）

"客户永远是对的"这句话已经在快递员中广为流传。这句话既是对自己平时收派快件时的不断督促提醒，也是在遭到不良客户投诉时化解自己糟糕情绪的一种自嘲。速安快递公司对快递员一方服务态度的着力强调，使得在服务理念和服务态度上该公司要远远好于其他快递公司。然而，正是这种高标准的服务理念，在赢得客户市场的同时，也让客户对快递员产生了比较高的要求。当然，如果有客户稍微给快递员伸出援手，快递员自然会倍受鼓舞。

有一次，送一台冰箱到七楼，男户主在旁边也没帮忙，送完后，他也没有给我口水喝。冰箱是我一个人搬上去的，虽然这个冰箱也不是太大，但是感觉很不好。现在已经是大件和小件分开了，我们快递是送货上门，但是遇到重物，客

户能搭把手帮一下也好。（谈文超，快递员，20180714）

业务员和客户要将心比心，双方相互尊重理解，这样是比较好的。（谈文超，快递员，20180725）

一位快递员给一位80多岁的老奶奶送冰箱，送到楼上之后还帮她装好。后来老奶奶要做蛋炒饭给他吃。（迟近，点部主管，20180713）

客户在看快递员，快递员何尝不是在看客户？在快递员眼中，客户也分为不同的类型。下面这位快递员对客户的分类就很有趣：

客户分三类人：第一类是非常客气的，你给他送快件后，他很感谢你，请你吃水果、喝水，他知道我们送快件的辛苦，这个时候我们是非常高兴的；第二类是公事公办，拿了快件就走人的；第三类是我是大爷，我寄快件你就要给我服务。（路威，快递员，20180724）

作为一家服务行业，高标准的服务态度是企业参与市场竞争的关键，这种要求必须内化到每一个快递员心中才能真正转化为竞争力。但事情都是两面性的，寻求双方的理解、支持并不只是快递员在努力迎合，客户的支持和谅解也是改善双方关系的重要保障。快递员的服务态度是公司规训每一位员工的要求，例如微笑服务，使用文明用语，不与客户抬杠，面对发脾气的客户学会冷处理。然而，发自内心地为客户着想也有可能遭受风险而被公司排斥在外。

刚来速安的时候，有人在网上购买首饰五件套。我给她送货的时候说这有可能是假的，注意我说的是"有可能是假的"，不是一定。200多块钱买这么多东西，小孩子都知道是假的，你知道吗？后来她给寄方打电话说，快递员说你这个货是假的，寄方就给公司打电话投诉我，我就被投诉了。我非常生气找到这个客户说，我好心劝你，你还打电话告诉卖方？后来主管找到我，做我的思想工作。我后来就不会这样了，除非是一些老年人在网上买保健品，我就会提醒他，你吃了这些保健品有效果吗？（谈文超，快递员，20180725）

上面这个事例是一位快递员刚入职快递公司时遭遇的事件，好心提醒客户以免上当受骗，结果却换来客户的投诉。当他跟我讲起这段往事时，语气很平静，但我能感受到那种为客户着想最后反被投诉的无奈。

二 服务质量：安全、准时地将快件送至客户

快递员准时将完好无损的快件送到客户手中是基本要求，这也是考核派送服务质量的准则。"准时"意味着在规定时间内顺利送到客户手中，"安全"意味着快件不会破损，更不会丢失。因此，我们将从准时和安全两个方面来介绍快递的服务质量。

1. 快件派送不准延迟

快件一旦从点部出仓，快递信息就由快递员、客户和点部三方共享。快递员要在规定的时间内尽快将快件送达客户手中。然而，要减少派送时间，就需要减少在路上的时间和与每一个客户

交接快件的时间。为了减少派送路上的时间，快递员一般在路上接听客户电话，与客户协商交接快件的时间和地点。为了抢派送快件的时间，逆行、抢道和闯红灯行为时有发生。快递员在路上稍有不慎就会遭遇交通事故。

> 公司不允许车上接打电话。你说电话来了，我在路上停下来，后面的车不就追尾了？你说在路边停，赶不及呀。如果车上接打电话，被交警发现后要罚款。我的一些同事骑三轮打电话，那才很危险哪。以前骑摩托，都不敢像现在这样一手开车一手接电话，拐弯摔在路上，手啊脚啊都摔破了，流了不少血。我有个同事骨头都摔断了。（谈文超，快递员，20180714）

> 速安很弱势，下着雨我们也要送快件。我们淋雨了不怕，就是不能让雨把快件给淋湿了。关键时候我们会给货仓披雨衣，冬天很冷的时候我们也要出来送货。下这么大的雨，我们也要送货，除非货车在高速公路上堵住了。仓管员不用风吹雨淋，但是压力很大。（范成，快递员，20180723）

当然，速安快递公司为了减少快递员的交通事故，也在三轮电动车上做了改进，具体来说就是用蓝牙接听电话。但是这种东西并不是很实用。

> 我开车打手机是不允许的，不过安湘的监控不怎么样。公司规定用蓝牙耳机接听电话，问题是戴时间长了我耳朵疼。挂在电动车上的巴枪遇到太阳反光根本就看不清楚。他们设计的这些东西都不实用。（李亮，快递员，20180719）

不递行多不方便呀，如果走到那里再拐弯，不就走过头了吗？（应若，快递员，20180723）

送快件有时候是很危险的。你比如上面这条陡坡，如果我上去派件，下坡的时候，刹车没有刹住，这边车的速度还是很快的，就很容易出交通事故。（张海洋，快递员，20180722）

为了节省在路上的时间，快递员违反各种交通规则的情况时有发生。此外，一些快递员为了装载更多的快件，自行购买小型面包车，经过初步改装之后就变成了一辆小型运输车。这种小型运输车不符合机动车的规定，还要面临路政和交警的查验。

因为开面包车的把座位拆了，在路上就害怕交警，交警抓面包车呀，抓住一次要罚500块。现在他们还不罚我们这些三轮车，不过也让我们办驾驶证。刘师傅的面包车是自带的，我们的三轮车是公司集中派发的。屏幕显示速度是30多码，其实就是25码，电瓶用久了就不耐用，你看现在也就跑个十几公里。上一次在路上没电了，最后叫同事开车才把它拖回去，上面还放了很多的快件，很重的。如果要换电池，还要向公司申请，要等很长时间。（刘文瑞，快递员，20180713）

运政抓车，说这是客车改装成货车，严重的要罚款5000元。交警查你的车有没有拆位子，拆了要罚款500元，我没有拆掉，所以不用担心。（谈文超，快递员，20180717）

2. 快件不能破损

包裹破损的责任是不同的。如果是外包装破损，属寄件员责任；如果是内部破损，就属派件员责任。问题是，快件从发出历经点部、中转站、集散中心、中转站到点部，诸多环节一旦分拣不够规范，就很容易导致快件破损。遇上这种情况，快递员就要受罚。

> 外包装破损归寄件员责任，内部破损归派件员责任，可是中转厂分拣的责任又该如何承担呢？他们说在中转厂装了监控，但是又有什么效果呢？（黄敏，快递员，20180720）

快件不准破损，然而快递员并不能确定快件在接下来的运输和分拣过程中会遭遇何种挤压和撞击，因此在力所能及的情况下出于安全起见会出现过度包装的情形。过度包装已经被社会各界诟病很久，但这类批评者如果站在快递员的立场上来考虑，可能就会理解许多。

3. 快件不准丢失

快递员只有采用正式派送方式，才能避免快件丢失的风险，但问题是这种派送模式会大幅提高时间成本并降低效率。在五种派送方式中，风险相对低的是逆向派送和托管派送，而风险相对高的是虚化派送和代管派送。快件破损或丢失是快递员面临的首要麻烦，在客户面签之前遇到这种情况，快递员难辞其咎，甚至公司都要承担相应的责任。

> 我上楼给客户送快件，速安的三轮车虽然有锁，但是我也害怕丢呀，毕竟里面有文件、驾驶证或银行卡之类的，这些都是无价的，丢了我该怎么赔呀。（刘文瑞，快递员，20180713）

快件丢失是一件很大的事，此时，只要客户投诉，经过公司调查属实，那么快递员除了赔偿客户损失外，还要耽误工时去培训点继续学习。面对这种严苛的惩罚纪律，快递员就会考虑和客户私下协商解决，自掏腰包赔偿客户，劝说对方放弃投诉，因为被投诉影响实在是太大了。

> 去年我还赔了一个288元的洗发水。我将快件放在碧桂园旁边的菜鸟驿站，通知客户去拿。后来过了半个月，客户打电话说洗发水丢了，我就只好自己掏钱赔给客户了。要不然客户投诉到公司，我就会被扣分，还要按总价的10%来赔，领导还要找我谈话，私下解决就不会有客户投诉。（黄敏，快递员，20180720）

> 这个人上午不接电话，下午还不接电话，我也不知道他在搞什么。这个快件好像是一种药品，放在我的电动车上，我既害怕坏了，也害怕丢了要赔钱。这个客户你如果不要或者改天签收，你起码要告诉我一声呀。这个快件属于货到付款，货款是500多块钱，速安代替寄方收货款，随后公司和我都有提成，公司提5%，我提5‰。他刚才打电话说他现在不在这里，在沅江，如果明天再派送不成功，我就把它放公司，不管了。（应若，快递员，20180729）

在遇到快件丢失的时候，一些快递员在客户投诉之间就会通过私下和解来化解危机。特别是如果丢失快件的客户和自己还是熟人关系，那么这种私下和解的效果会更好。相比客户投诉带来的赔偿、道歉、继续教育和耽误工时来说，私下给客户经济赔偿并辅以诚挚的道歉，客户投诉风险就被化解了。

熟客会私下解决，不会投诉，我们是最怕投诉的。生客户会投诉我们，没有送到他本人手中而是将快件放在门卫或投递点，客户就会直接打客服投诉我们。最关键还是看人，是熟人的话什么都好说，不用打电话直接上去送，如果有投诉私下解决，有时候放在门卫、便利店或物业都可以。如果是生人，地点、人都不熟，我们还要帮他填单，填错了还要再改，关键就是要熟人。熟人，即使不在办公室，放在别人的办公室也可以拿，都是提前填好。（范成，快递员，20180723）

由于大部分快件采取的不是正式派送模式，快件丢失或破损按快递员的说法"这个只能靠天了"。一旦丢失或破损，为防止客户投诉，快递员除了赔偿，还要做好沟通工作。采取虚化派送和代管派送，让客户自己来取，风险自然就加大了。问题是，在安全和快速的两难选择中只能选其一，并要时刻做好另一个选项出现问题之后的应对措施。

别人寄个东西，我们也就赚几块钱，还受那么大的压力。害怕快件丢失、破损，这些都会算在你的头上，防不胜防。我们每天都要谨小慎微的，担心客户投诉，（若受到投诉）我们就要受上级批评，还要扣业务分。（刘文瑞，快递员，20180713）

有些小区居民的素质不是很高，他就会让你等好久。单位房的居民素质一般比较高，周一到周五上班，周末还没起床，他说放到门卫就可以了。有些小区保安不让进，快递员没有登记，其实登记也是没有办法。这个靠天，放在门卫，

提醒客户过来拿，快件丢失了就要赔，几天就白干了。（谈文超，快递员，20180714）

熟客好商量，出了问题不会打电话给公司，直接跟我协商，私下解决。熟客不用打电话，直接放到办公室，即使人不在，也可以放下。小区就麻烦一些。水果要当面给。（范成，快递员，20180723）

快件不准丢失是一个硬性条款，一旦丢失就会面临苛责。一部分客户在熟悉速安快递公司的制度之后还会巧妙地利用这个规则。下面这位快递员讲述的内容让我十分惊讶，我同时也感受到快递员的艰辛。

我遇到过一个奇葩客户，一个做玉石生意的淘宝老板。我给他送快件，他打电话说让我将快件放在楼下的小店。过了几天他突然给我打电话说快件丢了，让我跑一趟过去看看。我跑过去一看，快件居然还在那里，并没有丢。原来他是忙，没时间看快件，是想让我过去帮他看看他的快件有没有丢。像这类客户就是摸准了我们速安的规章。他们这些客户总觉着给我们几个钱让我们派快件，就像我们的爹一样。（黄敏，快递员，20180720）

如果说服务态度是快递业的软标准，那么服务质量就是快递业的硬杠杆。速安快递公司作为快递业的龙头企业，安全、高效一直是该企业的优势所在。安全意味着是快件不能破损、丢失，高效指的是快件能在规定时间内送达客户手中，同时还要比同行速度快一些。作为快递公司，对客户的承诺换来的是比较高的服务价格。为此，速安快递公司在员工培训、运营车辆方面都有比较高水准的管理和培训。

事实上，派送时效与服务质量并不一定就是矛盾关系。如果快递员面对的客户相对集中和确定在场，那么派送实效与服务质量是可以兼容的。问题是这两个关键要素在现实条件下并不一定具备，因此快递员在处理派送时效和服务质量的关系时采取的是时效优先兼顾质量。为了提高派送时效，在路上节省时间，甚至不断违反交通规则，开着三轮车接听电话、逆行、抢道和闯红灯的现象屡见不鲜。交接快件时为了节省时间则通过适当软化服务合同，在正式派送外采取逆向派送、虚化派送、托管派送和代管派送等多种类型。然而，软化正式服务合同带来的直接后果是快件破损、错拿和丢失的风险大幅上升。一旦出现服务质量风险，客户投诉将会给快递员带来很大的压力，除了向客户赔偿、道歉外，还要重新培训学习，误工、误时还影响心情。因此，在派送风险发生后，快递员会及时与客户协商，化解投诉危机。

三　服务规范：严格按照规定派送快件

快递员派送快件要做到服务规范，这主要体现在派送的路上和在与客户交接快件的环节。具体来说，在路上一定要做到规范驾驶，在交接环节务必做到由客户当面签收快件。然而，这两个规定在实际操作中并不太好实现。我们从邮政管理局和快递公司反复强调这两条规范就可见一斑。

1. 开车时禁止接打客户电话

快递员为减少等待客户取件的时间，往往采取提前打电话的办法。公司为了员工人身安全，禁止开三轮电动车时接听电话，规定接打电话必须靠路边停车，打完电话再上路。

> 公司规定我们接打电话时要靠路边停车，这样的话我送
> 不完呀。我刚进公司，看老员工一边开车一边打电话一边看
> 巴枪，觉着很不可思议，后来自己慢慢也习惯了。（黄敏，
> 快递员，20180720）

> 你坐在我的三轮车上害怕吗？其实我也害怕，特别是旁
> 边有泥头车和油罐车经过时，我的压力好大。（黄敏，快递
> 员，20180729）

这种制度规定从字面上没有半点儿不妥，考虑到快递员的人
身安全，禁止接听电话也在情理之中。问题是正如不少快递员所
言，如果在路边接听电话，就会耽误送达快件的时间。

2. 不允许为客户代签快件

客户面签快件会增加派送快件的时间成本，快递员往往会选
择代客户签收来节省时间。公司要求快递员要将快件当面交付到
客户手中，由客户当面查验之后并面签，这项业务才算正式完
成。这项规定自有它的合理之处，那就是减少很多不必要的服务
纠纷，也能规范快递员的收派行为，保障客户的正当权益。然
而，这种制度的实施需要客户在场这个重要条件，否则将会带来
非常多的时间成本。因此，在具体实施过程中，快递员有时就会
为客户代签。

> 签字我们不是太规范，个个都要客户签字的话，我们就送
> 不完货了。速安的老客户比较多，签字一般就是我们代劳。生
> 人的话，如果态度不好，我们就按公司的规章制度来办，这样

你就不必害怕客户投诉了。（黄敏，快递员，20180720）

　　客户当面签收快件是减少不必要服务纠纷的重要环节。问题是客户不在场或不方便签收时，快递员就要面临立即离开还是等待的选择。事实上，当面签收一直是各大快递公司面临的难题，一部分快递公司为快递员设置了硬性面签率，即快递员一天要完成多少面签率才算完成派送任务。问题是客户如果相对分散并且不确定在场的话，那么面签率就成为一个不可能完成的任务。一旦设置考核标准，快递员就会通过代签来应付点部，这种造假随之而来的便是大量客户的投诉，因为没有收到快件就显示妥投。

　　与通达系快递公司相比，可能是每天收派快件量相对较少的缘故，速安快递公司并不讲求快递员的签收率。当然，所有快件并不是快递员全部代签，具体分为三种情形：客户是熟人，同时快件的风险系数又不大的条件下，会选择代签；客户是熟人，但物品贵重，必须经客户面签才算完成，就不能选择代签；客户是生人，一般要客户面签才算完成，否则会面临不必要的纠纷。

　　　如果客户是熟人，物品又不贵重，我们快递员可以代劳签字。如果是生人而且物品贵重的话，一定要本人签字。以前我们采用的是纸单，就是贴在信封上的这张单，客户签完字后向公司交回单。有的时候下雨淋湿了，都撕不下来，现在是电子签名。如果碰到生人，一定要签单，要不然是诈骗之类的。以前我们就碰到过这种情况，有业务员送大闸蟹送丢了，给客户赔了几千块钱，客户是混混，堵在门口不让我

们营业。（谈文超，快递员，20180725）

公司为保障客户权益而制定的客户面签制度，在现实操作中会大幅增加快件派送的时间成本。快递员与客户沟通，保证快件安全送到客户手中后，会选择代签来降低派送的时间成本。但是代签也是有条件的，当客户是生人且物品贵重的话，就必须由客户当面签收。

四　针对客户投诉：道歉与赔偿

客户一旦投诉快递员，公司就会启动调查程序，核查事情是否属实。如果属实，快递员就要承担相应的责任，此时就需要启动赔偿程序，并要求快递员到培训中心再学习，在此期间没有收入，还要扣掉业务分。如果是点部主管，还会扣掉行政分，直接影响其未来在公司内部的晋升。

客户投诉有好几种类型，有服务态度不好的，有快件遗失的，也有快件破损的，还有没有联系客户上门派送的。出现投诉的话，公司会调查到底是什么情况，是业务员的问题，还是双方都有责任，需要调查清楚。公司有一个专门的部门负责调查这种事情。如果客户的快件遗失了，那不能你说多少价格就是多少价格，我们要鉴定你快件的实际价值和折旧。如果没有保价的话，就是按照 7 倍运费赔偿；如果有保价的话，好像也有一个上限之类的。我因为到目前为止没有收到投诉，所以也不是非常了解。（刘文瑞，快递员，20180727）

兰溪镇投递点，一个快件应该在隔壁的区域，但是客户的点挨着我们的区域，正好另外一个业务员不在店里。我当时怀了宝宝，就给客户打电话，客户说自己来取。其实如果他不行的话，我也要想办法给他送过去。谁知道这个客户来了之后骂骂咧咧，说家里有三四个小孩儿，没有时间来拿快件。我从头到尾一声不吭，结果被这个客户投诉我服务态度不好，最后扣掉我行政分5分。当时在怀宝宝，领导帮我说明情况，最后是在分部学习，那个月拿的就是底薪。道歉一般是客服向客户说"是我们工作的失误"。（谈芳，快递员，20180726）

快递公司为了保证服务质量，维护客户的正当权益，通过制定规章制度来约束快递员的派送服务。此外，作为快递监管部门的邮政管理局也会督促快递公司约束快递员的收派行为。这些正式制度确实能保证快件安全、有效地送达客户手中。然而，这种快件派送服务存在三类风险。一是服务态度导致的风险。公司要求快递员为客户提供高质量的服务，面对纷繁复杂的客户需求，快递员在派送过程中承担着比较大的精神压力。遇到不讲理的客户，稍有不慎，即使没有冒犯客户，也会被客户投诉。二是服务质量方面的风险。安全且准时是速安快递公司领先于其他公司的优势。快递员在正式派送模式之外衍生出四种不同派送模式，可是这些派送模式蕴含着比较大的风险，例如快件破损、快件派送延迟和快件丢失等风险。三是服务不规范的风险。快递员为了减少路上时间，在驾驶电动车时会采取一些不规范的操作，例如接听电话、逆行、抢道和横穿马路等危险行为，这些本来是可以规避的，问题是一旦落到实处就不容易规避。快递员为提高派送时效，就会适当变通规范，风险自然加大。

上述三类服务风险对快递员来说可能并没有想象的那么大，这里尤其要区分熟客和生客。快递员面对不同的客户，在服务规范、服务质量和服务态度上的风险都会有一些差别。面对熟客，即使在服务态度上表现一般，也不会面临被客户投诉的风险，熟人如果还要讲究微笑服务、使用文明用语，反而显得有些见外；快件即使没有及时送达，也可以通过与客户沟通协商来解决，比如第一轮派送正好没有联系上客户，快递员可以与客户沟通协商下一轮派送的时间、地点，客户也不太会投诉快递员；服务规范更是如此，作为熟客，在执行实名认证上反倒显得多余，但快递员会跟客户解释说这是明确的制度规定，开箱查验也是执行制度规定。即使出现最极端的情况，快递员将快件放在安全位置，结果正好被人误拿或偷拿，也会立即和客户私下协商来化解投诉风险，而不是等到客户投诉后接受处罚。

与此相反，面对生客，快递员要尽可能保持较好的服务态度，微笑服务，使用文明用语，面对客户生气发火冷处理；提供较高质量的服务，快件要安全、准时送到客户手中，如果客户要求亲自上门服务，就要上门，若客户立即要快件，也要立即送过去，即使耽误了其他快件的派送；遵守正规的服务规范，实名认证、开箱查验都是必须履行的正式程序。

在快递员眼中，所有客户并不是模糊的个体，而是根据与自己的熟悉程度区分为熟客和生客，对两类客户采取的是不同的服务标准。试想一下，如果所有客户都按照生客来对待，快递员的工作压力就会大好几倍。随着时间流逝，如果快递员能够安安心心地在一个区域长期经营下去，即使刚开始会很紧张，毕竟所有客户对他来说都是生客，但随着交道慢慢多起来，生客也会慢慢变成熟客，正式服务合同中蕴含的快递员与客户的正式关系将慢慢渗透进彼此的熟人关系。这种熟人关系既为快递员软化正式服务合同提供了契机，也为后来的风险化解提供了条件。真正投诉客户的一般都是生客，熟客极少。

第四节　派送快件与熟人关系

速安快递公司为解决快递"最后一公里"难题制定了各种制度：在收入分配上，采取多劳多得的计提工资制；在工作纪律上，要求快递员按照制度派送快件，要求客户面签、对客户微笑服务等；在客户权益上，提供了投诉渠道，只要快递员有违规就可以提起投诉。这种服务合同既能督促、约束快递员提供高质量的服务，又能进一步拓展客户市场。现实问题是，这种服务合同在现实操作中无形地提高了派送的时间成本并降低了派送时效，原因是"最后一公里"的快件派送不是流程化的操作。客户是否在场与客户是否相对集中是影响快递员采取不同派送模式的关键因素。正式派送的前提是客户在场且相对集中，快递员能在单位时间内送出更多的快件（成本低且效率高），而且让客户当面签收能大幅降低交易风险。不少快递员表示，给固定办公场所的客户送快件是效率最高的。评价区域好坏的一个重要指标就是该区域内相对集中且在场的客户占比有多高。

快件上这是个座机号，空号，熟人就好办多了，我来了都不用给他们打电话，直接给放上去，随后发个微信给客

户。机动快递员给客户打电话，没有接，他们就不敢放上去，而是要带回去。（李亮，快递员，20180731）

我们有些老业务员全年能做到零投诉，人家为什么可以做得到，还是有些业务员平时和客户沟通的时候没有做到位。业务员要学会跟客户打交道，多沟通。我们能做到的就是客户为上，这也是速安的服务理念。如果发生投诉，我们会调查具体情况，看是你的主观责任，还是公司内部出了问题。轻微投诉我们会和业务员沟通协调，至于道歉会让客服和客户沟通。（杨楠，运营主管，20180725）

与理想情形正好相反，客户不在场和客户相对分散是每个快递员要面对的现实。在公司的正式服务合同和现实条件双重约束下，快递员们在正式派送的基础上逐渐发展出不同的派送模式，本书将其概括为逆向派送、虚化派送、代管派送和托管派送，这些派送模式的优点是有效降低了快件派送的时间成本并提高了派送效率，可是随之而来的是软化服务合同后会提高交易风险，快件破损、丢失和快件派送延迟都会导致客户投诉。快递员不仅要赔礼道歉、赔偿损失、延误工时、接受培训，更严重的还可能被公司开除。显然，快速的代价是风险的增大。

面对这种急剧上升的派送风险，快递员化解风险的背后隐藏的是他们和客户日积月累而形成的熟人关系。这种熟人关系不仅是软化服务合同的催化剂，而且能有效降低交易风险。熟人关系中蕴含的社会道德规范、权利义务和社会角色期待与陌生人关系大为不同。有研究表明，陌生交易的熟悉化可以在诚信交易和稳定交易秩序方面起到积极作用（刘少杰，2010，2014）。陌生人交往以正式合同为准，彼此的权利义务一清二楚；熟人以日常生活规范为准，在情、理、法的约束下自由交往。既然都是熟人，每次都当面签收就显得有些见外，作为熟人的快递员也可以代劳；既然是熟人，遇到快件破损或丢失，双方非要闹到公司就显得不近人情，快递员做好必要的经济赔偿并辅以真诚道歉就可以了。

快件从点部出发最终到客户手中，经历了两个阶段：第一个阶段发生在快递员和公司之间，公司通过时效管理软件对快件进行实时监控并及时处理问题快件，快递员在必要情况下通过协同派送来化解压力；第二个阶段发生在快递员和客户之间，快递员在路上发展出常规路径、例外路径、循环路径和权变路径四种模式，在送快件时发展出正式派送、逆向派送、虚化派送、托管派送和代管派送五种类型。快递员送快件不只是一个物流话题，而且牵涉到快递员和客户在熟人关系下对不同派送模式的灵活选择。送快件是一方面，而收快件同样重要。在第六章，我们将介绍快递员收快件的详细过程，这个过程同样存在服务合同约束软化的情形，只是软化的方面和后果各有侧重。

第六章

快件收取：减少成本与降低风险

　　与派送快件类似，对快递员来说，理想情形依然是客户相对集中且确定在场，这样既能高效地完成收件任务，又能极大地避免收件风险。可惜，现实状况却是客户相对分散且不确定在场。快递员如果按照公司规定收取客户的快件，依然会面临由于来不及赶过来而被客户不断催促，依然会遭遇客户拒不出示身份证的尴尬，依然会在派件与取件之间左右为难，依然会由于不小心的服务失误而被客户投诉，等等。然而，在这次调查中我们发现，尽管快递员们每天都在路上奔忙，无时无刻不为节省收取快件的时间而殚精竭虑，但是并没有顾此失彼、错漏百出。到底是什么原因让他们克服了这么多的困难？他们是如何向客户收取快件的？本章将为读者揭开这个谜底。

第一节　公司管理：识别客户与核查快件

　　快递员收取快件从工作流程上分为两个层面：一个是公司与快递员之间的制度联系，包括区域分配、收取快件过程中的双重识别和规范包装；另一个是快递员和各类客户之间的人际联系，包括收取路径优化、收取环节优化和服务风险防控。本节重点讲述的是公司与快递员之间的制度联系。

一 区域分配：收件与派件合二为一

快递员送快件的区域也是收快件的区域。换句话说，桥东点部一旦将所辖的区域分配到每个人名下，快递员们就开始全权负责所属区域的快件收派工作。每个区域内的客户分布情况各不相同，寄件与派件也不太一样，但是派件与收件还是存在一定的重叠，这里分为两种情形：一是寄件客户同时也是收件客户，这种重叠指向的是同一个客户；二是寄件客户与收件客户在地理位置上相邻，这种重叠指的是同一个位置。点部分配区域的标准（遵循先到先得、投资优先、随机运气和兼顾公平原则）以及调整区域的动力及后果均在第四章作了介绍，这里不再赘述。

二 收取快件：围绕快件的双重识别

快递员从客户处收取快件首先是要迅速搜寻客户的寄件需求，点部负责为快递员提供寄件客户的信息，并规范快递员的收件操作程序。接下来，我们将从收集寄件客户信息、识别客户身份和判定快递物品的风险系数三个方面逐一介绍。

1. 收集与传达：收集寄件客户的信息

客户选择速安快递公司寄快件一般有三种方式。第一种是客户直接在手机上下单。速安快递公司专门为客户开发了一款 App 软件，客户只要在手机上注册会员，补充寄件人和收件人信息，发出寄件需求，客户信息就会在第一时间传至快递员手中。按规定，快递员要在一个小时内到达目的地。这个软件可以保存客户的很多信息，第一次操作略显繁琐，一旦熟练以后，填单就会很方便。第二种是客户直接给速安快递公司客服打电话。客服会将信息及时传送至客户所在区域的快递员，通知其尽快到指定地点收取快件。第三种是客户直接给快递员打电话。客户之前从快递员那里寄收过快件，保留了对方的手机号码。除上述三种情形外，还有一种情形是快递员正好就在附近为其他客户收派快件，客户此时直接将快件交给快递员。

　　速安讲究的是安全、快速和服务。你说安全，的确是安全一些。你说快速，和其他快递公司相比你还真说不上快，大家都开汽车、物流，凭什么你的物流就比别人快一些？你说速安有飞机，现在哪个快递公司不会租一个飞机？从路上的速度来看，速安在快方面并没有什么明显优势。它的优势就是从点部到业务员区域的"最后一公里"，每天我们速安的车是发货三趟、到货三趟，业务员每天要派送三趟快件，这是其他快递公司做不到的，"最后一公里"我们做得比较好。还有"开始一公里"也很重要，客户从客服下单要寄快件，业务员要在一个小时之内和客户联系确定取件。而其他快递公司，你上午9点钟给他打电话，他会下午四五点才跟你联系，他们一天只派送一次件，就是早上从点部拉上货，一天派送完就可以了。他们的管理没有速安这么严格，比较松散。比如说，你一个中通快递员早上9点拉上货，如果你下午2点就全部派送完了，那一个下午你想干吗干吗。还有很多奇葩的事，我认识的一个邮政快递员，他早上拉上快件之后先回家睡一觉，等到下午6点之后才开始出来派件，一直派到晚上12点钟，弄得那些客户很是烦恼，因为很晚了还有人派件。（张伟，快递员，20180731）

客户只要选择上述任何一种方式都可以迅速联系上快递员，快递员会在一个小时内到达客户那里，这是速安快递公司引以为傲的服务优势。正是凭借这种"客户至上"的服务理念，速安快递公司牢牢地巩固住了自己在快递业中的龙头地位。从实际情况看，随着注册的会员数量日益增多，快递公司搜寻寄件客户信息的速度也会越来越快。

2. 实名认证制：识别客户身份

实名认证制[1]指的是客户在寄快件时需要向快递员出示身份证，快递员将客户的身份证号码和手机号码录入巴枪，这是为了将快递物品与寄件人信息捆绑在一起，做到客户与快件不分离。这项规定在《快递暂行条例》第二十二条中有明确说明：

> 除信件和已签订安全协议用户交寄的快件外，经营快递业务的企业收寄快件，应当对寄件人身份进行查验，并登记身份信息，但不得在快递运单上记录除姓名（名称）、地址、联系电话以外的用户身份信息。寄件人拒绝提供身份信息或者提供身份信息不实的，经营快递业务的企业不得收寄。

按理说，实施这项规定的初衷是好的。不可否认，快件寄送的便捷性和安全性已经被一些不法分子盯上，他们甚至会考虑用快件寄送一些违禁物品，这对公司、快递员和社会大众都会产生

---

[1] 快递实名制推出的重要背景是 2011 年前后发生的快递包裹爆炸案。后来，随着快递日益成为人们生活中不可或缺的组成部分，一些不法分子利用快递寄送各类违禁物品，对人民生命财产安全造成重大威胁。2011 年 8 月，公安部在全国推广快递实名制，2012 年 2 月，邮政快递率先推行实名制，2015 年 11 月 1 日，快递实名制登记正式开始。

很大风险。如果没有实名认证，那么一旦出现这种违法犯罪行为，公安机关连线索都找不到。

在快递业推行实名认证，正是为了回应复杂社会的现实需求。这种制度有效地将快件与寄件人联系在一起，即使未来出现未曾预料的风险，公司也能"按图索骥"，在最短的时间内查到个人，这对保障快递员和快递公司的正当权益是很有效的，对公安机关的侦查也会有很大的帮助。

这项规定对保护快递员权益和规范快递业操作有重要的意义。然而，这项规定在具体执行中还是遭遇了一些困难：一是给客户添了一些麻烦，有些客户来寄快件的时候正好忘了带身份证，重新返回去拿很不方便；二是耽误了客户的时间，有些客户即使随身带了身份证，但实名认证毕竟还是会耽误一些时间；三是侵犯了客户的个人隐私，有些客户即使带了身份证，但出于个人隐私考虑也不想出示给快递员。

> 实名认证如果是熟人的话，我之前保存你的身份证了，我就不会再查。但你是第一次寄送快件的生人，我一定要让你出示，你不出示身份证我就不寄快件。很多情况下，客户是忘记带身份证了，不过实名认证总归是好的。开箱查验，别人都已经把快件包装好了，比如一个手机就有原包装，你非得拆开查看，你说是不是不人性化？（应若，快递员，20180729）

实名认证这项规定既有法律依据，又能保护快递员权益，还能有效规范行业行为。然而，在实际操作中面对形形色色的客户，刚开始施行时还是遇到了一些小阻力。不过，随着越来越多的客户认可并接受这项规定，实名认证也真正落到了实处。

3. 开箱验视：判定物品的风险系数

除了实名认证，快递员还要判断客户快递的物品是否属于违禁品。根据法律和公司规定，违禁物品一律不收不寄。开箱验视指的是快递员拆除寄送物品的外包装后，查验货物是否属于违禁品，若是就拒绝收取，若不是才可以进行下一步的操作。《快递暂行条例》第三十一条对此有明确规定：

> 经营快递业务的企业收寄快件，应当依照《中华人民共和国邮政法》的规定验视内件，并作出验视标识。寄件人拒绝验视的，经营快递业务的企业不得收寄。

与实名认证相似，开箱验视的出发点也是好的，个别客户寄送的违禁物品会对快递公司、快递员和社会大众产生很大的危害。开箱验视既能从源头上阻止个别客户寄送违禁物品，又能在验视过程中及时筛查出风险系数高的快递物品。

> 我们收货的时候一定要开箱查验，要翻看要寄的快件中有没有违禁品。如果客户不让查验，我就不给寄。之前寄包裹、衣服，也是个熟人，我随手翻了一下，发现衣服口袋里有一个打火机，吓了我一身冷汗。随后我一件一件查验衣服，这是质量问题，派送的不知道。但是如果我没检查到，在过安检的时候就会被查出来，你知道那种安检会用放射线检查。有些人就抱怨，我都包好了，还要再打开，早知道我就不包装了。（刘文瑞，快递员，20180714）

快递员在查验客户的快件时，承担了比较大的风险，这里分两种情况：一是在查验过程中由于服务疏忽没有及时查验出违禁物品，这是工作态度问题；二是没有及时识别出违禁物品，错将违禁品当作正常快件来收取，这是工作能力问题。无论是态度敷衍还是能力不够，在后续检查中一旦被发现，当事人和公司都会面临巨额罚款。

> 邮政管理局会检查我们快递员是否操作规范，比如检查我们是否查验了身份证，违禁品刀具、火机、枪械都不能寄。他们有时候会通过各种途径来检查快件，看里面是否有违禁物品。如果他们发现快递员没有查到包裹里放着打火机，公司就会劝退快递员，进行内部整顿，同时还要面临50万元的罚款。生人要对一下他的手机号码，熟人工业园区一天来好几趟，经常送都认识，彼此都是熟人了。速安一般不会冒领，我们会提前给客户打电话，他会过来取，出错概率很小，起码我没有发生过。（黄敏，快递员，20180720）

然而，这项规定在刚开始实行时也是不太顺利。一是给客户添麻烦。有些客户在寄快件之前已经包装好了物品，开箱验视意味着要破坏包装，验视完毕后重新包装确实增添了麻烦，甚至一些特殊物品包装后再打开就会失效，因此一部分客户对此不予配合，并坚称自己寄送的不是违禁品。二是给快递员带来工作上的不便。快递员除了要跟客户反复陈述开箱验视的依据与理由，还要耐心解答客户的质疑，此外还延长了收取快件的时间。

今天早上来了好几拨人，寄东西不让我们查验，我们说那就不能寄，他们气呼呼地走了。还有一个寄辣椒的，说口都已经封了，打开就坏了。我们还是要照章办事，现在每家快递公司都要这样。（迟近，点部主管，20180719）

在实际收取快件的操作中，开箱验视的规定还有待进一步完善，地方邮政管理局会通过不定期抽查快递物品来督促快递公司认真落实这项规定。有时，我们不能说快递员不尽心，也不能说客户不配合，而是要探讨规定难以落地的真正原因。简而言之，快递员通过实名认证来识别客户的有效身份，通过开箱验视来判别快递物品的风险系数，这些都是遵照邮政管理局和公司的规章制度。但是我们也发现，在实际操作中还是会遇到很多种情况。如何有效说服客户接受实名认证和开箱查验，确实是考验快递员工作能力的难题。如果沟通不当，客户就可以用服务不周来投诉快递员。

三　规范包装：保证快件完好无损

快递员在确认客户的有效身份并筛查风险快件后，就进入了快件包装和计算运费环节。快递员在入职前受过严格的快件包装训练，根据快件的尺寸、重量等进行规范包装。为了保证包裹完好如初，速安快递公司还对快件破损的责任归属做了明确界定。

1. 快件破损的责任归属

快递员在确认快件不是违禁品后就开始迅速打包，整个过程认真细致，因为这涉及以后快件破损时的责任归属。这种归属有内外之别，外包装破损归寄件员责任，内部物品破损归派件员责任。这种责任认定是希望通过制度来规范快递员的包装行为。

> 如果是生人，不接电话就不好了。寄送包裹，速安是除了违禁品一律都要寄，即使是鸡蛋也要寄。这里其实有一个空子，如果电脑没有原包装的话我们可以不寄送，不寄送也不能跟客户吵，要跟客户好好解释。（范成，快递员，20180723）

> 包裹要摇起来不出声音才可以，否则要拆开重新包装。这个箱子的重量有1公斤多，客户寄件的时候已经计算过了。（张海洋，快递员，20180720）

这项规定的出发点是为了有效规范快递员的包装行为，大幅降低包裹破损的概率。但问题是，快件从寄件客户发出，经点部归类打包发往中转站，再运送至集散中心，随后转运到另一个中转站，再发往快递点部，最后送到客户手中，整个过程涉及的环节众多。特别是在分拣和转运过程中，一旦遇到个别快递员"暴力"操作，快递物品就很容易破损。将快件破损的责任直接归属于寄件员或派件员，快递员的压力可想而知。

2. 快件包装的严格程序

快递员包装快件之前接受过快递公司的系统培训。速安快递公司的包装材料一般有纸箱、塑料袋、气泡膜和透明胶带。纸箱按规格分多个型号，快递员根据物品的实际尺寸选择合适的纸箱，裁剪成与快件大小比例相当的包装盒，在纸箱内用气泡膜加固，以保证纸箱内没有空隙。如果有空隙，物品在运输过程中就会因撞击而破损。内包装结束后再用胶带密封纸箱。

> 速安的纸箱分一、二、三、四、五、六号，每个号码对

应的是一个价钱，比如"一"就是1块钱。如果用新纸箱就要花钱，旧纸箱回收利用不花钱。包裹打严实了，东西就不会摔坏。体积和重量，哪个贵算哪个，气泡膜、珍珠棉和胶带都不花钱。我打包没有别人快，他们老是说我，我就喜欢打包成漂漂亮亮的正方形。（谈芳，快递员，20180731）

快件包装分为外包装和内包装。外包装是物品最外层的包装，是用来避免货物在运输过程中受外部碰撞、挤压和破坏，包裹材料有信封、塑胶袋、纸箱和木箱等；内包装是直接用于包装货物的材料，防止货物由于撞击或碰撞而损坏，材料有珍珠棉、泡沫箱等。此外，为了防止货物晃动、破损，会用气泡膜来加固。

3. 快递费的计算方式

快递员将快件包装完毕，根据物品的体积或重量以及要寄往的地区计算快递费，由客户选择自行支付或由收件方到付，如果是公司层面的合作，还可以选择月结方式。

上述介绍的是桥东点部在正式层面为快递员们制定的收取快件的一般流程，从搜寻寄件客户的信息、识别客户身份、核查快件信息到为快件打包并计算运费，整个过程紧张有序，不仅有严格的管理规定，而且有详细的责任归属。接下来，将介绍快递员收取快件的整个过程和背后的运行机制。

第二节　收件优化：培养客户与人际协作

以桥东点部为例，与派送快件相比，快递员收取客户快件有三个显著特点。第一，收件数量相对较少。桥东点部快递的派件量和收件量大约是七三开，在实际工作中收件处于次要地位。第二，收件时间相对宽松。与送快件相比，收取客户快件不是即收即发，只要赶在每天固定时间点前即可，一个是下午 1 点前，另一个是晚上 7 点半前。第三，安全系数相对较高。与送快件相比，收快件涉及开箱查验、实名认证和支付费用等环节，这些都会和客户当面交涉，相对安全，此时的关键是尽可能降低收取快件的劳动时间成本。接下来，本节准备从快件收取区域、收取路径和收取环节三个方面来逐一介绍。

一　收件区域：责任自治与人际协作

快件收派区域一旦分到每个快递员名下后，每个人就在自己所辖区域内收取快件。按照公司规定，每个人只能收取本区域内的快件，不准触碰其他区域。这项规定既有制度约束，也有人情成分。从实际操作来看，这项规定得到大多数快递员的认可与接纳。

1. 各自收件：不触碰相邻区域

点部将辖区内的快件收派区域分给个人后，采取多劳多得的计件工资制。正常情况下，每个人只要负责所辖区域即可。然而，在实际收取快件过程中也存在一些突发情况，比如说，快递员发现相邻区域的客户正好有寄件的需求，此时该如何处置？一般来说，遵循的是相邻区域不触碰原则。它指的是，如果客户不在自己的区域，快递员就绝对不能去接单，即使客户就在身边，也不能接。这种共识基于公司制度、人情面子和实际情况等多种考虑。点部为快递员分配区域时就规定，每个人只负责自己的区域，不能去抢邻近区域的快件，一旦发现就会被惩罚。① 人情方面，抢单意味着占了其他快递员的便宜，以后相处会很尴尬。在实际情况中，其他区域的客户有时候距离自己尚远，接单成本相对较高，接单也并不划算。

> 别的快递员负责的区域，我们不去那边拿单子。有一次就是在一条路上，路这边和路那边就有我们速安的两个快递员。一来大家都是同事，二来路又远，我不会跑那么远的路去拿别人的快件。（别人代劳？）到取件的时候，大家都很忙，谁都不顾上谁。（黄敏，快递员，20180720）

> 刚才是别人把电话打到我这里了，但是这客户不在我的区域内，是在我同事负责的范围内，我不能抢他的单。抢单很不好，就为了2块钱被同事看到了很尴尬，还有我跑那么远也不划算。（刘文瑞，快递员，20180714）

当然，也有一些例外情形。如果相邻区域的快递员已经回家或者来不及过来接单，就会请求相邻区域的快递员帮忙接单，这种情况确实存在。也就是说，快递员不能主动去揽收相邻区域客户的快件，除非这个区域的快递员分身乏术，主动寻求自己帮忙。

> 别的区域的客户，我们一般不去，都是一个点部，为了一个2块钱的快件去收，不好。当然有一种情况，我已经回家

---

① 速安快递公司的《奖励与处罚管理规定》明确指出，未经上级批准，跨区域收派件（指违规收派非本区域或非本网点内客户的快件）的，属四类责任，受记大过处分。

了，我区域内的一个客户急着要寄快件，我就会让我的同事帮忙代收一下，这个是可以的。（周亮，快递员，20180719）

除了外部的十个区域外，点部前台有一位快递员专门负责前来寄快件的客户。只要是客户亲自到点部寄的件，其他快递员就不准接。除非负责前台接待的那位快递员本人恰好不在现场而客户又急着要寄件，其他快递员才能接单。

前台有一个女的工作人员，她是专门负责接待客户过来寄送快件的，除非她不在我们才会接快件，不过一般会给工资低的同事来接。早上卸货是大家来了一起干。（谈文超，快递员，20180714）

需要交代的是，快递员收取一个快件的酬劳高于配送一个快件的酬劳，因此在实际操作中，快递员们倾向于多收快件。与此不同的是，为客户派送快件倒不存在抢单的情况，因为每天早上所有人在点部分拣时就已经将所有快件分发到每个人的区域。不过，偶尔也会有失误，即相邻区域的快件正好错放在自己的车上，快递员当时没有及时发现，后来在派送中发现，一般也会捎带着派出去。快递员在收派快件过程中如果遇到相邻区域客户有寄快件的需求，就会及时通知速安快递公司客服让所在区域的快递员尽快来收件。

2. 合作收件：收取快件，请人代劳

正如上文所言，快递员不能随意触碰其他相邻区域的快件收取业务，除非其他快递员请求自己代劳，但是代劳的快件酬劳将计在自己的名下。

我以前下午做到一两点才吃饭，不像现在有些快递员有些懒，赶上吃饭的点儿就去吃饭，到了晚上下班的点儿就不收货了，六七点我还会继续收件。我收别的区域的客户的快件不太好，问题是他们片区的快递员不收，有的还给我打电话让我帮忙代收，这样收到一个快件就记在我名下了。（陆平和，快递员，20180718）

按常理来说，快递员是不能触碰其他区域的快件收取业务的，否则就会引来快递员之间的矛盾。除了上述介绍的情况，还有一种例外是，个别客户指名某个快递员来收自己的快件，此时点部可能就会暂时打破这个常规，换作其他区域的快递员来收件。

一个客户刚才打电话非得让我过去接单。这个客户以前在我所在的点部，后来他所在的点部变换了，他要寄件，那个区域的业务员过去之后他就不寄。后来把那个点部的主管弄急了，给我打电话说，还是你过来吧，他非得要让你寄。（张伟，快递员，20180725）

快递员一般只负责所辖区域的快件收取，不揽收相邻区域的快件，除非其他区域的快递员或客户主动提出请求，这个规定才可以暂时松动。这种人际协作只有在快递员忙不过来时才派上用场，但是在一些突发情况下，这种人际协作确实能大大缓解快递员的工作压力和精神紧张。然而，现实情形有时并不如人所愿，跨区域收快件并非不存在。

3. 跨区收件：人际冲突的隐患

现实情况是，还真有快递员打破常规到其他区域揽收快件。

我在这次调查中听到两起纠纷，一起是暗地里揽收对方客户的快件，另一起是当面揽收对方客户的快件，两起纠纷都引起对方快递员的极度不满。下面这个事例是一位快递员向我讲述的：

> 黄和刘有过冲突。黄师傅把一部分件丢给刘师傅派送，他说他派送的一个区域的一个客户在刘师傅那里寄快件。这个客户估计寄的不是一次两次了，只是那一次件比较多，寄完之后就在朋友圈发了一条信息。黄和这个客户是好友嘛，看到了就非常生气。黄师傅后来问到我，要我评评理，问谁有理、谁没有理。我的办法是一切以客户意见为主，客户想怎么弄我们就怎么弄。人家愿意去刘那边寄是人家的事情，你可以在给他派件的时候跟他说我这里也收件，甚至你留一下你的联系方式。现在如果我在我的这条路上，沿路边有一个客户要寄快件，那我会收，但是你区域内的工厂办公地点，那我是不会去的。哈哈，问题是现在的情况变了，现在好多都是你能不能帮我收一个快件，我现在还赶不过来。听说以前有些不规范，会抢客户件的。我们这边是派件多，收件不多，所以公司会提高收件的提成，鼓励大家多收件，这跟沿海城市正好不一样。（黄敏，快递员，20180801）

下面这个事例也是违反了其他区域不能触碰的规定。一名快递员在看到一个客户和其他快递员发生纠纷时主动介入，虽然暂时缓和了客户与其他快递员的矛盾，但是在快递员之间却埋下了冲突的隐患。

> 很多人对他有意见。他想得好，但有没有做呢？有一

次，一个客户到我这里寄快件，这个客户没有带身份证，我说那寄不了，客户就在我这里磨了很长时间。他在旁边看到了，就把这个客户拉到外面打包。按理说这个客户是在我的区域，但这会让客户怎么想？以后就没有客户到我这里寄快件了。我当时非常生气，就去找主管说这件事。你知道吗？他后来还对我说，那个客户本来是要投诉你的，被我拦下了，搞得我还要感谢他似的。（谈芳，快递员，20180726）

桥东点部为快递员划定固定区域是为了保障他们各自的权利并明确责任归属，也是为了激励快递员在所在区域开发更多客户。在实际操作中，大部分快递员按制度规定来收取客户快件，但是也有例外。既有个别快递员主动寻求其他快递员帮忙揽收快件，这在一定程度上缓解了工作压力；也有个别快递员当面或暗地收取了其他快递员的快件，最终引发矛盾冲突。

二 收取路径：常规路径、例外路径与循环路径

根据桥东点部的经验，快递员一般是上午派件，下午收件。在实际收派快件中，派件和收件并非截然分开，上午收件的情况也是有的。根据这次调查，我将快递员收取快件的路径分为常规路径、例外路径和循环路径，这三种路径有时与派件路径重叠。

1. 常规路径：规划合理路线收快件

常规路径指的是快递员根据寄件客户的位置，合理规划收件的最佳路线。这种路径分为三种情况。

第一种情况是以派送为主，一边派件一边收件。快递员将寄件客户安置在派件客户路线上，在负责派送快件的同时兼顾收取

快件。具体来说，这种情况有三个特点：首先是根据客户的位置由近及远分配，在区域内划出一条最节省时间的路线；其次是寄件客户正好分布在派件的常规路径上，这样就不会打破派件的最佳路线；最后是一般不走回头路，如果寄件客户在快递员到达指定地点前就联系快递员，快递员会马上赶过来，但如果寄件客户联系时快递员已经离开，那么就要协商下次收件的时间和地点。

我们一般是上午派件，下午收件。上午派件的时候有路线规划，哪里先送、哪里后送都有一定的安排，但是在派件的过程中，有时候也顺便收件。如果在派件过程中，客户给我们打电话说要收件，我们会考虑客户所在的位置。如果他的位置距离我比较近，我会在派完件后到他那里收件。如果他的位置比较远，我会考虑最后收他的件，或者跟他协商看能不能下午去收他的件。我们一天是三趟，上午一趟，下午两趟。比较麻烦的是，我刚离开这个地点快回到点部时，他就给我打电话说要收件。我这个时候就会说，我已经回到点部了，能不能下午过去再收。如果是下午收件的话，路线跟上午有些不同。我会在中午的时候问一下有没有这些客户的派件，如果有，我就会记下来，安排好下午收快件的路线，我也是采取一边派件一边收件的办法。你知道的，有些客户是固定的，我也会主动去问他们今天有没有收件。在派件的过程中，我也会根据收件的地点来适当调整路线，最好就是在派件位置的附近。（刘文瑞，快递员，20180727）

第二种情况是以收件为主，一边收件一边派件。这种情况主要发生在寄件客户比较多的时候。与上述情况相似，同样有三个特点：根据客户的分布位置由近及远收取快件，最好走所属区域内一条最节省路上时间的路线；派件客户正好分布在寄件客户的常规路径上，这样才不会打破最佳路线；快递员一般也不走回头路。比如，刘师傅上午派件比收件多，就以派件路线为主，下午收件比派件多，就以收件路线为主。

> 假如下午收件比较多，我就会按照收件的位置来安排路线，随后再派件，反正今天下午6点之前我会把所有派件派完。我最害怕生客，就是你刚离开那个地点，他就给你打电话说有快件要寄，我们最不喜欢走回头路。（刘文瑞，快递员，20180727）

下面这位快递员所负责区域内的客户情况就有些特殊，很多客户下午回到家后才考虑寄快件，因此这位快递员就调整了下午出来派送快件的时间，他的这种调整其实是以收件为主兼顾派件。

> 我一般是下午出来晚，只走一趟。我一天加起来就工作六七个小时，上午9：00到11：30，下午从3：40到6：30，中午回家吃饭还能休息一会儿。我下午如果出来两趟的话，回去的就比较早。你上次跟我出来的那次是不是5点多就回到公司了？问题是我回那么早，如果有客户给我打电话说收快件，我还得出来，所以后来我就干脆晚一些出来，因为我这个小区很多客户是6点左右回到家之后寄快件的。（张伟，快递员，20180731）

第三种情况是根据所有寄件客户的位置合理规划一条最节省

时间的收件路线。这主要发生在派件客户相对较少，而大部分都是寄件客户的情况下，快递员会根据所有寄件客户的位置来合理规划收件路线。

你看我在手机上建立了一个微信群，其实我不止一个微信群。这个微信群的名称叫作"发快递请举手"，你看看上面的这些客户都是我的熟客，他们要寄件的话会在微信里给我留言，我会第一时间回应。有一次一个客户周日有一个快件到，但是他们正好放假了，我就会问他是现在送过去还是周一送过去，如果是周一送，是交到你本人手中还是要放在前台什么地方，他都会给我留言。取件也有路线规划，客户打电话、发微信，我看到微信之后一路收回来。（路威，快递员，20180730）

上面介绍的是快递员根据寄件客户的微信群来统筹规划最节省路上时间的路线。但是在实际收件过程中还存在个别客户，他们的寄件时间相对固定，快递员对这种情况会单独考虑。

我之前就遇到过这种情况，我刚刚走开，这个客户就给我打电话说有快件要寄。我说你为啥刚才没有跟我说要寄送快件，他说刚才没有快件啊。有的时候，他是真的没有快件，做工厂的有时候不好控制，有的时候是他忘记了。如果我走开的话，我就会跟客户商量，如果今天不赶着寄的话，要不明天再寄吧。或者我会跟他讲一天至少有两次会到你这里，我争取今天给你送到就好。（刘文瑞，快递员，20180727）

这边收快件的高峰期是下午4点半到5点半，工厂的东西刚好做出来，快递晚上走车，赶不上晚上这趟就会晚一天，赶得上的话就早一天。你想想这么大的公司，那么多人等着，选择速安，多几块钱对他们来说无所谓，确实要赶那个时间。模具提前一天确认，就能提前一天投入生产。（贺齐志，快递员，20180728）

无论是以派件为主还是以收件为主，至少在时间上是可以分割的，比如上午派件多就以派件路径为主，下午收件多就以收件路径为主。问题是如果派件和收件都集中在某一个时段，就会让快递员措手不及。下面这位快递员介绍的就是上午的派件工作积压到下午，让他手忙脚乱。

看我有好几个微信群，每天一早起来，就把当天那个区域的微信群置顶。上午主要负责派件，下午主要负责收件，要寄快件的客户会在群里给我发信息。如果中转站有人离职，件分不过来就会很麻烦，这就会导致上午的件比较少，而下午的件比较多。有时下午我们每个人达到派四五十个件，那就麻烦了，派又派不完，收又收不过来。（黄敏，快递员，20180729）

以上讲述的是快递员已经事先知道寄件客户，根据这些客户的位置来规划收件路线。然而，还有一种情形是快递员在实际收派快件的过程中会临时收到一些不确定客户的寄件需求，快递员此时就要在派件和取件之间做权衡。当然，如果收件客户恰好不在现场，快递员正好可以利用这个时间为其他客户送快件。

这个客户打客服电话，客服下单后将单派送在我这个区域。但是我给他打电话，他说他现在不在那个地方，还要等 20 多分钟才能过来。这个时间我可以送好几个快件呢，我刚才在电话里跟他约好 5 点钟过来取快件。（路威，快递员，20180724）

快递员每天按照派件和收件的具体情况规划具体的路线，可以在上述三种情况间灵活变换，目标都是在有限的时间内尽可能收取和派送更多的快件。因此，我们可以这样设想，快递员在路上的每一分钟都是有具体规划的，要么收快件，要么派快件，尽可能将所有时间填满。

2. 例外路径：对常规路径的有效补充

例外路径是在常规路径基础上衍生出来的新路经。快递员要么是回到了点部，要么是到达了下一个地点，但是此时客户打来电话，希望快递员尽快过来收快件。如果快递员折返回来，就会增加快件收取的成本。一般来说，快递员这时就要与客户沟通协商，约定下一轮收取快件的具体时间与地点。可是，如果客户坚持要马上寄，快递员在没有充分正当理由的条件下也得想办法及时赶过去，否则就会被客户投诉。

　　客户和业务员要相互理解，最好的是客户不着急，正好遇到就让你寄送了，时间上不赶。回到总部，客户要寄件，我说回来了，明天能寄吗？如果对方要得急，我还是要过去的。若对方能理解，我就明天再取。（张伟，快递员，20180725）

在调查中，我们发现还有一种极端情况，是快递员已经下班了，可是客户仍然要寄快件。因为没有快递员，此时点部主管就要亲自去收件,否则客户投诉会直接影响点部效益,点部主管的业绩考核也会受到不良影响。

> 业务员7点回家了,主管7点半去收件,因为客户投诉的话,点部效益会受到影响,主管只能自己去收。(应若,快递员,20180723)

> 公司不讲这些,客户一定要寄,我们就得过去收件,我们公司就是这样,能做就做,不能做就走人。一个客户要寄快件,路比较远。即便这样也没有办法,他要寄快件,只有2块2,却要跑那么远的路,真的是划不来。(黄敏,快递员,20180719)

例外情况一旦发生,此时快递员和客户的有效沟通就显得尤为必要,特别是在晚上下班后要学会与客户协商收快件的时间。下面这位快递员与客户的充分沟通,既赢得了客户的谅解,又避免了折返回去取快件。

> 还有一种引导客户的办法,看你怎么说话了。比如有一个客户6点半给你打电话说他现在有一个快件要寄,明天要到。有不少快递员就不知道该怎么说。我现在如果要去拿快件,拿回来这边的车也走了,根本赶不及。我就会跟客户说,能不能明天早上寄,我第一时间过来拿?你现在寄赶晚上这趟车,也是后天才到,明天早上寄,也是后天到。这样一沟通,客户就不会有什么想法了。业务员一定要学会和客户沟通。(路威,快递员,20180730)

对快递员们来说，常规路径在自己的可控范围内，也是自己最得心应手的行走路线。最担心的就是出现例外情况，这种情况的次数越少越好，次数一旦多起来，就会让快递员无暇顾及。试想一下，快递员都快下班了，准备收拾东西离开点部，此时忽然接到客户寄快件的电话，快递员不去就会被客户投诉，去了再赶回来不仅赶不上开往市快递中转站的车，而且得不偿失。快递员在明面上做的是收派快件的业务，其实与不同类型客户进行有效沟通才是最重要的。

3. 循环路径：等待不确定的寄件客户

与上述两种收件路径不同，循环路径指的是快递员当天派送完所有快件后，不是径直赶回点部，而是在所辖区域驻足停留，等待要寄件的客户，一直等到快下班时才赶回去。这是我在调查中发现的一种新情况。有好几次我跟着他们派送完快件后，原以为就可以打道回府了，结果却是在区域原地等待。

> 现在不能回去，回去早了，回去之后如果有人寄快件，我还得跑出来。（应若，快递员，20180723）

> 我现在不能回得太早了，如果你6点之前就回到公司，客户寄不了快件就会打电话抱怨你，你怎么不到6点就回公司了？上次那个女老板因为6点钟给我打电话要寄快件而我已经回到公司了，她就在电话里说，你怎么这么早就回去了，你咋这么懒？当然，我知道这是她跟我开玩笑，但我又不能老是这样。当然，如果客户是6点半给我打电话，那我只能说已经下班回家了。你看这个客户打电话要寄快件，现在都快7点了，我们已经下班了，6点半就接不了单了，我

们没有晚班这一趟。（张伟，快递员，20180731）

这里之所以用"循环路径"来表述，是由于快递员送完当天所有快件后，没有了派件任务，但是不敢保证在下班之前没有寄件客户，此时要么在所辖区域循环往复地奔走收取快件，要么驻足停留，随时等待寄件客户的电话。由于寄件客户的不确定性，这种路径并没有固定的规律。

常规路径、例外路径和循环路径都是快递员在收取快件时比较常用的路径优化模式。结合桥东点部的情况（派件大于收件），收件路径一般会嵌套在派送路径内。快递员每天在固定区域内要根据收件、派件的实际情况灵活机动地合理规划路线，尽可能减少在路上的时间。

三　收取环节：熟人关系与劳动投入

快递员在收取客户快件时除了正式收取外还有四种收取模式，分别是虚化收取、逆向收取、托管收取和代管收取。与送快递稍有不同，正式收取快件时客户与快递员一般都在现场，快递员根据公司规定规范操作。但实际情形还包括快递员可能会将正式收取快件的一部分环节适当软化，具体来说就是快递员的一些劳动过程被客户完成了，而这取决于快递员在与客户的长期交往中慢慢形成的熟人关系。接下来，我们将分别介绍五种收取快件的模式。

1. 正式收取：学会培养客户

送快件只要将快件交到客户手中或放到指定位置即可，收快件则包括要核查寄件人身份和寄件物品的性质、填写快件信息、打包和计算运费等一系列环节，每个环节都要投入劳动时间。如果按照上述规范依次做下来，每个包裹要花费不少时间。快递员假如能将一部分劳动委托给客户来帮忙，这将在某种程度上软化服务合同，从而尽可能降低收取快件的时间成本。

实名认证确实会耽误一点儿时间。在实际操作中，这种明文规定有两种软化可能：一是公司为每个快递员配置的巴枪上有操作系统，只要扫描一次客户的身份证就能永久保存，下次如果再遇到这位客户寄快件，就可以忽略这个环节；二是快递员会对客户身份证拍照，之后就不必反复查验对方身份了。

> 有时候，客户就说，周师傅，你直接拍个照吧，以后我寄快件你就不用反复查验身份证了。不过现在好多了，我们公司研发的巴枪装有这个系统，只要扫过一次客户身份证，保存了信息，以后就不用再查验了。（周亮，快递员，20180731）

> 要培养客户带身份证，我下载了一个速安软件系统，第一次识别客户身份证后就保存了信息。没带身份证，你不能不寄吧，很多客户一问身份证第一反应是报身份证号码。（张海洋，快递员，20180722）

这里有生人和熟人之分。如果是熟人，第一次保存成功，以后就不必再用身份证核查。熟人意味着彼此的信任和熟悉，也有一种不生分的感觉。如果寄件人是生人，就必须查验身份证。

> 出示身份证现在客户们慢慢都习惯了。如果是熟人的话，我保存了他的身份证信息以后我就不需要再查看了，如果是生人，我一定要看他的身份证。有一些客户刚开始不理解，说我天天找你寄送快件，这么熟了，你还要看我的身份

证。查身份证嘛，毕竟是大势所趋，但就是耽误我们的时间。（张伟，快递员，20180731）

除了对客户实名认证，还要填写快件信息，包括寄件人、收件人、快递物品的相关信息（种类、重量、保价等）。在调查中，一名快递员提到要慢慢培养客户，提前给这些熟人客户放一些包装袋或填写单，教会他们填单和打包的技巧，快递员到现场后就可以直接拿快件离开，而不需要在现场对客户实名认证和填写快件信息等。这些收件过程看起来都是小事，但是累积起来可是节省不少时间，快递员可以用这些时间收取或派送更多的快件。下面这位路威快递员就是在和客户的长期交往过程中，慢慢教会了客户填单和打包的技巧，这样他就可以节省很多时间。

你看他们已经把单都填写好了，二维码单也贴上去了，封口要等我们来帮他们封，因为我要看看他们寄的是什么东西，这个名城大酒店共有5份快件。这种客户和业务员之间的默契要花很长的时间，我们得跟客户打很多次的交道。第一次他不会填单，你帮着他填，后来我们当着他的面填单，告诉他怎么在手机上关注速安微信公众号，怎么在手机上输入寄件人和收件人的信息，次数多了之后，客户就知道怎么填单了。简单来说，就是要学会培养客户寄件的习惯。打包也是这样，他们现在好多人都是自己打包了。第一次我去客户的公司，如果客户的快件需要打包的话，我要跟他们说清楚速安的纸箱是要收费的。他们如果说那我们的纸箱能不能打包，我就让他们拿出来说可以呀，随后在他们面前打包。打包的时候我会说一些注意事项，次数多了之后，他们也会自己打包了（会不会是一码事，愿不愿意也是一码事）。一般情况下，客户都会自己填单的，除非有特殊情况，他那一天实在太忙了，都没有时间填单，那我就会拉回公司自己做。大部分客户都了解我们快递员的难处，我有时候也会跟他们说快递员的辛苦。（路威，快递员，20180730）

这种快件属于月结，默认是他们企业送的，企业跟速安签了安全协议，如果出了问题，企业要担责。我这些是老客户，单子和信封都放在他们那里，都填好了，直接拿就行。如果再一个小区一个一个地去收，一天收 40 个快件都算很多的了。（周亮，快递员，20180719）

按照公司规定，核查完物品信息后，快递员就可以根据物品的体积或重量来计算运费。一般来说，快递员会利用随身携带的称重机来计算运费，客户当面交付费用即可。问题是有些快件比较特殊，需要带回点部包装之后才能确定支付费用，当场不能直接付费，或者说快递员想节省时间，计划把所有快件统一带回点部打包后再计算运费。此时快递员会让客户用支付宝或微信来完成支付，这种线上支付和延期支付大大减少了快递员收取快件的时间成本。

你看这个只有 100 块，没有微信，让他朋友转红包给我。这还好，有些客户如果硬要让你给他找钱，你有啥办法。微信、支付宝出来后，熟人加微信转红包，节省了我们不少时间。（张伟，快递员，20180725）

还是上面这位快递员，由于跟所在区域的不少客户很熟，所以在他不方便收取快件的时候，客户反而并不急着要把快件发出去，他有时间再去收即可。

> 有好多客户都和我成了好朋友，还有人待我像儿子，比如说明天我要休假，他就说那我后天再寄送。当然，也有不喜欢我的。（张伟，快递员，20180725）

对不少熟客来说，快递员可以将一些快递袋子提前放在客户那里，客户有寄送快件的需要就可以直接填好信息，将快件装进袋子里，等快递员过来简单核查后带走。这些工作小窍门是快递员们在长期收派快件中慢慢摸索出来的，随后大家之间相互交流分享，慢慢就成了快递员们之间的小秘密。

> 这是个生客户，单都填错了，花了一些时间。如果是熟人的话，会自己填写，我们也提前会给他们放一些单子。他们做好件后，给我发个信息，我直接过来拿上就走，不用等。（周亮，快递员，20180731）

正式服务合同规定快递员向客户正式收取快件，在实际操作中，快递员会力争节省每个环节上的时间，例如帮助客户下载软件、教客户自行填写快件信息、为客户讲解包装快件的技巧并允许客户选择线上支付，这么多环节看似琐碎，但是依次完成将会大幅降低快递员的劳动时间。正如快递员们所讲，一些熟人客户的帮忙代劳事实上在某种程度上减少了他们的劳动投入。

2. 逆向收取：客户前来点部寄快件

除正常收件外，还有一种情况是客户亲自到点部寄快件。这主要是由于客户寄件时间与快递员收件时间错位，客户是以桥东点部发往市中转站的运输车的时刻为准，因此若赶不上交予快递员，就会径直到快递点部寄件。本研究之所以将它称为逆向收取，是因为这些快件原本属于快递员上门服务，最后却变成了客户亲自到点部来寄。下面这位快递员给我们讲述了逆向收件的情况。

> 客户会踩点过来，这都是我之前跟客户说的。特别是客户要寄送一些生鲜物品，你1点钟过来正好赶得上1点半的那趟车，冰化得慢一些。如果你上午9点过来赶的也是1点半的车，那中间正好要等四个小时。快递员是上午派件，下午收件。他们6点回来就不收件了，所以那些客户就会到我前台这里寄件，快件就全部积压到我这里来了。如果是一个一个来还好，最麻烦的就是来一群人，你又不能让他们排队，怎么排呀？我又不能让别的快递员代劳，这是谁寄的件就记在谁的名下。（谈芳，快递员，20180723）

值得一提的是还有一种逆向收件情况，是快递员已经下班，但客户为了赶上当天的最晚一趟货车，会亲自赶到点部寄件。这种情况一般来说不是太多，不过，这些客户倒是对点部的发车时间相对熟悉。

3. 虚化收取：客户离场后的寄快件

虚化收取指的是客户不在场，而是直接将快件留在安全位置等快递员前来取件，这个位置一般是在公司的办公室。寄件人由于特殊情况不能一直等快递员过来收取，于是和快递员约好了放置地点，至于费用，则是等快递员带回点部统一打包计算后再告诉客户，客户选择微信或支付宝支付。这种虚化收件需要满足三个条件：一是快递物品相对来说不是太贵重，如果很贵重，则会避免这种虚化收取，毕竟快件破损或丢失后双方的责任归属一时难以界定；二是快递员与客户正好存在时间上的错位，二者是先到与后到的时间关系；三是快递员、客户对这个安全位置相对熟悉，这个位置的安全系数相比其他位置要高得多。

> 如果是生人，地点、人都不熟，我们还要帮他填单，填错了还要再改。关键就是要熟人。熟人，即使不在办公室，放在别人的办公室也可以拿，都是提前填好。（范成，快递员，20180723）

本书将它称为"虚化收取"，主要是想表明客户不在现场，而将快件放在安全位置。其实，除了公司办公室，住宅区、别墅区等也存在这种情况。客户一大早有事外出，但是快递员却还没有上班，或者说上班了也一时赶不过来，此时就会考虑将快件放在双方都知道的安全位置，快递员稍后会在派件的时候顺路过来收取快件。这种情形确实存在，但是建立在双方都是熟人且高度信任的基础上，否则很容易引发纠纷。

4. 代管收取：第三方协助收件

代管收件指的是客户将快件和快递费一并放在附近的便利店，客户由于特殊情况不能一直等到快递员出现，只好委托店主协助寄件。这种情况需要满足三个条件：一是快递物品的风险系数相对较低，贵重物品或文件采用这种收件方式很容易引发服务纠纷；二是客户居住地附近正好有便利店，而且店主也愿意帮忙；三是快递员、客户和便利店店主之间都是熟人关系，否则店主也不会协助快递员收取快件。

有些客户一早要出门，但我还没有上班，他们就直接把钱放在信封里，25块，留一张纸条，说多出的几块钱就不用找了，弄个盒子包一下。假如快件是到付，我们给他打完点后将件摆放在门口，客户稍后转红包给我。如果是机动快递员就不敢这样做，他就要给我打电话，我跟他讲没关系，可以这样做，随后将钱转给机动快递员。有一个老板是月结支付，每次寄件就是几十块钱。等到十天半个月的时候，我就对这个老板说，老板啊，这段时间的费用能不能帮结算一下？他一个红包立马就把费用给我全部转过来了。（张伟，快递员，20180725）

与代管派送快件类似，这种代管收件，便利店店主至多是给快递员提供一个放快件的位置，并不负责保管快件，如果快件丢失了也和他无关，他只是为双方交易搭把手而已。这种代管收件的情形确实存在，不过相对不是太多。

5. 托管收取：第三方合作收件

与代管收件不同，托管收件采取的是正式合作，例如与速安快递公司合作的菜鸟驿站就要全面负责客户快件的安全，因为它要从中提取一部分利润。这种收件类型的安全性要高很多，只是快递员从每个快件中的获益要少一些。此外，菜鸟驿站承接了很多快递公司的业务，如果客户没有专门说明要速安快递公司，菜鸟驿站就会选择其他快递公司收取，这样提成会稍高一些。

我一天有四五十个件放在菜鸟驿站，碧桂园高层的居民可以到这里拿他们的快件。如果有客户来这里寄快件，这个驿站一般不推荐速安，寄送一个速安快件，他们只有2块钱的提成，而其他快递公司的有 5 块、8 块甚至 10 块的提成。派件不赚钱，派一个件只有 5 毛钱，关键是收件。（张伟，快递员，20180731）

当然，托管收件的类型除了和菜鸟驿站的正式合作外，还有与便利店的非正式合作，这是建立在快递员与店主高度信任的基础之上。无论是正式合作还是非正式合作，双方事先约定好收取快件后的利润分配，这样即使存在快递员与客户的时间错位，快递员也可以收取快件。

在这里，我们可以就快件派送与快件收取做一个简单比较，从中就可以察觉到同样都是服务合同约束软化，但软化的方面与维度却各有不同。对于派送快件来说，为了提高派送时效，在正式派送外，快递员发展出逆向派送、虚化派送、托管派送和代管派送，这些派送模式极大地化解了客户相对分散与不确定在场的现实困境。对于收取快件来说，在正式收取过程中，快递员通过培养客户的寄件习惯适当地将一部分劳动投入委托给客户来完成，而另外四种收取快件模式也化解了客户不确定在场的困境。

第三节　风险规避：正式规则与意外后果

与派送快件相似，快递员在收取客户快件的过程中同样会面临各种风险，稍有不慎就会被客户投诉，这些风险主要在服务规范和服务质量方面。不过，任何事情都有两面性，正式制度在规范快递员收件行为的同时也在保护快递员的权益。快递员既不是被制度完全约束的，也不能违反制度随意操作，而是自由穿梭于制度约束当中。

一　服务规范：制度及其意外结果

快递员在收取客户快件时确实有服务规范要求，例如实名认证和开箱查验都是邮政管理局和快递公司着力推进的重要规定。两项规定都是为了在核查快递人和快件信息的基础上将两者有效绑定，目的是防范不法分子利用快递从事违法犯罪行为。但是由于客户情况各异，在制度执行中产生了各种结果。

1. 被部分客户消极抵制的实名认证

实名认证这项制度是为了防范个别客户借快递来从事一些违法犯罪活动，一旦发生不法事件，将给公司、快递员、客户乃至社会造成不良影响。实名认证倒是可以有效防范这种风险，即使发生了，公安机关也可以根据这条线索来锁定当事人。这项规定在实际执行中得到了很多客户的理解与支持，但是也存在一些例外情况。

不少快递员跟笔者讲过他们面对各类客户进行实名认证遭遇的各种情形。

在推行实名认证的过程中，快递员根据客户的实际反应来灵活应对：对于不知情的客户，快递员要做好充分的沟通和解释，特别是面对生客户时更要花时间说明这项制度的必要性；对于嫌麻烦的客户，快递员要晓之以理、动之以情，提醒实名认证对客户的重要性；对于不配合的客户，快递员甚至可以拒收快件。

实名认证制作为邮政管理局推行的一项正式制度，确实发挥着重要作用。然而，这项制度在落实中若稍有不当，还是会引起一些意外的后果，下面是我在本次调研中发现的三种情况。

第一，有被客户投诉的风险。实名认证在具体执行中会给客户带来一些麻烦，比如有些客户忘记带身份证或带了也不愿意出示，快递员在与客户的沟通中如果言语稍有不当，很可能会被客户投诉，这的确是一种无形风险。这种投诉在读者看来匪夷所思，但是只要想起快递员有时面无表情就会被客户投诉，我们就能体察到快递员在收取快件时的紧张与小心。

> 客户过来寄快件，没带身份证，我说要实名认证才能寄件。他说，我跑那么远，都没有让业务员上门取件。我没有收他的件，他投诉我服务态度不好，这个投诉就会成立，但是他不能投诉我照章办事。（谈芳，快递员，20180723）

这位快递员的担心并不是无中生有，这种投诉不能说是快递员服务不到位，而是双方在这项规定上的认知错位使客户误以为快递员在为难自己。客户只要用一个服务态度不周的理由投诉，就会让快递员处于被动地位。

第二，带来熟人关系陌生化的尴尬。实名认证是按照正式制度来约束双方，对熟人来说容易给对方一种多此一举的感觉。特别是快递员和客户已经是熟人关系，忽然某次收取快件时，快递员要求对方出示证件，虽然给对方一种公事公办的感觉，但似乎不近人情。当然，这种情况在快递员的掌控范围内，还不至于引起比较大的麻烦。

> 但是查验身份证还是有些麻烦，要花时间嘛。有些客户是熟客了，每次都来我这里寄，突然有一些规定要验身份证，我都不好意思向别人开口，现在都这么熟了，还要查看

别人的身份证。（周亮，快递员，20180731）

　　这个保安我已经很熟了，我经常往这边跑。今天保安寄货，非常熟，还是得用身份证。他说，我们上班的时候不能带身份证，那就报号码吧。有些熟人寄速安，要查验身份证，就说还用查身份证，速安规矩太严。和这些客户这么熟，都搞得不好意思了。实名认证也让我丢了一部分客户。不过，速安现在开发了一个软件，只要客户出示一次身份证，就保留记录了，以后他就不用再出示身份证了。（张伟，快递员，20180725）

快递员在长期为客户收派快件的过程中逐渐与一些客户熟悉，却忽然有一天要核查对方身份，对双方来说都显得有些生分。此时，快递员一定要向客户做好沟通解释工作。不少熟人客户会很快理解快递员的职责，并予以积极配合。

　　第三，有丢失客户的风险。实名认证是快递业推行的制度，速安快递公司作为行业标杆，对快递员在这方面的要求很严格。因此，在执行过程中，这种制度无形中会给客户带来麻烦，进而使部分客户选择其他快递公司寄送快件。

　　客户来寄快件，真的没带（身份证），你让他回去拿耽误时间。现在快递行业竞争这么激烈，你强制，客户就去其他公司寄送快件了。不过，总的来说，这个对快递企业有保护。（贺齐志，快递员，20180728）

实名认证之所以会有丢失客户的风险，缘于一部分客户对个人隐私权的过分重视。反过来看，客户重视隐私权也无可厚非。

问题是这种制度的落实不仅需要快递公司遵守，还需要让这种制度慢慢深入人心，更重要的是，快递公司能约束自己的快递员，保护客户隐私不至于外泄出去。

> 身份证实名查验去年就开始实施了，刚开始有一些客户不愿意给我们看，他觉着你有什么权力查看我的身份证。有一些客户开始不理解，寄个快件还要看身份证。我记得上次在车管所收一个快件，这个客户估计是一个领导，我跟他说寄快件需要查看身份证。他说，谁赋予了你的权力来查我的身份证？我说《邮政法》上有规定呀。他说，那你把文件给我拿出来我看一看。我手头哪有带文件，后来这个快件我就没有寄成。这个客户可能想着你们速安要查验，其他快递公司不查验那就寄其他公司。他哪里知道我这边查，其他快递公司就不查了吗？过了段时间，他们部门又要寄快件，还是我过去了，因为这个区域就是我负责的嘛，我依然要查看身份证，他还是没有给，最后也没有寄成。（周亮，快递员，20180731）

实名认证作为邮政管理局出台的一项正式规定，在实际操作中却容易给客户和快递员带来一些麻烦，如果双方沟通不畅，很容易因为实名认证而产生服务纠纷。此时，快递员不仅要向客户耐心解释，还需要得到客户的理解与支持。相对其他快递公司来说，速安快递公司在实名认证方面落实得比较到位。

2. "添麻烦"的开箱查验

与实名认证相似，开箱查验作为一项正式规定，尽管出发点是好的，但是在具体执行中如果处置不当，也会给快递员和客户带来少许麻烦。接下来，我们将介绍开箱查验在具体落实中的风险。

第一，快递物品稍显敏感，开箱查验让双方彼此尴尬。快递员每天会收到各种类型的快件，当然也会收到一些带有社会敏感性的快件，快递员当着客户的面开箱查验会让双方感到尴尬。下面这位快递员给我介绍的就是这样的事例。

> 有些老板要寄情趣用品，我们要开箱验货，那多不好意思。男老板开玩笑倒没关系，女的就很不好意思了。有些老板因为要开箱验货后来就不考虑寄速安了，其实这也流失了一些客户。还有寄炒客的，这些人将明星用品寄给粉丝，包包、衣服和鞋，有一双鞋居然从1000块炒到8000块，他们寄的时候直接说我要保价。还有寄神油的，80多块钱进的货，卖300多块，拿出一部分利润寄速安，他们寄这些东西的时候都不计较费用。（张伟，快递员，20180725）

除上面这种敏感性快件外，还有一种情况就是客户已经打包，打开查验后再包装就显得很麻烦。此时，客户会以为快递员怀疑自己的人品，处置稍有不当就会产生服务纠纷。

第二，快递包裹完整，开箱查验使快件包装破损。与实名认证相似，快递员如果正好遇上已经包裹好的快件，而此时为了落实公司规定，执意要开箱查验，沟通不畅就会被客户认为是在找茬儿。一项好的规定在执行中不仅没有得到对方的支持，反而带来不少意料之外的后果，在快递行业竞争日益激烈的今天，客户此时很可能选择其他快递公司寄送。

> 早上有一个来寄快件的，他在写单，我让他出示身份

证。我担心他没有身份证，写好单后就一定要让我们寄，所以就让他先出示身份证。他很生气地说："我又不是不给你看。"后来打包的时候，我要查验，估计是茶叶，外面有包装，他不让拆，在包装的时候有一部分露在外面。我说那还是包吧，他说不让包，如果损坏也不会让我赔。我说："那你跟我签一个协议书。"他说："又没破损，我为什么要签协议书？"后来气呼呼地就走了。如果这位客户投诉我，就会扣我的行政分，一年扣个20分，我就要走人。（谈芳，快递员，20180719）

开箱查验固然遵守了公司规定，但是会在无形中为客户增添麻烦，可是不查验又违反了规定。特别是若接收了违禁物品，一旦后来核查出来，将会给个人和公司带来巨大的经济损失。

综上，开箱查验在现实操作中会带来一些麻烦。此时快递员会在遵守公司制度和原则的前提下做一定程度的变通，比如说快递货物本身就带有包装，开箱就会破坏原包装，那么快递员做一些初步检查后就会收取快件。

二 服务质量：安全与快速

快递员收取客户快件时一定要保证安全和快速。"安全"指的是快件不能丢失、破损。一般来说收快件丢失的可能性很小，而主要是在收取快件后快件一定不能破损。"快速"指的是快递员要尽快赶到现场来取件。

1. 快件不能破损：规范快件包裹

快递员在包裹快件前需要接受系统的培训。包裹快件一定要认真、仔细和专业。速安快递公司的包装材料有纸箱、塑料袋、气泡膜和透明胶带等。纸箱分不同型号，在纸箱内用气泡膜加固以保证内部没有空隙。下面这位快递员在中通快递做过，上培训课时就是包裹鸡蛋，随后盒子摔在地上用脚踩，踩不破才算过关。

> 这个吉他是不好包裹的，要费时，一个要二三十分钟。这个要算体积，其实也不贵的，省内1公斤就是2元钱。它这个做了报价，1000元，按5‰的保费来算是5块钱。包裹要正规，如果出现破损，发现是我包裹得不到位，那就是我的责任。如果包裹到位，出现破损那就不是我的责任。包裹流程都是有培训课程的，如果有丢失的话，那要按照这个吉他的真实价格来赔付，如果破损也可以修补的嘛。我以前在中通做快递员的时候，培训课程是用一个盒子包裹一个鸡蛋，包好之后，往地上摔，随后用脚踩，看鸡蛋有没有破。我们就是用这种方法来培训怎么包裹快件的。（刘文瑞，快递员，20180719）

不同物品的包裹难度和耗费时间并不相同，容易破损的快件需要耗费更长的时间，且包裹难度相对较大，例如乐器、电脑等容易破损的物品，需要快递员认真仔细地包裹。

> 最麻烦的是寄乐器和电脑，不好包装还容易破损。我们没有寄乐器的包装盒，需要用现有的箱子改装，这就需要花时间。上次城市学院的一个学生要寄一把吉他到武威维修，我的同事寄送过两次，有一次寄的是一把二胡。（黄敏，快

递员，20180720）

在包裹快件的过程中，一些容易破损的快件，快递员是可以拒收的，因为一旦破损就会被客户投诉，这在某种程度上何尝不是快递员巧妙避责的办法。而下面这位快递员就曾拒绝点部主管的善意提醒。

> 速安服务要学会揽责。有一个学生在网上买了一个吉他，收件的时候也没有认真查验，后来发现吉他破了。他就找到我想寄过去，卖方不承认是他们的货物出了问题，而是说运输过程中被损坏的。这个学生就说："那我把它寄过去，你给我维修总可以了吧？"我拿到这个件回到点部，主管知道后不让我寄，说这有风险。我觉着如果速安都不寄，那么就没有快递公司给寄了。后来我包装花了一个多小时。现在很多快递公司都在避免责任，但是我觉得速安就得有那么点儿人情味，我相信速安的服务依然有优势。（张海洋，快递员，20180721）

快件不能破损，每一位快递员为了保证快件在运输和分拣过程中完好如初，会过度包装，将破损风险降低到最小。

2. 信息不能有错误：反复核查无误

寄件客户的信息一定要确保无误，否则会给快递员带来相应的麻烦。一些认真的快递员会在当天认真核查每个寄件客户的信息，确保万无一失。这种核查寄件人信息的时间成本也算在收取快件的成本中，因此快递员每天的工作时间会比较长。

> 我有强迫症，每次回到点部打包，我总要比别人晚半个

到一个小时才能回家。我会反复检查今天收到的单子，根据打印机打出的单子仔细比对号码，生怕出一点儿错误。我如果以后不在速安做快递员了，就再也不会做了。做速安的机动快递员会非常累，比如说我们是 5 个人一个小组，再加 1 个机动师傅，如果他们每个人对自己的区域熟悉要一个月的话，那我要花费五个月的时间来熟悉五个不同的区域。（刘文瑞，快递员，20180727）

这种情况因人而异。对于老练的快递员来说，当他慢慢熟悉自己区域的客户后，核查寄件人信息花费的时间成本自然会降下来。但是对新手来说，这部分成本始终是要耗费的。

3. 快件派送不能延迟：化被动为主动

与送快件不同，尽管寄件客户有很大的不确定性，但是正如快递员所讲，不确定的寄件往往来自生人客户。对熟人客户来说，快递员会采取三种办法使自己化被动为主动。

第一种是每天在出发前借助微信群提前询问寄件客户的需求。快递员会及时统计群里寄件客户的相关信息，然后根据当天的派件计划来安排收件与派件。移动互联网在一定程度上为快递员收派快件提供了便利。在这个意义上，我们当然也可以说快递员为了降低收派成本，利用了一切可能的条件。

这种为熟人客户建立微信群的方式大大提高了快递员对两类客户安排的能力，这种分类使快递员们在最短时间内为自己辖区内的收派快件业务建立起了一种秩序感。

第二种是在派件的路上顺便询问他熟悉的客户是否有快件要寄送。这不仅是为了提醒客户，更是为了防止错过客户后又得重新折返回来收取快件。路过安湘监管机构时，周师傅打电话主动询问老客户要不要寄快件。

> 以前就出现过这种情况，走过了人家要寄。现在主动问客户，对方还觉着你很重视他。新手是考虑不到的，每天那么多的快件都派不完，怎么可能会想到。（周亮，快递员，20180719）

这种主动询问客户的做法，不仅让快递员避免来回折返，节省路上时间，更重要的是给客户一种被尊重和被关心的感觉，无形中还会拉近彼此的人际距离。

第三种是站在客户的角度换位思考，引导客户改变想法。当客户想寄件但快递员又觉着不合适的话，直接拒绝很可能被客户投诉，直接去收取又会给自己增添麻烦，此时快递员会尝试与客户沟通来适当改变他的想法。

> 和客户打交道要学会换位思考，既要站在客户的角度去想，也要引导客户知道我们怎么去想，特别是当我们做了一件事后客户非常不理解，这个时候尤其要引导好客户。（路威，快递员，20180730）

上述事例正好体现了快递员化被动收件为主动收件的服务理念。客户寄件随机性很强，但是快递点部有制度化的工作日程和节奏安排，此时快递员如果将点部的节奏与客户的寄件想法放在一起告诉客户，让客户自己做决定，这在某种意义上就是在引导客户改变寄件的时间。这种换位思考在实际操作中显得尤为重要。也正是在这个层面上，本研究指出，快递员绝对不是收派快递这么简单，还牵涉人际交往、沟通协商和组织领导等各个方面的能力。

综上所述，快件不能破损，意味着快递员不仅要规范地包裹快件，而且在接收快件之前就要对快件破损的风险系数进行有效评估，因此我们不难理解为什么容易破损的快件容易遭拒。快件信息不能错误，意味着快递员要花费更多的时间来核查信息，这在无形中会提高寄送成本。快件不能延误，并不意味着客户一旦有需求，快递员就要在第一时间赶过去，而是将客户需求纳入自己乃至点部的工作节奏安排中，不仅主动出击询问客户，而且在不利条件下化被动为主动，通过换位思考来说服客户改变寄件的想法。

三　作为"护身符"的正式制度

实名认证、开箱查验这些规定在实际执行中看似给客户增添了麻烦，提高了快递员的劳动时间成本，甚至还给快递员带来一些精神压力，然而，这些规定在规范快递员收派快件服务的同时，也为保护他们提供了重要依据。进而言之，快递员在通晓这些规定后，在收取快件遇到麻烦时就可以将它们作为一道护身符，这样既能有效化解个别客户的纠缠，又能降低他们投诉带来的风险。

1. 拒绝收取违禁快件

快递员面对违禁快件，会根据正式规定选择拒收。拒收快件尽管可能会被客户投诉，但是依照规定拒收可以很好地保护快递员。退一步讲，如果客户硬要寄件，实名认证这个规定至少可以保证在发生风险后公安机关可以立即找到当事人。

快递实名认证有好处，违禁品一定不能寄，枪管、道具、粉末，我们快递员无法识别出来就不收，有了实名认证我们就好追查快件的来源。一般熟悉的客户我们就不怎么看，生客户一定要看。我们有巴枪，扫描熟人的身份证后可以保存记录。还有的情况是一些熟人在我这边寄送的多了，报过几次他的身份证号码，我都记住了对方的号码。（谈芳，快递员，20180729）

违禁物品是邮政管理局和快递公司明文规定禁止收取的，快递员根据规定拒绝接收，于情、于理、于法都很正当，这样既避免了被客户投诉，又降低了收取违禁快件的风险。

2. 拒绝收取不明快件

快递员面对不明快件，为了降低寄件风险，也会坚持开箱，查验是否属于违禁物品。开箱查验作为邮政管理局推行的重要规定，给快递员提供了一个重要依据，这同样也降低了快递员的收件风险。如果客户坚持不让开箱查验，快递员可以选择拒收。

不明快件意味着这个物品超出了快递员的识别能力。此时，快递员既可以通过开箱查验来确认它是否属于违禁物品，也可以因客户不予配合而拒收快件。

3. 摆脱无理难缠的客户

快递员面对难缠而无理的客户，会将正式制度作为一道"护身符"来降低风险。快递员在日常收派快件的过程中会遭遇形形色色的客户，特别是斤斤计较的客户，不仅耽误工时，而且若沟通不善容易被投诉。

好客户，他寄快件即使非常着急，也不会催你过来拿，

不过我看到他有快件都会第一时间过来取。计较客户，就
是那种对小事斤斤计较的那种，你过来迟一些儿的话，他
会先训你一顿，我看到信息也不回复他，你看我现在过来
打电话他又不在这里。我跟他都已经是熟人了，你还用那
些规章制度来约束我，那我也用规章制度来说话。（张伟，
快递员，20180731）

对那些不讲道理或斤斤计较的客户，一些快递员会根据一些
正式制度予以拒绝。在快递员眼中，客户其实也分为不同类型。
鉴于怕被客户投诉产生的工作压力，对那些难缠的客户，用正式
规定将其拒绝也是不得已的办法。

速安快递公司为每一位快递员配置的巴枪有保存客户信息的
功能，只要操作一次，以后就免掉实名认证环节，这既减少了客
户的麻烦，又降低了派送的时间成本。正式制度固然会增加快递
员的劳动时间，但是在一定程度上也转化为保护快递员的重要依
据。正式规则并非只是纸面上的文字，快递员可以合理地用制度来
保护自己。如果将这个论题讲得更宽泛一些，制度与人的关系并非
彼此冲突，人有时反而能既受制度约束，又能巧妙借助制度。

第四节　收取快件与熟人关系

客户相对分散与不确定在场同样是快递员在收取快件时面临
的两个现实困境。送快件只要将快件交给客户或放到指定位置即
可，而收快件则包括核查寄件人身份、判断寄件物品的性质、填
写快件信息、包裹快件、计算运费和收取费用等一系列环节，每

个环节都会占用一部分时间。虽然收派快件都强调快速和安全，但具体来说，送快件更侧重于快速，并兼顾安全；而收快件则更侧重于安全，并兼顾快速。在实际调查中，快递员收取不同类型快件花费的时间并不一样，如果每个快件都需要快递员根据上述环节走一遍，结果会花费不少时间。快件收取包括两个环节：第一个环节是快递公司为快递员制定收快件的正式制度，包括区域分配、识别快件与规范包装，快递员默许区域划分并在必要情况下互相帮助收取快件；第二个环节是快递员和客户的人际关系，快递员在路上发展出常规路径、例外路径和循环路径，在收取快件上同样发展出正式收取、逆向收取、虚化收取、代管收取和托管收取五种模式。与送快件不同，快递员与客户建立的熟人关系通过软化正式收取的诸多环节（由客户帮忙填单、打包以及在线支付）来大幅降低收快件的时间成本。

快递员收取客户快件背后隐藏的是快递员和客户日积月累形成的熟人关系。快递员在固定区域内给客户送快件，在长期交往中慢慢形成了一种熟人关系，这种熟人关系不仅是软化服务合同的催化剂，而且能有效降低交易风险。熟人关系中蕴含的社会道德规范、彼此间的权利义务和社会角色期待，与陌生人关系大有不同。既然是熟人关系，那么就可以提前在客户那里放好单据，告诉客户填写时的注意事项。如果是长期合作的客户，还可以教给客户一些包裹技巧，这些在一定程度上都可以减少快递员的时间成本。此外，既然是熟人，彼此就可以通过微信支付来解决不能线下付款的麻烦。此外，在派送路径上，如果是熟人，快递员可以与客户沟通协商，约好下一次收快件的时间。但熟人关系也会带来麻烦，在实名认证时，既然是熟人，如果还要实名认证，就会显得见外。在开箱查验时，一些敏感物品就会让客户和快递员都感到有些难堪。换言之，在自己所辖区域内，建立熟人关系的客户越多，快递员就越可能降低收取快件的时间成本，也越可能减少收取快件的风险。熟人关系是如何产生的？快递员平时又是如何维持并强化这种关系的？假如出现了服务纠纷，双方又该如何处理？下一章将介绍快递员与客户的熟人关系。

第七章

重新发现熟人关系

在调查前，我印象中的速安快递公司都是派快递员上门服务。可是在调查中，一部分快件却是放在门卫、物业和便利店等处。这让我颇感困惑：这种软化服务合同的情形是如何发生的？假如客户坚决反对，按照规定，快递员也不敢轻易软化合同，毕竟被客户投诉还是很严重的。因此，我们需要弄明白的是，这种软化是如何产生的，又是如何长期存在的？在调查开始不久，"熟人"是快递员们向我反复提及的一个关键词。我刚开始没有将"熟人"和快递员联系到一起，因为这个词对我们来说实在是太稀松平常了。然而，在跟着他们走街串巷中，我看到快递员们纷纷向客户打招呼、开玩笑，天气热的时候还捎带个西瓜给客户吃，稍事休息时还给递个香烟什么的，我才猛然发觉熟人关系可能是破解快递"最后一公里"难题的一把钥匙。那么，熟人关系对快递员来说意味着什么？他们是如何建立这种关系的，又是如何维持和强化的？第五和第六两章分别从送快件和收快件两方面介绍了熟人关系的重要性，接下来，本章以熟人关系为突破口，讨论熟人关系的建立、维持及强化，随后再来探讨熟人关系与正式合同之间的不同关系类型，最后讨论由熟人关系拓展出来的关于社会学研究的本土化论题。

这里仅以快件派送为例。根据快递公司的正式规定，快递员必须将快件交到客户手中，客户面签后才算完成。然而，这种规定落实的前提是客户相对集中与客户确定在场这两个理想条件都具备。问题是同时满足两个条件其实很难，客户相对分散且不确定在场才是现实情形。换言之，快递员如果严格遵照公司规定，每天就很难完成任务。这不仅会提高客户投诉的风险，而且会延误整个点部的工作进程，更严重的是会让收入大幅缩水。正是公司制度与现实条件的不完备，迫使快递员通过区分不同类型的客户来选择软化服务合同，区分的标准就在于彼此是否为熟人关系。如果是熟人，就可以适当软化合同，采用逆向派送、虚化派送、代管派送和托管派送等多种方式。然而，服务合同软化毕竟是一把双刃剑，既提高了派送时效，却也提高了风险的发生概率。没有面签的快件会有丢失、破损和客户恶意讹诈的风险，一旦发生，快递员必须赶在客户投诉之前通过私下协商来化解。对客户来说，得到必要的经济赔偿再加上快递员的诚心道歉，再往下追究于情于理就不合时宜；对快递员来说，工作失误自然不能免责，及时化解倒是将风险降到了最低。快递员与客户建立熟人关系后，彼此不再是冷冰冰的权责明确的合同关系，而是蕴含着脉脉人情的熟人关系。

熟人关系中蕴含的人情、关系和面子对每个中国人来说并不陌生，然而从熟人角度来看待服务合同约束软化，却为社会学介入快递行业提供了一个不错的切入点。当然，由熟人关系引发的关系研究是当前中国社会学者讨论的焦点话题，每个人根据与自己关系的亲疏远近将周围的人分为家人、自己人、熟人和生人等，通过给对方定位来确定彼此交往的方式、分享信息和交换社会资源。在正式讨论之前，我们有必要介绍一下当前关系话题研究的学术脉络，为本研究找到一个恰当的学术对话点。①

---

① 围绕"关系"的研究文献很多，除了社会学探讨，还有哲学和文化研究的讨论。本研究的重点是熟人关系如何软化服务合同，因此不可能囊括所有与"关系"有关的文献。

第一节 关系研究的分歧与融合

围绕中国人关系论题的社会学研究，可能是当代中国社会学领域最有争议、最有潜力和最重要的议题。三个"最"沿着两条不同的研究进路徐徐展开。本书沿用学界通行做法，将其界定为关系社会学研究和关系的本土研究。① 最有争议是指两条进路都声称在探讨关系，但彼此的研究立场、方法论和研究策略均有差别；最有潜力指的是，如果我们能在两条进路间找到一个合适的联结点，那么围绕关系的思考就能为中国社会学研究开出一条新路子；最重要指的是，无论是传统中国社会还是当代中国现实生活，关系涉及中国人生活的方方面面，对关系的深度思考是探讨中国社会及中国人的重要维度。接下来，本节将在简单梳理两条进路的基础上，分别介绍其各自的优势与不足，随后提出本研究的分析视角和研究立场。

中国学者对中国人关系的探索很早就开始了，按时间早晚划分，大体上分为早期和晚期两个阶段。早期的社会学家们，在中西方文化比较的基础上立足于中国经典文本，发展出一系列原创性的学术概念和理论观点，例如潘光旦先生对伦理的社会学进行考察（潘光旦，2010），梁漱溟先生提出的伦理本位为后人提供了一个关注中国人的重要分析视角（梁漱溟，2011），费孝通先

---

① 除这两种进路外，还有一些研究者直接用社会资本理论分析关系现象，看似积累了成果，但无益于中国学术的发展。这种研究套路是上述两种进路极力批判的。

生在对照西方团体格局概念基础上提出的差序格局引发了广泛讨论（费孝通，1998）。这些学人以及原创的新观点至今看来依然闪烁着思想的光芒，是我们当代学者研究中国人关系论题时的重要知识宝库。晚期的社会学者是以 20 世纪七八十年代我国港台地区的一批从事社会心理学研究的学者为主，他们围绕关系、人情与面子展开了社会学、心理学本土化的讨论。例如对关系类型的三种区分，为我们揭示了中国人与不同人打交道的策略与原则（黄光国，2006）；还有人指出，中国人的关系网是一种由以自我为中心的网络建构的社会工程（金耀基，2002）；杨国枢将中国人的社会取向分为家族取向、关系取向、权威取向和他人取向（杨国枢，2004）。后来学者对关系论题的讨论绕不开上述两批社会学家的学术贡献。当然，相关研究彼此之间既有共识也有交锋，但都成为后来社会学者关注中国人关系论题的知识宝库。

一 关系社会学①研究：本土知识与国际概念的衔接点

关系社会学研究是在社会网络分析与社会资本研究的基础上衍生出来的，是从广义的社会关系角度来理解和解释社会现象。社会网络分析与社会资本研究从 20 世纪六七十年代起步，至今已成为社会学领域最有影响力的论题之一，华人学者林南教授是该领域的代表性人物（林南，2005）。这批学者既熟悉中国文化，又受过严格的学术训练，在本土关怀与国际比较中寻求恰当的衔

---

① 关系社会学在中国社会学发展中占据重要地位：第一，关系社会学是把握中国社会现实及其变动的重要学术方法；第二，关系社会学是推进中国社会学学科建设的重要突破口；第三，关系社会学将是我们开展和加强国际学术交流的新渠道（边燕杰，2010：2）。

接点。关系社会学有理论目标和学科目标：理论目标是用抽象的概念来叙述和分析关系现象；学科目标是力争让中国关系社会学的概念和理论得到其他社会学分支学科包括国际社会学学者的承认（边燕杰、杨洋，2018：15）。以关系社会学研究为着眼点，接下来我们准备从五个方面来介绍当前的进展。

一是明确关系社会学的方法论立场。从理论层面来看，关系社会学的理论出发点是利益诉求的行动个体既不是个人主义理论所假定的相互间独立，也不是集体主义理论假定的被集体硬性包揽，而是在伦理本位和关系导向的文化中"画圈子"：最外层是熟与不熟，中间层是亲与不亲，核心层是既熟又亲，还有义利一致的信任。从方法论层面看，关系社会学是分析中国社会和其他所有社会行为模式的方法论（边燕杰，2010：2）。这个方法论定位显然与个人主义和集体主义相区别，这意味着关系社会学将在整合以往研究立论的基础上开拓出一条新的解释思路。[①]

二是总结关系社会学的理论基础。边燕杰教授回顾了三种有关"关系"性质研究的理论模型，分别是作为家庭义务延伸的网络、作为特殊工具性纽带的交换网络和作为非对称性交易的社会交换网络，随后从关系交往的基础、关系资本的产生和形式、关系资本积累的策略以及运用关系网络动员社会资源的能力等方面给出了不同解释（边燕杰，2004）。

三是对关系社会学的关键概念进行操作化测量。在讨论中国

[①]　这个属于一般方法论讨论，近年来围绕社会资本与地位获得关系的讨论涉及社会资本中的同质性原理以及"使用关系"加载过程中可能存在的自我选择性问题（吕涛，2014）。

居民的社会网络与社会资本时，边燕杰教授运用"熟、亲、信"三维关系做了不少推进，其中有餐饮网（边燕杰，2004）和企业脱生网（边燕杰，2006）。他还将社会资本分为个体和集体两个层次，并提出具体的测量指标（赵延东、罗家德，2005）。他对社会网络资源与社会资本的区分深化了社会资本的内涵（刘林平，2006），并运用社会网络规模、网顶、网差和网络构成来测量个人层面的社会资本（边燕杰，2004）。关系社会学在概念操作上的推进使关系研究有了经验基础。

四是探讨影响中国人关系网络的关键因素。用阶层分析视角来研究社会网络，丰富了人们对关系社会学的理解。例如有研究者探讨阶层地位对城市居民社会网络构成的影响（张文宏，2005）、不同阶层的城市居民的社会资本差异（边燕杰，2004），比较中国城市居民社会网络中的阶层差异（张文宏，2005）等。

五是探讨中国人的关系网络对其他领域的不同影响。例如关于社会网络与求职的研究积累了不少文献（边燕杰、张文宏，2001；刘林平、张春泥，2007；吕涛，2014），还涉及社会资本与村民政治参与的关系（胡荣，2005）和关系网络对社会信任的影响（胡荣、李静雅，2006）。此外，为弥补对社会资本及其效应的静态分析的局限，有人通过关注社会资本的动态本质，提出社会资本的累积效应（边燕杰、孙宇、李颖辉，2018）。关系社会学研究建立在社会网络分析和社会资本研究的基础之上，在经验领域积累了丰富的研究成果。[1]

_____

[1] 张文宏教授全面、系统地综述了中国社会网络与社会资本研究的主要进展，是我们关注该领域的重要指南。详见张文宏（2011a，2011b）。

不可否认，当前不少研究还停留在运用现有学术概念、测量工具和理论框架来研究中国经验的阶段。关系社会学研究的代表人物边燕杰教授希望以关系社会学为突破口，探索和推动中国社会学理念、学科方向和社会学的中国学术流派的形成与发展。然而，正如有学者指出的，关系与社会资本概念的交叉性很容易使普适性理论概念遮蔽特殊性本土知识，为此边燕杰教授提出了一套社会学本土知识国际概念化的分析策略。在《论社会学本土知识的国际概念化》中，边燕杰教授以"关系"为题倡导本土知识的国际概念化。他将自己的研究工作概述为："将不同地域、不同时间、不同文化、不同结构条件下的本土知识进行概念化，形成跨越时空、文化和结构等边界的抽象的、一般的理论知识。"（边燕杰，2017：2）这项工作分两个步骤：第一步是识别本土知识，"就是关于研究对象的文化特殊性本质及其行为含义、行为表现的知识"（边燕杰，2017：5）；第二步尝试运用知识编码化将本土知识上升为国际概念，这样做既能保护本土知识的文化特殊性，又能建立起跨文化的同一性概念。在知识编码化方面，要经历地方编码、国内编码和国际编码三个不同的阶段。"地方编码的本土知识强调了较小地域的文化特殊性，具有地方意义；国内编码的本土知识强调了以民族国家为边界的文化一般性、综合性，具有全国意义；而国际编码的本土知识超出了国界，强调了本土知识的跨文化的一般性和综合性本质，具有国际意义。"（边燕杰，2017：6）他采取三种策略将地方编码上升为国际编码，即"接受国际概念、丰富其理论内涵、增加其变量的文化差异性。采取这些策略的前提是社会资本已经成为广泛接受、颇具共识的国际流行概念了。在某些领域或某个议题上，全新的本土化概念也可以逐步成为国际概念，只要该概念能揭示跨文化、跨边界的一般性本质特征"（边燕杰，2017：6）。换言之，地方社会形成的概念如果要上升到国际一般概念，需要在编码系统上予以准确定位。这种做法既能观照到本土概念的地方性，也能看到它与其他地区（国际）概念的逻辑关联，这必将推动社会学理论的发展。

关系社会学的出现，在中国本土知识中的"关系"概念和国际知识中的"社会资本"概念之间搭建起沟通的桥梁。既然像"关系"这种本土概念都可以寻求与国际学术对话，那么其他本土概念同样可以。然而，正如代表人物边燕杰教授所言，当前关系社会学研究运用的分析工具偏重于分析社会关系网络的结构特征，没有反映中国文化的深层含义，这牵涉理论概念普适性和文化含义本土性的矛盾（边燕杰，2010：3）。作为中国本土资源的"关系"其实更像是一个万花筒，从关系社会学立场出发可能只是在它的一个面向上深挖细耕。因此，我们接下来的研究工作需要从多角度和多层面来观察"关系"，甚至将其划分为不同的类型，而不同研究立场不过是在某一种层面或从某一角度来研究。

二　关系的本土研究：由内而外的研究进路

与关系社会学的研究进路不同，关系的本土研究以国内学者翟学伟、周飞舟等为代表。这批学者立足于中国本土文化资源，在借鉴儒学经典文本的基础上运用社会科学研究的手法深耕细作，发展出一套别具一格的研究思路。目前发表的研究成果颇具气象，是当前关系本土研究的最高水准。接下来，笔者尝试从五个方面介绍当前关系本土研究的具体进展。

第一，反对用西方现有的概念、理论来直接套用关系现象。这可以细分为三点。首先，认为关系不等同于社会资本，关系研究的基础是家庭本位的社会，社会资本研究的基础是公民社会，二者在个体选择性、成员资格、公私利益、参与性等方面各有差异（翟学伟，2009a）。周飞舟认为，将关系看作一种社会资本，关注它作为人际交往可资利用的投资工具，而忽视了关系的人格化与伦理性，结果经常被还原成利益或权力结构（周飞舟，2019b）。其次，认为中国人的关系有三个生成命题，分别是捆绑性的纽带、互动的等级以及类别化和空间同一化（翟学伟，2007b）。最后，认为中国人关系的存在不是通过实体间互动来说明的，而是通过一种价值关联来证明的，这意味着关系的社会基础与西方大不相同（翟学伟，2017）。

第二，运用关系研究中国社会的独特性和有效性。学者通过对中国中小企业的个案研究发现，中国人的关系是用来表示庇护、权力运作和行动者与结构之间的权益，属于个人层面的特征；而社会资本关注信息、信任、合作以及资源的投资与回报，具有社会制度的特征（翟学伟，2009b）。

第三，以"关系"为基础针对中国本土词汇开展原创性工作。例如有人论述"报"的运作方位并指出西方社会交换理论的不足之处（翟学伟，2007a），称中国人的谋略研究不仅关注利益争夺，而且注意它的适应性方面。日常互动具有长时效性与低选择性的特征，这超出了博弈论范畴（翟学伟，2014）。接着翟学伟在关系、面子和人情概念基础上提出个人地位概念（翟学伟，1999），指出中国人将自己嵌入特定关系网络而形成一种日常权威（翟学伟，2002）。

第四，通过挖掘中国传统文化思想，探讨关系和人情的历史根源。有研究通过梳理经学文献中关于丧服的介绍，指出"亲亲"和"尊尊"是构成这种制度的基本原则，儒家思想的"仁"与"义"将"亲亲"和"尊尊"的形式体现在社会结构当中（周飞舟，2015）。周飞舟在对经验现象和社会行动的深层精神作理解和解释的过程中，指出从行动伦理层面来研究中国"关系社会"（周飞舟，2018）。还有学者认为，对"伦"的社会学研究有助于理解中国人的基本特质和中国社会的运行方式及其机制（翟学伟，2016）。周飞舟通过对潘光旦先生文集的梳理与研究，指出他的社会学思想是以研究自然与社会关系的"天人之际"为基础，核心内容是研究个人与社会关系的"人伦之际"（周飞舟，2019a）。此外，还有围绕费孝通先生的差序格局进行的深入讨论（阎云翔，2006；翟学伟，2009a，2009b）。

第五，展开对儒学经典文本与民间社会思想之间关系的探讨。儒学经典思想的社会化路径是探讨中国人关系现象的重要研究进路。沈毅称，"仁""义""礼"的儒家思想传统与"关系""人情""面子"的日常生活小传统之间，存在内在的联结性与紧张性（沈毅，2007）。而翟学伟认为孝在于事亲，儒家将它同"仁"联结后成为仁的实现路径（翟学伟，2019b）。上述只是关系本土研究的一部分，近年来中国本土经验研究慢慢多起来。

关系的本土研究的倡导者翟学伟教授，其实采取的是与本土化不同的本土研究。他指出，"所谓本土研究就是不去套用西方现成的东西，也不投机取巧地做二元式的对比，更不应回到传统学术思维中去，最好还不要去试图同化西方的什么东西，而是一方面全面了解西方有关学术思想，另一方面直接面对我们自己的社会、文化、心理与行为，重新进行思考和研究。或者说，本土研究就是让我们在确立学科框架的同时换一个角度，即不直接通过西方学科中的概念、理论和方法来发现现象和问题，而是从本土的现象和问题出发，来寻求相应解决问题的途径、方法和对应工具，建立本土的学术概念、理论和分析框架"（翟学伟，2013：24）。他的本土研究包括两个方面。一方面，这种研究是在现代学科分类基础上进行的，既不是在西方理论概念和方法指引下去寻求研究对象或内容，也不是找到研究对象后用西方理论来解释，更不是回到中国传统思维中去寻求解决办法。另一方面，这种研究思路不存在在本土化过程中出现的二元对立和本土契合性，由中国本土经验产生的研究只关心能否准确反映和合理解释这个社会。本土化研究是从外到内，而本土研究则是从内到外。本土研究的立场要更彻底，因为依据这种立场能直接建构出中国的社会学理论框架，并确立中国社会学学科的自主性。

关系的本土研究有三个鲜明特点。首先，探讨关系研究的理论原型。这部分可以从两个层面来看：一是从儒家社会思想层面来追溯，希冀从源头梳理关系的内涵，逐渐过渡到讨论儒家经典思想的社会化路径；二是探讨中国社会的现实基础，例如血缘关系、农耕社会和家族主义等。其次，展开社会科学的规范研究。追溯儒学经典文本，但不停留在文本诠释，而是观照现实生活，根据现代社会科学的学术规范来构建概念、命题和理论框架。最后，展开与西方社会学理论（社会资本理论）的良性竞争。这种研究往往从社会资本理论不能有效解释中国社会的经验现象入手，运用关系、人情和面子等本土概念来重新诠释既有现象。此外，关系的本土研究在经验积累上已涉及中国人生活的方方面面。

儒家的社会思想与现实的日常生活之间的关系到底属什么类型，这依然是一个悬而未决的话题。按照上述关系研究的理论来看，我们可以理解为：现实生活中的各种关系运作与儒家经典文本存在内在联系，至于这种联系是什么，需要进一步检讨。美国人类学家罗伯特·瑞德菲尔德早在《农民社会与文化：人类学对文明的一种诠释》中就讲道："在某一种文明里面，总会存在着两个传统：其一是由为数很少的一些善于思考的人们创造出来的一种大传统，其二是由为数很多的但基本上是不会思考的人们创造出来的一种小传统。大传统是在学堂或庙堂之内培育出来的，而小传统则是自发地萌发出来的，然后它就在它诞生的那些乡村社区的无知的群众的生活里摸爬滚打，挣扎着持续下去。"（瑞德菲尔德，2013：95）有人根据大小传统的关系，提出支配说、隔阂说、挑战说、修正说、挪用说和源流说（张荣华，2007：73）。除了上述分类，其实还存在一种关系，那就是大传统在流传过程中尽管得到了民间的认可，却丧失了本来的意思，变成被遗忘的传统（胡翼鹏，2015）。对中国人关系的研究需要将中国儒学经典与现实生活放在一起，特别是当代中国人的关系运作更需要经验研究的支撑。

学界围绕熟人关系的讨论往往被湮没在人情、面子和关系当中，直接将其作为关键词讨论的尚不太多。黄光国教授将人际关系区分为工具型关系、混合型关系和情感型关系三类，三类关系分别对应公平法则、人情法则和需求法则，他对人情困境做了深入讨论（黄光国，2006）。他的研究是将熟人关系等同于混合型关系，但问题是自己人也是混合型关系，自己人和熟人又该如何区分？杨宜音教授通过调查大学新生加入老乡会的过程，区分了类别化与关系化两重过程，以此探讨差序格局的生成（杨宜音、张曙光，2012）。熟人与生人毕竟不同，但又没有达到自己人的地步，这种熟人关系的生成、维持和强化到底包含哪些内容，仍然需要做讨论。熟人区别于生人，又比自己人距离稍远一些，属于人际圈子的外围部分，对自己人与熟人之间蕴藏的社会规范尚需作进一步分析。

本研究的基本立场是：探讨中国人日常生活中的关系运作确实要追溯到儒家社会思想，因为它通过各种制度化渠道影响现实生活的各个方面，但是要注意经典思想与现实生活的不同联系，何况还不能排除现实生活本身就能生出新的类型。本书借鉴大传统与小传统的分类视角，但是又侧重于小传统。小传统既有民谚、民俗，也有小说文本和民间禁忌传说等。换言之，关注中国人日常生活的关系运作，在追溯原型的同时，更要考察现实生活的关系运作。对熟人关系运作的研究依然要回到日常生活领域，研究中国人到底是如何建构、维持或强化关系的，特别是在面对服务纠纷时，如何处置直接影响双方未来的关系走向。接下来，我们围绕快递员和客户间的熟人关系，探讨熟人关系的运作过程和一般机制。

第二节　熟人关系的建立与维护

快递员在加入点部后，在被指派的固定区域收派快件。对新手来说，区域内的客户基本上都是陌生人。随着时间流逝，特别是快递员与客户打过多次交道之后，一部分客户慢慢就变成了快递员的熟人。① 这一关系是如何生成又是如何维持的？本节将围绕这个论题展开讨论。

一 熟人关系的建立

快递员和客户之间的熟人关系并不是天生就有的，而是来自后天日积月累的交往。在这次调查中我们发现，快递员与客户建立熟人关系要具备四个条件。

第一，快递公司的规章制度是快递员与客户建立熟人关系的先决条件。速安快递公司的规章制度为快递员和客户建立熟人关系提供了重要保障。作为快递行业的龙头企业，速安快递公司针对快递员制定了严格的管理制度，并给予客户畅通的投诉渠道。快递员若侵犯了客户的正当权益被投诉，投诉一旦成立，就会面临严厉惩罚。

> 熟人毕竟不是亲戚，送多了，他相信你是速安员工，收你的钱或者是把快件放在什么地方，不相信你就没有办法了。双方真的是闹出纠纷了，这就和熟人没啥关系了。熟人就是你给他送几次快件后，他对你的第一印象比较好。如果客户要寄个快件，你在电话里的声音大了，或者你说你在家接不了快件，这感觉肯定就不好了。（黄科恒，快递员，20180726）

这种制度保障是为了吸引客户共同督促来提高快递的服务质

---

① 不同快递员由于个性不同，在与客户打交道过程中也存在一些差异。比如有的快递员与客户自来熟，在很短时间内就能与客户熟识，而有的快递员则要花费更长的时间才能与客户熟识。这属于个人差异，但共同点是与刚入职时相比，时间越长熟客会越来越多。

量，然而在不经意间却变成确立熟人关系的先决条件。用"跑得了和尚，跑不了庙"来概述这种现象是最合适不过的了。

第二，快递员提供的高质量服务是建立熟人关系的能力保证。快递员在固定区域表现出的良好服务态度，可以使客户对其产生人际信任。在实际调查中，不少快递员会介绍自己入职之后与客户建立熟人关系的方式，其中既有通过认真敬业的工作态度来赢得客户的信任，也有虽遭遇客户误会但后来经过努力最终获得了客户的信任。

> 那个马自达点我上半年因为快件遗失还和他们弄过一回。他们让我寄快件，后来发现件没有发出来，就问我是不是把件弄丢了。我说没有啊，如果是我收的件，我会用巴枪扫一下就会有记录，但是没有这个件的记录，或者说没有用巴枪扫的话，那个快件也会遗失在我的电动车上，不可能丢了。客户坚持说是我弄丢了，我后来就说要不把监控调出来，看看我当时从店里出来的时候手上有没有拿快件。随后调出监控看也没有快件。过了两天客户给我打电话说快件找到了，是他们没有寄出去。我觉着吧，这件事情就是不打不相识。通过这件事，他们发现我做事情很认真。（刘文瑞，快递员，20180727）

如果说公司制定制度是先决条件，那么快递员提供的高质量服务就是增加客户信任度的能力凭证，二者缺一不可。

第三，快递员的低流动性是建立熟人关系的重要条件。低流动性也为快递员和客户建立熟人关系提供了保障。速安快递公司员工的离职率在业内属于相对较低的，这是建立熟人关系的一个重要条件。低流动性缘于公司提供了有竞争力的报酬或较好的福利待遇，但是无意中却变成快递员和客户建立熟人关系的重要条件。"一回生，二回熟，三回就是好朋友"说的就是这个道理。

> 我有一次去安湘学院送快件，有一个快件是到付，但是当时忙就忘记跟学生要运费了，好像有四五十块钱吧。后来我想起来的时候就给这个学生打电话，打了好多个他就是不接电话。后来我自己都快忘记了，三四个月之后，我收到派单，突然发现是这个学生下的单，我就上楼当面跟他要上次的运费。其实他自己也知道这回事。（黄敏，快递员，20180720）

低流动性意味着双方在空间上接触频次的增多，或者说关系的稳定。只要快递员没有提供相应的服务，就会被客户投诉。低流动性意味着在相同地理位置上的持久性交往，"相同地理位置的持久性交往是中国人结成关系的首要原则"（翟学伟，2007b）。低流动性无意中为双方关系的稳定提供了保证。

第四，快递业务的差异性是建立熟人关系的重要条件。速安快递公司作为安全、准时的代名词，与其他公司的服务相比有明显优势。正如不少快递员所讲，不少客户并不在乎快递单价，而更关心快件能否快速、安全地送到对方手中，通达系快递公司在这方面就有一定的劣势。快速、安全的口碑使速安快递公司在业内独树一帜，在很大程度上减少了客户选择其他公司的可能性，这为在客户与快递员间建立熟人关系提供了保证。

快递员和客户从陌生人到熟人的转变，既有公司层面的制度因素（规章制度和快递业务），也有快递员人际层面的因素（高质量的服务和较低的流动率）。两种因素的交叠影响使快递员在日复一日的收派快件服务中结交了一批熟人客户，彼此一旦建立了熟人关系，接下来要么继续强化，形成更加亲密的关系，比如说变成朋友甚至自己人，要么遇到突发事件再次回到陌生人关系。翟学伟在论述关系与社会资本的差异时，从空间与时间角度将人际关系区分为四类，中国人的关系属于同一空间的持久性交往，是人与人之间由于长期交往而发展出的关系类型，不同于西方社会的关系类型。快递员和客户之间不存在血缘关系，最多只是地缘关系，问题是这种地缘关系并没有凸显出它的重要性。然而，快递员与客户间的熟人关系生成的四个条件与传统社会有很大的相似性。规章制度意味着客户了解快递员的底细，"跑得了和尚跑不了庙"；高质量服务意味着客户相信快递员的工作能力；低流动性意味着双方有持续性交往的可能；快递公司业务的口碑意味着双方建立熟人关系的稳定性。简言之，双方关系的稳定是增强人际信任的重要保障。

二 熟人关系的特征

快递员和客户一旦建立熟人关系，就意味着双方进入对方的生活交往圈。在对关系的讨论中，有研究者指出，私人性与依附性的背后是伦理性。"关系的人格化特征，是指关系的私人性和依附性。关系总是与特定的人黏合在一起，人走茶凉。究其原因，私人性和依附性均源于关系的伦理性，即人与人之间发生的私人互动与交换，是在对对方人格和行动伦理的不断认知中展开的。伦理性越强，'人越靠得住'，互动和交换便越持久，关系就越密切。"（周飞舟，2019a：36）本次调查发现，这种熟人关系有五个特征：一是相识性，不敢说双方知根知底，但至少对彼此的工作领域有一定程度的了解，当然也不排除个别会了解对方的私人生活；二是交往性，双方有正式业务或非正式生活领域的各种交往；三是包容性，双方建立熟人关系后，就可以对彼此的少许失误给予一定的包容而不是吹毛求疵，在不违反原则的情况下会给予对方一定程度的便利；四是信任感，双方有初步的人际信任，彼此相信对尚未发生的事件的判断；五是非对称性，双方并不是完全平等的交往关系，至少快递员一方有动力去构建、维持和强化这种关系。

> 客户把我们当成熟人，就是他相信我，做事没有差错，打交道多，彼此熟悉了。你看这个快件就是客户要求我放在零食店，那里很不安全，我以前放过。那个老板对我说，你就把快件放到门口吧。语气冷淡，哪敢放，丢了不还是我的责任？我跟客户说，不要放在那里，放在苹果宝贝，安全一些，你记得来取就好。（刘文瑞，快递员，20180727）

为了帮助读者加深对熟人关系的理解，我们可以将其与陌生人关系做一个对照。陌生人关系的特征包括：一是陌生性，双方不知道对方的底细，至多了解一些浅层次的信息，比如性别、年龄、相貌或职业等；二是隔阂性，双方偶有互动，但是没有长期交往的打算；三是边界感，双方在正式制度要求下互动，发生纠纷时将通过正式制度来解决；四是怀疑感，双方信任度不高，维持低水平的信任；五是对称性，双方属于完全平等的关系。显然，我们可以看到，陌生人关系遵循的更多是公平法则，而熟人关系遵循的则是人情法则。

对快递员来说，客户从生人到熟人的转化是一个渐变的过程，很难说清楚在哪个时间点双方就变成了熟人。但是可以肯定的是，快递员新手在刚接手一个区域时面对的基本上都是陌生人，经过两三个月后，其中的一些客户慢慢就变成了自己的熟人。这里需要提及的是，双方的关系转化带有很大的个人特点，例如性格是否相近、脾气是否相投或处事风格是否一致等，这意味着即使面对同一批客户，前后两个快递员形成的熟人圈可能也不完全一样。总而言之，快递员一旦与客户建立了熟人关系，就会与正式合同确立的关系相互影响，这是本研究立论的基础。为论述方便，本书只是做生人与熟人的划分，事实上熟人也有程度深浅之分。当熟人关系日益加深，就可能变成朋友或自己人。

此外，需要交代的是，快递员与客户形成熟人关系后，并不意味着就可以一劳永逸。这种熟人关系与其他领域的熟人关系不太一样，主要体现在双方的非对称性上。快递员会有意识地去主动维护这种关系，并不断强化它，如果成功，这种关系将日益牢固。但是也不排除破裂的可能，特别是双方由于快件破损、丢失或快件派送延迟而发生服务纠纷时，处置稍有不当就会影响熟人关系。

三　熟人关系的强化

快递员与收派区域的一部分客户熟识后，在平时还会不断维持并强化这种关系。本书将这种强化分为业务来往和日常生活两个方面：在业务来往上，有为客户排忧解难和为客户提供便利；在日常生活上，有精神鼓励和物质恩惠。

第一，快递员在业务上为客户排忧解难。简单来说，急客户之所急是快递员强化熟人关系的重要方式。如一些客户在日常可能由于自身失误而错过了发快件，快递员此时会帮助客户想办法解决。特别是在一些突发场合，为客户出谋划策对快递员来说是常有的事。正是因为彼此是熟人，快递员才不会袖手旁观，才有积极性来主动帮助客户排忧解难。这些帮助有时还会超出公司的正式规定范围，帮助客户解决困难并不是快递员的分内职责。

> 昨天不是我上班，小孩儿有些不舒服。有一个客户平时都是在快7点的时候寄快件，赶上晚上这一班。昨天我跟他们说好的，谁知道车不到7点就发了，搞得我最后还是叫了一个滴滴打车把快件送过去。这个客户平时寄件，我都是在前台。（谈芳，快递员，20180730）

这种为客户排忧解难，是快递员在不违反工作原则的情况下为客户提供方便。这主要发生在客户遇到困难的时候，只要快递员能给予对方有针对性的帮助，这种人情就会成为维系双方关系的重要纽带。

第二，快递员在业务上尽可能为客户提供便利。除了为客户排忧解难，还有一种情况是快递员会慢慢摸索出一些熟人客户的工作日程，设身处地站在对方的角度去思考问题。比如路过客户办公的地方，会事先问客户有没有寄件的需要。千万不要小看这些举动，一个电话提醒就可以让客户免于被动。

> 这种方式最好了，有没有我都会每天固定过来问一下，如果客户有快件通知我，我会第一时间赶过去。他们都把单填好了，只等着我拿上就走。混熟了，我们之间都可以开玩笑。一熟的话，什么都变了。你给一个客户送快件，不小心给弄丢了，如果是熟人，他可能不会怪你，他会觉着你又不

是故意弄丢的，会让寄件方再寄一份过来，甚至都不会让你赔。（路威，快递员，20180730）

为客户排忧解难是客户身处困境而快递员伸出援助之手，为客户提供便利则是站在客户立场想问题，这种情感投资日积月累会慢慢打动客户，进而逐步强化彼此的熟人关系。

第三，快递员在日常生活中为客户提供精神鼓励。快递员在和熟人客户交往过程中，工作之余会和客户们聊一些生活琐事，比如平时见面打招呼，开一些无伤大雅的小玩笑，有时还会聊一些生活上的事情。快递员们通过这种非正式方式不断拉近彼此之间的情感距离。

> 每个人性格不同，我比较随意，有些人也看不惯我，打交道的客户就是那几个人。你比如前面那个业务员就跟我说那家客户不好相处，那家客户却说这个业务员不好相处，双方都觉着对方不好相处。我请他们吃东西，他们也请我吃东西。有时候，对不上脾气，也很麻烦。（贺齐志，快递员，20180728）

在我跟随快递员们收派快件的过程中，在现场确实能感受到他们与熟人客户之间的亲密关系。当然，这也因人而异，有一些快递员性格外向、头脑灵活、会讲话，很容易与客户打成一片。

第四，快递员在日常生活中为客户提供物质恩惠。双方一旦熟识了，快递员会有意识强化这种熟人关系。快递员通过建立微信群适时与客户保持良好的互动关系，在平时交往中给予客户小恩小惠也在不断强化这种熟人关系。我在跟随一位快递员收派快件的时候，当时正值天热，他顺手买了一个西瓜。我刚开始不以为然，然而到了客户那里，他立即切开分给大家。

关于快递员强化与客户的熟人关系，我们可以从欠与报的角度来理解。比如，为客户排忧解难是在客户遇到困难时伸出援助之手，这在无形中让客户产生了一种感激心理；为客户提供便利则是站在客户位置想问题，尽可能减少客户潜在的工作不便，这让客户有一种被重视的感觉。在日常生活中为客户提供精神慰藉是为了淡化正式的服务合同关系，将非正式的日常生活拉入彼此的交往范围，通过给予客户一部分礼物而拉近距离。上述四个方面是快递员为了强化熟人关系而采取的主动性举措，另外我们还需要注意快递员高质量的快递服务。换言之，快递员不会因为彼此是熟人关系而随意拖延客户快件，认真负责、一丝不苟的工作态度和高质量的收派快件服务也在强化熟人关系。不少快递员在介绍速安快递公司时，不时将它与其他快递公司作对比，其他公司对客户的漫不经心是他们的饭后谈资，而这何尝不是客户认同速安快递公司的反证？熟人关系附着在正式服务合同之上，平时业务到位，这种熟人关系就会更加强化。但如果想用熟人关系来替代正式服务合同关系，那么结果可想而知。尽管快递员平时通过周到的快递服务和体贴的关心问候来不断强化与客户之间的熟人关系，但现实是依然可能会面临快件丢失、快件派送延迟或快件破损的风险。比如说熟人客户允许快递员将快件放在指定位置（小区物业或附近的便利店），但是不巧被人错拿或偷拿，一旦出现这种情况，熟人关系就会受到考验，若处置不当导致双方撕破脸，就会瓦解熟人关系。接下来就让我们来看一下，快递员是如何利用熟人关系化解这些服务纠纷的。

四　威胁熟人关系的纠纷

快递员和一部分客户建立熟人关系后，为了提高派送快件的效率，会适当软化服务合同的相关条款。问题是提高了效率，同时也会提高派送风险。快递员在派送快件时就在筛查不同快件的风险系数，对那些重要文件和装有贵重物品的快件，一定要和客户面签。正如一位快递员所说，"那些重要文件，不是钱多钱少的问题，而是弄丢了赔不起"。如果是风险系数低的普通快件，快递员就会放在安全区域，比如装有监控摄像头的地方。即使丢失或错拿，也有线索。

问题是快递员即使将普通快件放在安全区域，百密一疏，快件破损或丢失也不能完全避免。此时，熟人关系最多起到减少赔偿金额和避免被客户投诉的作用，完全不赔是不可能的，而这自然也在快递员的预料当中。

快递员在派送快件时首先会估计各类快件的风险系数。对于贵重物品和生鲜果蔬，即使客户是熟人也要尽可能当面签收。这是为了避免不必要的风险，当然也是为了不透支熟人客户的信任。对于不太贵重的物品，遇到丢失或破损，快递员也要赶在客户投诉前尽快协商化解，熟人关系有助于提高私下和解的成功率。下面这位快递员跟我讲述了一个他亲身经历的赔偿案例，他当时作为"熟人"与客户协商赔偿：

> 我们速安之前给陶瓷商寄了一大批货，四五百个件，后来有三个件破损了，对方要求我们赔钱，至少要赔五六千块钱。公司就派我去跟张姐说。我说，张姐，速安寄这么多货

也没赚什么大钱，如果赔最后也是记在我的头上。张姐说，
那就算了。后来让我们赔了2000多块，说只是赔了一个进
货的价格。（张伟，快递员，20180725）

快递员凭借熟人关系化解各种服务纠纷危机，但不是每次都
会成功。下面这位快递员就是在面对服务纠纷时处理不够及时，
失去了一位熟人客户。

> 这个客户在水仓铺，每次都是6：30后才能出货，所以
> 赶不上水仓铺那趟车，他自己打个滴滴把货送上来。这个货
> 又不用怎么包装，每次三四个或十几个不等，一个月我的提
> 成也有四五百。昨天又出现了这个状况，我们点部仓管封了
> 车，随后在另一个点部扫巴枪送出去。第一次是搭了一趟去
> 潭湘的车，第二次是我打个滴滴转到集散地。之前还有一
> 次，我的一个老客户也是我努力维系的，有一次把人家的货
> 弄破了，上面没及时处理，我就把这个客户给丢了。人家一
> 个月也能给我提成四五百块钱，我这次丢个四五百，下次丢
> 个四五百，那还挣什么钱。不知道他是不是寄送其他快递公
> 司了，反正后来寄的不多，就是两三个件。（谈芳，快递员，
> 20180730）

实际情况中还存在一种熟人负担，一些客户因为和快递员相
熟，在收寄快件时会向快递员提出一些不太合理的要求。此时，
对快递员来说，这就是对熟人关系的考验。下面这位快递员遇到
的客户就是在寄快件时给他的工作带来一些不便。

> 如果客户送快件的时间超过5：30，他们就会让别人帮

忙将快件带到安湘点部。这一车货发出去，不是为你一个人服务，我也不想跟你搞那么僵，等几分钟没啥关系，超过约定时间就很让人为难。这个工厂距离点部比较远，他们也知道这种情况。以前工厂是在安湘其他点部旁边，他想怎么发就怎么发。他了解点部发件的节奏，有的时候货比较赶，就自己送到安湘去，顺路送过去的也有。如果我答应了你，你却忘记了，那你想办法搞定，商量明天寄送也可以。有一个客户忘记了，一个同事帮我送到这里，刚赶上车。快件就是一份招标书，是我漏掉的我必须去收。客户熟了有好处，话说得通。（贺齐志，快递员，20180728）

快递员和客户建立熟人关系之后会面临两个考验。第一个是遇到快件破损、快件派送延迟或快件丢失的风险是否能从容化解，这将极大考验彼此的熟人关系，能妥善处置的话，就既维持了熟人关系，又化解了客户投诉。若稍有不慎，就会中断熟人关系，同时又减少快递业务量。第二个是熟人客户给快递员带来不便，快递员在照章办事与人情负担之间徘徊，承受一定程度的人情负担。

这种熟人关系的建立还不能忽视快递员与便利店老板的关系。这种熟人关系与客户关系有些类似，也具有制度保障、人际性和低流动性等特点。在日常派送快件的过程中，快递员通过跟便利店老板打招呼、买一些日用品支持老板等人际行为来不断强化这种关系。

与威廉姆森探讨的合约关系孕育人际关系类似，快递员在从事快递业前不认识这些客户，正是在与他们的长期交往过程中慢慢发展出熟人关系，这种关系一旦生成，快递员也会有意识去维系。关系的维系，可以从两个层面来理解，比如将关系看作获取特殊资源的手段或渠道，也可能维持关系本身就是一种目的。结合本次调查案例，第一个层面上的理解更适合。

第三节　软化服务合同的熟人关系

在介绍熟人关系的建立、强化和有破裂风险之后，接下来讨论熟人关系与正式服务合同之间的各种可能联系。在以往的研究文献中，合同关系与熟人关系的联系至少分两种情况。

一　被正式服务合同消解的熟人关系

合同是为了确立双方彼此的权利义务关系而出现的。抹掉签订合同双方的人格特征对合同的干扰，牵涉的是双方的法律身份。正是因为具备这种特征，合同作为系统性信任可以在更广泛的社会领域内运用，这是现代社会优于传统社会的原因。因此，我们反复强调合同背后隐藏的是理性人假设，而签订合同就是要消除逆向选择、道德风险等投机行为。因此，《合同法》等相关法律的颁布与实施也为合同在现代社会的推广和接受提供了法律保障。有了这种法律保障，人与人之间可以自由达成合同关系，出现纠纷后既可以私下协商解决，也可以由法院仲裁解决。在这种研究思路下，我们看不到合同各方的人际关系因素，即使存在，也是被尽力避免的。面对人际关系因素，要么视而不见，要么大力消除。

然而，这种思路或做法很可能是不现实的。我们需要思考的是，作为正式制度的合同关系与作为非正式制度的熟人关系在现实操作中到底存在一种什么样的联系。彭玉生教授以计划生育政策在中国基层社会的推行为例，探讨了正式制度与非正式规范之间的关系。他根据鼓励、禁止还是缺失的标准，将正式制度与非正式规范的关系区分为四种类型，分别是一致、冲突、规范主义和法理主义（彭玉生，2009）。他经过理论推导和数据检验后指出，作为正式制度的计划生育政策在各地实施过程中之所以有不同结果，关键原因是各地宗族网络蕴含的社会规范在一定程度上消解了正式制度在基层社会的执行力度。他的研究发现对我们理解正式制度与非正式规范之间的关系提供了不错的分析视角。

本研究关注的正式合同与熟人关系可以界定为冲突性关系，毕竟熟人关系中蕴含的道德规范和权利义务与正式合同中规定的权利义务并不一样。在这个意义上，正式合同也想极力用各种制度规范来约束熟人关系。从这个视角看，熟人关系是正式合同极力避免并消解的，进一步来说，是想将冲突性关系演变为法理主义，即双方最终严格按照正式的合同规定来约束彼此的交易行为。正式合同消解熟人关系的思路，背后隐藏的是一种冲突性关系，但是，现实生活的复杂性和丰富性意味着更有可能是一种并存关系，而这种并存关系则需要我们从内部来进一步考察。

二　软化服务合同的熟人关系

相反，本研究看到的是另一幅画面：正式制度为熟人关系的建立提供了保障，而熟人关系只是与正式服务合同中的一部分条款相冲突，双方不仅是一种并存关系，更是一种相互强化且彼此支持的关系。

业务员和客户有了默契，很多事情就比较好谈了。你可以和客户商谈见面的时间。你就跟客户说："你弄好快件我第一时间过去，没弄好，我先去其他地方派一部分快件，之后再回到你这里取快件。"你看这个骑摩托车的朋友就是一个熟人，他还专门骑车过来看我。他每天都是比较晚才有快件，我也是快到最后的时候跟他联系今天有没有快件。（路威，快递员，20180730）

熟人关系在某种程度上软化了服务合同约束，但是这种软化并不是取代正式制度，而是在某种程度或范围内稍微松动了正式服务合同的约束。以快件派送服务为例，由于客户不在场和相对不集中两个现实困境，快递员至多只能松动面签这个环节。如果由于是熟人关系而放松了快递的时效性，比如延误很久，那马上会被客户投诉。本书所讲的软化服务合同的熟人关系，并不是指熟人关系完全取代正式服务合同，而是指由于现实条件的限制，基于熟人关系，快递员在服务合同的某些方面做了部分软化，这是我们认识熟人关系和合同关系的重要基础。

现代社会取代传统社会的一大表现，是以正式制度来处理人与人的关系。然而，对这种思路估计还要再检讨一下。熟人社会中既存的熟人关系是否一定是现代社会的障碍？从更广泛的意义上来说，熟人关系可能没有消失，只是在合适的场合下需要重新激活。快递员如果没有与客户建立熟人关系，那意味着双方必须通过正式制度来处理彼此的关系，而这会带来很高的交易成本。正是熟人关系适时地介入了这种正式服务合同关系，才软化了正式服务合同的部分内容，大幅降低了交易风险，并提高了派送时效。需要交代的是，这种熟人关系与以往传统社会探讨的熟人关系有相似之处，但也有不同。相似指的是，快递员与客户的熟人关系确实与传统社会的熟人关系有类似的特征：一是信任感，双方的彼此信任既体现在客户不在场时的延迟支付，也体现在快递员不在场时的延迟交付，这种信任在快递员实际运作中帮了很大的忙；二是互助性，客户在不耽误自己事情的条件下会填好快递单据并做好基本的包装，这降低了快递员包裹快件的成本；三是包容性，客户会包容快递员的一些工作瑕疵或小失误。不同之处在于双方关系的非对称性，快递员会有意识地去主动维护这种熟人关系并不断强化，若强化成功，将更加巩固这种关系，但若处置稍有不当，就会瓦解熟人关系。

这种对熟人关系的强调，并不是否定正式服务合同对客户与快递员权利义务关系的界定。试想一下，如果没有正式服务合同的约束，快递员和客户之间就单纯地靠熟人关系来维系，这显然不是客户希望的。在实际调查中，快递员即使在和客户建立熟人关系后，也会认真履行严格的快件收派流程。显然，正式服务合同与熟人关系之间是一种彼此支持、相互强化的关系。熟人关系因正式服务合同而产生，在不消解服务合同的基础上进一步强化正式制度。

快递员通过熟人关系软化服务合同，有效地降低了快件派送的成本，同时减少由派送风险带来的客户投诉。随着快递员与客户越来越熟，快递员派送快件的速度也越来越快。新手刚接手一个区域，对路况不熟，要花大量时间摸索；与客户不熟，因此在大部分情况下采取的都是正式派送，风险降低了，但派送时间却没有减少；对快递物品不了解，不确定贵重与否，因此一律当面签收，派送时间依然没有减少。随着业务越来越熟练，路熟了，花在路上的时间就少了；客户熟了，针对一部分客户就可以适当软化服务合同，有效降低派送时间。此时，我们不难理解：为什么老快递员在一个区域长期经营会不断缩短快件派送的时间，而新手快递员在刚到新区域的一年半载里要不断培养客户、不断熟悉路况、不断熟悉区域内的安全位置。

在这里，我突然想到中国古代文学家欧阳修的名篇《卖油翁》。这篇文章通过讲述卖油翁的故事来说明熟能生巧的道理。快递员送快件何尝不是如此！反过来想，这位卖油翁也是经过了长时期的反复练习，最终才达到"乃取一葫芦置于地，以钱覆其口，徐以杓酌油沥之，自钱孔入，而钱不湿"。奥妙就是"惟手熟尔"。

第四节　迈向日常生活的关系研究

在刚开始调查时，公司负责人向我介绍速安快递公司最近研发的电子地图，运营主管向我陈述速安快递公司先进的管理经验。然而，当我进入现场后发现，快递员之所以能迅速收派快件和维持较低的投诉率，并没有惊人的秘密，其实就是我们常说的熟人关系在起润滑作用。当我借助"熟人"这个关键词来重新串联所有资料时才发现，快递员破解"最后一公里"难题的办法是"面对现实困境"，利用与客户的熟人关系来适当软化服务合同约束。这里的熟人关系与传统社会的熟人关系有交叉，但又不完全一样。传统社会的熟人关系遵循的是确定在场与相互帮忙的义务（贺雪峰，2011）。显然，对客户来说，快递员既不是同事，也不是邻居，至多是业务合作伙伴。加上快递服务存在很强的替代性，这种熟人关系需要快递员日复一日地通过扎实的收派快件业务和小心经营来努力维持。这里不排除一部分熟人会慢慢发展成朋友关系，但是也不排除"人走茶凉"或翻脸，重新变为陌生人的可能。"熟悉的陌生人"在这个意义上是对快递员最形象的描绘。

熟人关系对快递员来说非常重要，对快递公司来说也不是洪水猛兽，完全消解它是不现实的。现在要考虑的是熟人关系与正式制度之间存在的各种可能联系。公司可以考虑将其纳入培训内容，因为它是快件收派的润滑剂。事实上，这种熟人关系广泛存在于各类服务业中，例如我们熟知的家政业。当家政员第一次通过中介进入客户家庭打扫卫生时，客户所交纳费用的一部分作为抽成交给中介，客户换来的是对家庭财产和服务纠纷的重要保障。然而，一旦家政员与客户熟悉之后，就可以留下名片，告诉客户以后需要打扫卫生服务时可以直接绕过中介联系自己。这种从通过家政中介联系客户到绕开中介与客户直接联系的过程，背后体现的是家政从业人员与客户的人际关系从陌生到熟悉的渐变过程。

围绕关系的社会学研究是中国社会学本土化的典范。然而，正如上文所言，关系社会学研究强调社会结构取向与学术概念的国际化，而关系的本土研究则强调扎根于本土的社会基础并建构一个与本土经验相契合的理论框架，随后将其推广到其他社会。

关系的社会学研究有三个优势：其一，秉承实证主义思路，在坚持学术概念的可操作化方向下对"关系"展开实证科学研究；其二，采取一般化概念取向，这为地区比较乃至国际比较提供了一种可能性，这是本土概念国际化的重要尝试，通过比较可以看到彼此的差异；其三，研究成果的可积累使关系社会学研究在社会学分支学科中占据一席之地。可操作化、可比较与可积累成为关系社会学研究的三个鲜明特点。然而，我们需要反思的是，在本土概念国际化的同时，是不是抹去了中国文化的特质。例如，将关系等同于从社会网络中汲取资源的能力，是不是意味着撤掉了对关系背后行动伦理的思考（周飞舟，2018），对这种解释的外部效度有必要存疑。

与此类似，关系的本土研究有三个优势：其一，深入挖掘儒学经典文本，试图探究现实日常生活中关系研究的原型，这种深耕细作的学术态度在当前经验研究成为主流的境遇下显得尤为可贵；其二，坚定的本土研究立场试图以中国经验为基准生发出关系研究的理论框架，这种学术抱负是中国社会学者尤为珍贵的方面；其三，通过扎实的理论研究而提出原创性学术概念、分析视角和解释思路，以占有社会学话语体系的主导权。关系原型化、坚持本土研究立场和自成一体的理论体系是关系的本土研究的三个鲜明特点。

上述两种进路的基本前提、研究立场和研究策略各不相同，呈现出关系研究的丰富画面。本书围绕这上述两种研究进路提出三点思考。

第一，传统儒学经典中的关系阐释与现实生活中的关系运作到底是一种什么联系？对这种联系的反思将直接影响对关系的看法。例如坚持儒家伦理的社会化路径，就需要对儒家伦理有深入细致的考察，并对这种社会化路径的具体过程做出细致的探讨。这种思路暗含着现实生活中的关系需要从儒家伦理中找到原型。

儒家伦理与现实生活之间的联系是不是只有这一种可能性？如果有其他可能性，采用什么手法研究才会更好？大胆设想一下，现实生活中的关系没有自然生发的可能。如果是这样，那我们更需要在具体的经验研究的基础上来提炼概念。例如，"抢单"是一种道德表演机制，是人们在公民权利匮乏条件下追求私人权利满足的一种重要手段（王宁，2014）。此外，关系作为一种微观的社会机构生成原则，在房地产市场与外部制度环境的关系中充当一种正式规则的转换机制（李林艳，2008）。通过对家长为子女找关系入学的民族志的研究发现，人情伦理不仅为贿赂行为加上信任和网络保障的双保险，还为贿赂行为提供伦理上的支撑（阮极，2018）。刘林平通过对深圳平江村的研究，论述了关系的不断再生产过程，对关系的实质、功效和寻找做了全面讨论（刘林平，2001）。换一种说法，儒学经典文本是观照现实生活关系运作的明灯，但灯下依然有阴影。未来的关系研究要一边阐释经典文本，一边回到当下生活，双管齐下，共同描绘出当代中国人关系运作的样貌。

第二，关系研究的多面性和立体化为不同的研究进路提供了研究的宝藏。关系的社会学研究与关系的本土研究的并置，会不会是各自从关心的角度出发来勾勒关系的样貌，而事实上关系却包含了不同的维度和层次？如果关系是立体化的，那我们是不是要先丰富关系的内涵、维度和层次，随后指出它们彼此之间的关联？通过对这些问题的探讨，我们不仅能在关系的角度上做出贡献，而且可以在结合点上去推进合作的可能。作为获取社会资源工具性手段的关系，背后有没有行动伦理就成为一个值得探讨的论题。

　　第三，人们之间不同关系类型的转变过程和运作机制是什么？以往对关系的讨论过于静态，至多将关系区分为几种类型来刻画。但真正吸引人的是不同关系类型的相互转化过程，如如何从陌生人变成熟人甚至自己人，推进关系变化的要素是什么，关系变化的过程是什么。简单说，就是将动态分析视角带入关系研究。

　　本章以熟人关系为题，揭示了快递员与客户建立熟人关系的一般过程，包括获得条件、熟人特征、维持强化以及面对服务纠纷时的应对策略。这些论述都围绕着收派快件的经验论题展开，其中在维持强化部分尤其强调了人情的重要性。由此我们才能看到快递员在业务合作和日常生活中与各类客户的人际交往，通过这种欠与报的相互推动，双方的关系更加牢固。

第八章

月入过万的快递员

按照学界的通行做法，研究者在实地研究中通过整理分析资料，全面呈现快递员收派快件的整个过程，进一步揭示出服务合同软化的动力、机制和社会后果。这些都是实地调研带给我们的知识上的收获。问题是研究进行到这里，我笔下的快递员们却是模糊的面孔，最多知道他们在和快递公司、各类客户的交往过程中发展出各种收派快件的策略，至于活生生的快递员，却在这类研究中完全无法彰显。本书将这种通行做法称为"只见田野不见人"。这何止在本次调查中出现，它实际上已经成为实地研究的一种"默会的知识"。问题是，这种看似关注群体但又看不到人的研究，到底能给我们带来多大的冲击力，这是值得思考的。本章将在反思当前实地研究做法的基础上，以一名快递员为真实案例来全方位描绘与分析，希冀弥补这个研究缺憾。

第一节　"只见田野不见人"①

作为以研究社会现象为任务的社会学，按照研究目的可分为

---

① 这个题目受费孝通先生的启发。费先生晚年提到"只见社会不见人"的局限，指出社区研究若要更进一步，就不仅要研究社会结构，还要研究活生生的人（费孝通，1994）。

描述性研究和解释性研究。描述性研究旨在刻画社会现状和变迁趋势，解释性研究则着力探讨各类现象背后的因果联系，全面、深入和细致的描述性研究是开展解释性研究的重要准备。社会学研究者凭借科学规范的调查方法，整理、收集并分析资料，之后完成学术作品。这些作品为人们认识、理解社会提供了重要参考，同时作为科学知识累积下来，有的成为教科书上的内容，有的作为学术文献储存起来。

一 作为经验资料载体的人

研究者为了完成研究任务，在方法选择上，无论是以定量研究为取向的问卷调查，还是以定性研究为取向的实地研究，都是将被调查者作为经验资料的载体，区别在于获取资料的方法或工具不同而已。问卷调查通过对被访者进行大规模抽样，获取总体状况，并探讨现象之间的因果联系，所有被访者是以无名者（编码或序号）的样貌而出现的；实地研究则是在自然情境下倾听被访者的所思所想、观察其所言所行，通过分析这些资料来探讨田野中的文化意义，与问卷调查相比，被访者提供的资料相对来说更丰富和更全面。围绕如何更全面且深入地收集资料，从两类方法可谓是发展出多种多样的方法技巧。

上述两类研究确实都是在为我们提供科学知识，问题是在两种调研开展的过程中都没有看到活生生的人，看到的只是作为资料载体的各种类型的被访者。在问卷调查中，通过对数据做统计分析，我们看到的是各类社会群体的人口学特征，以及在资料分析基础上呈现出的因果关系；在实地研究中，我们看到的是整体田野的运作过程和运行机制。然而，我们也知道社会是由一个个真实的人来构成的，以研究人群为己任的社会学最后看到的却是抽象的人群，而不是一个个真实的人。当然，以描述社会现象和发现社会规律为主旨的社会学自然会认为塑造人物形象本来就不是社会学的专长。以塑造人物形象为目标的文学倒是给人们留下了很多经典的人物形象，这些人物会触及读者的心灵深处，并引发强烈的情感共鸣。社会学研究中不少作品的发表或许能给我们提供一些对社会现象的解释，却没有给读者留下非常深刻的印象，这可能需要我们做进一步反思。当然，也可能存在另外一种原因，那就是目前的学术发表体例潜在地限制了社会学的写作风格。一篇2万余字的实地研究作品，怎么可能拿出有限的篇幅来塑造田野调查中的被访者？相反，如果是撰写著作，就可以适当抽取一定的篇幅来弥补这个缺憾。当然，这种对待人的态度可能也与社会学的研究立场有关。无论是从社会结构分析视角还是从功能分析视角，研究者关注的都是人群中的制度和文化，而作为活生生的人是浸泡在这些制度或文化里面的。即使将切入点放到人身上，也是为了从中探究人群背后的制度与文化。因此，有人认为，采用结构分析视角的社会学如果过多地关注人，反而会淡化社会学的学科特征。这种说法看似有理，但是无论结构视角还是功能视角，都只是社会学中的某一种研究角度。以符号互动论为旨向的社会学视角则更关注具体的人或人群在社会互动中如何创造生活的意义，脱离具体的人去理解这些意义就显得非常苍白。近年来，关于人与田野的关系的讨论慢慢引起了更多学者的关注。应星教授指出，田野焦点应该从田野分析走向行动者分析。他举了两个例子：第一个是关于社区的研究，《米德尔敦》侧重于结构分析，而《街角社会》倾向于行动者分析；第二个是对同一个人的不同研究，林耀华先生的《义序的宗族研究》就是对家族制度的结构分析，而《金翼》则是对家族中两个兄弟的行动者分析（参见应星，2018：48）。

二 社会学作品中忽隐忽现的人

优秀的实地研究作品也并不一定与人物刻画完全隔绝。迄今为止，不少作品为读者塑造了大量经典的人物形象。《街角社会》中多克、奇克和托尼等人物形象给读者留下了深刻的印象（怀特，1993）；《大河移民上访的故事》中的山阳小学教师许绍荣，是移民上访过程中的关键人物（应星，2001）；此外，还有《黑帮老大的一天》（文卡特斯，2009）中的黑帮之王杰瑞·梯曼，以及专门以塑造人物形象见长的《社会学视野下的音乐天才：莫扎特的成败》（埃利亚斯，2006）。凡此种种证明，社会学研究与人物塑造并不是一种矛盾冲突的关系，而是有着更复杂的关联。话说回来，伟大的文学作品何尝不是对现实生活的真实写照？比如说你要了解法国社会，维克多·雨果（2015）的《悲惨世界》中的场景描绘和人物塑造并不会比社会学作品差，文学小说对现实的描述没有采用概念、框架和分析视角，但是它对现实的冲击力可不小。

根据以往出版的社会学作品，我们将人物塑造与实地研究的关系分为三类。第一类是隐没关系。实地研究中没有对具体人物形象的塑造，所有被访者都只是作为提供资料的载体，研究者将收集到的访谈资料打散、揉碎、整理、归类并提炼出理论观点。第二类是嵌套关系。研究者在研究中将重要人物作为重要节点，这种处理手法会将事件发展过程中的关键转折点与重要人物相联系。这里的人物其实是被凸显出来的，在整个事件过程中不可或缺。王宁教授提出的"宏观行动者"对我有很大的启发，这种行动者对正式制度的制定和安排发挥了至关重要的作用，不能被视为普通行动者（王宁，2009）。第三类是凸显关系。研究者通过塑造个人生命史来展现其背后国家权力关系的历史演变。埃利亚斯（2006）的《社会学视野下的音乐天才：莫扎特的成败》以莫扎特为切入点，展现了宫廷音乐与市民音乐在趣味上的冲突。上述分类是根据关键人物在实地研究中的重要性来区分的。隐没关系意味着研究者对所有被访者一视同仁，但这同时意味着只有抽象的人，而看不到具体的人；嵌套关系意味着某个重要人物在事件发展中有重要作用，研究者会用一定的篇幅来描述他；凸显关系则是以人物为中心，意味着被研究者本身经历的复杂性和丰富性足以撑起研究架构。三种划分不存在孰优孰劣，选择何种取决于研究问题和资料的需要。

　　本书采用的是隐没关系。我在跟随快递员收派快件的过程中记录下他们的日常工作，在田野调查中收集、整理并分析访谈资料。显然，所有被访者提供的资料在研究者手中被打散、揉碎了，随后再根据研究需要呈现出来。这里的资料只是供研究使用，读者在这里能看到的不过是访谈资料和被访者的化名。换言之，不论是研究快递公司与快递员间的管理、控制关系，还是探讨快递员与客户之间的熟人关系，呈现的都是一个个面部模糊的快递员。我们当然可以用快递员的理想类型来刻画他们，比如理性但又不失温情，讲原则但又不失灵活，会合理规划路线，会根据与客户的熟悉程度来适当软化服务合同，在快件破损、快件派送延迟或快件丢失的情况下与客户尽快协商和解等。然而，在实地调研中还有另外一些面相：如面对客户投诉时的无奈、面对复杂地形时的无助、面对客户冷嘲热讽时的低声下气，这些都可能发生在快递员身上。即使我们将这两部分资料都呈现出来，结果也是支离破碎的，依然是只有资料没有人。

或许有人会说，学科有分工、术业有专攻，这样来要求社会学过于苛刻。确实如此，一部社会科学研究的作品，不能像报告文学一样细致地描述快递员工作的点点滴滴，也不能像纪录片导演一样用图像和视频来呈现他们的日常行踪。① 然而，如果只有理性思考下的资料分析与报告撰写，那么这样的研究或许理性有余但温情不足。在 20 余天的调研中，我常和快递员乘坐三轮电动车在国道上行驶，会因大卡车呼啸着从身边飞驰而过，惊出一身冷汗，可这就是快递员们的日常工作；我也和快递员一起在办公大楼旁躲雨，他向我讲述过往生活情景和未来规划，你可以感受到一个活生生的人在和你分享他的内心感受；我还和快递员在大雨中飞驰，只是为了不让雨水打湿车厢内的快件，你感受到的是认真敬业的快递员对待工作的这份执着。这些素材不应该只是资料分析背后的故事，更应该作为辅助资料进入正文。只有这样，我们撰写的社会学作品才能既保证理性客观，又对人本身有人文关怀，这样才能让更多的读者看到快递员的辛苦与奔忙，让更多人体谅他们的不易与苦涩。或许你下一次收发快件时就不会只有牢骚或嘲讽，而更多的是对快递员的尊重与理解。

---

① 在一些特定论题上，文学作品或纪录片对社会的影响力以及对人内心的打动是否真的不如社会科学中的社会学，这点是要存疑的。尽管有学科分工，但社会学是否能独掌呈现社会现象的话语权，这个论题还有继续讨论的必要。

第二节 快递员眼中的"万元户"

在这次调研中，我想介绍的是一个名叫陆平和的快递员。将他作为案例，是因为他是同事眼中的"万元户"，口碑好。更重要的是，他从业至今一直没有离开速安快递公司，他见证了速安快递公司在安湘市的发展历程。陆平和当过兵，进工厂打过工，2012 年加入速安快递公司，是公司的老员工，从业经验也相对比较丰富。用他的话来说，这些年来他是看着一茬接一茬的快递员入职、离开，点部现在的一些快递员，他连名字都叫不上来。

> 我在速安干了六年，也算老资格了。做什么事情不能老跳槽，你看从我加入速安至今，有人做主管了，有人跳槽了，我们要学会积累。得力的快件生意，邮政、韵达想加入，邮政后来和他们合作，干了三天就做不下去了，因为你保证不了人家的时间。人家那么大的公司，根本不在乎那么点儿快递费，他们要的就是速度。速安做得到，别人做不到。点部有不少人我并不熟，我开车回来了，他们不在，我开车走了，他们才回来，其中有些人我都叫不上名字。得力是做变压器的，世界上排名第五或第六。我之前在这个工厂上过班，这些人我都很熟。（陆平和，快递员，20180730）

在我第二次跟他出车的时候，他讲到他就是人们常说的月入过万的快递员。后来听其他快递员讲，他在业务最繁忙时一个月有超过 2 万元的情况。很难想象，在一个三线城市，在当地居民月平均收入还是三四千的时候月入过万，这确实很显眼。初次听他讲时，我有一些惊讶，因为据点部主管介绍，这里的快递员一个月的平均收入也就是四五千，月入过万的快递员那该是有多能干呀！

一　从被防范的陌生人到不设防的熟人

和后来的不少快递员相比，陆平和负责的区域确实有些特殊，他所辖的区域内有一家知名大公司。这家公司既有公司快递，也有员工的私人快递，客户相对集中与客户确定在场这两个理想条件在它这里全部具备，而这种最佳区域是很多快递员很难遇到的。不过，这个区域中发生的快件收派故事却耐人寻味。

首先，他在所属区域经历了一个从生人到熟人的转化过程。这家知名公司，每天光收派快件就有几十个，这在快递员看来是一个好业务。在跟随他收派快件的过程中，我先后两次跟着他进入公司。幸运的是，我居然没有被盘查，主要原因是门卫对他的信任。后来，我才得知，这家知名公司对陆平和也经历了一个从排斥到接纳的过程。据他讲，他刚开始到这家公司收派快件时，公司为了保证车间秩序不受外人影响，对他这个外人采取的是防范态度，专门在公司门亭处设置了一个岗亭，委托专人负责收派快件。然而，没过多久，发现效果很不好，不仅收派效率低，还要单独支付一个人的工资，实行两个多月后就取消了。这两个月就是这家公司与陆平和逐渐磨合的过程。再后来，他可以自由地出入这家公司的财务、出纳部门，上门收派快件。我跟随他进入过一次财务办公室，原来快件早已准备好，放在指定位置，陆平和简单点个数随手带走即可。

得力搞过呀，在门口设置一个岗亭，派一个小保安专门负责收发快件，拿个本子做登记。我就坐在旁边一边等一边吹空调。后来他们发现不对劲，为了这件事还浪费一个人力，实行了一两个月就取消了。我能进来，其他公司的快递员进不来，我和这里的人都熟悉了。我送的是公司快件，其他公司的快递员送的是私人件。那个小保安骑个单车，后面放个篮子，里面装着要发的快件，他本来就不适合嘛。（陆平和，快递员，20180730）

其次，客户分布相对集中与相对分散并列，在场与不确定在场并列。以这家公司为例，公司就属于客户相对集中且确定在场，而公司员工就属于相对分散和不确定在场。公司快件放在财务办公室的固定位置，陆师傅到达之后直接取件走人，或者将快件直接放在办公桌上。然而，还有一些员工的私人快件却需要陆平和在公司内到处打电话联系。他在这里的派送路径更多的是循环路径模式，熟悉地形但不确定客户的位置，不断拨打电话联系客户。

我们这个点部是安湘速安公司最大的点部，业务量是其他三个点部的总和，但出的问题和客户投诉也是最多的。我每天在这个公司里面跑十几个点，有这么多的件呀，公司这么大。它的员工有3000多人呢。这些快件是公司的件和私人的快件都有，私人的快件不太好送出去。你看我现在打的这个客户的电话，他车间太吵了，听不到。（陆平和，快递员，20180730）

最后，分配区域相对较好，每天的快件收派量相对较多。由于他加入速安快递公司比较早，后来在区域分配时，他分到了点部最好的区域。该区域内有一家知名企业，这家企业每天都有很多快件要发往珠三角的公司，也会收到全国各地寄来的快件，因此每年的快递量都特别大。显然，快递员送快件最看重的客户相对集中和客户确定在场这两个理想条件在他这里都具备了。在桥东快递点部，只有两个人开着小型面包车收派快件，他就是其中一位。

> 他们都问，你今天为什么来得这么早？他们一般是9点上班。他们公司发的快递有公司样品和发票之类的，每天寄送的快件会发往全国各地，世界各地的都有，比如欧洲二十八国。不过，印度麻烦一些，上次因为材料不全还被扣掉一次，后来就没有再发了。瑞士目前还没有开通。（陆平和，快递员，20180730）

陆平和的区域是很多快递员梦寐以求的理想区域，客户相对集中且确定在场，完全可以采取正式派送方式。然而，他在刚到这个区域时也遭遇了一些小波折。我们从明面上看到的是收揽快件方式的转变，背后隐藏的则是陆师傅与这家公司关系的演变，即从作为被防范的陌生人发展到不设防的熟人，这个转变是我们尤为关注的方面。

二 认真、敬业和真诚的快递员

或许我们会像其他快递员一样羡慕陆师傅能分到这么好的区域。然而他作为速安快递公司的老员工，之所以能沉下来最终成为点部的"万元户"，其中必有一些独到的本领。而这些本领尽管在其他快递员身上有所体现，但是在陆师傅的身上体现得更为明显。

第一，工作认真，在客户那里赢得了好口碑。从早期加入到后期维持，陆师傅有他的过人之处。据他所讲，这家知名公司刚开始还不在他的区域内，也不只和速安快递公司合作。正是因为他做事靠谱，总部才让他负责这家公司，这家公司也因此与速安快递公司保持了长期的合作关系。

> 以前有个同事在得力收快件，大货没处放，就打电话叫我过来帮忙，我开了个面包车过来。时间久了，得力对我印象好，以后就会专门找我寄快件。客户打电话寄快件，说放在办公桌上，让我过来取，我跑过来发现没有就给客户打电话，客户说锁在柜子里，自己都忘记了，说明天再寄吧。不是我不寄，我都跑到你办公桌这里了。（陆平和，快递员，20180718）

陆师傅做事勤快，任劳任怨，在收派快件的过程中尽可能为客户着想，这些都是他在平时摸索出来的工作技巧。当然，他不是一开始就这样熟练，也是吃过几次亏之后才变得越发专业。

> 我以前给学生送过快件。当时这个学生拿走快件之后，过了几天，客户说没有收到快件，这就是快件被冒领了，最后我还赔了800多块钱。当时领快件的时候，地点、时间和人都对上了，我猜是客户让学生帮忙代领，随后再说没收到。后来我再给学生派件的时候，就让他们出示身份证和电话，否则不给。那个时候我负责医专那一片区域，医专和城

院还没有完全分开。胡师傅当时还没有来速安公司。（陆平和，快递员，20180730）

即使作为月入过万的老快递员，也有过配送上的失误，因为没有让取件人出示身份证件，结果吃了个哑巴亏。在这次调查中，我不敢肯定所有快递员都赔偿过客户，但至少几个心直口快的快递员没少跟我提及他们的伤心往事。

第二，熟能生巧，在工作中摸索出不少小窍门。除了认真负责的工作态度，陆师傅在快件收派服务上也花了不少心思，摸索出不少小技巧，例如时刻筛查快递服务记录，换位思考并经常替客户着想，尽量帮助客户减少不必要的麻烦等。

> 自己偶尔也会忘记客户给我打过电话。以防万一，我保存了很多客户的电话，离开之前要浏览一下所有的通话记录，看看有没有忘记寄快件的客户，有的话就要赶快打电话。遇到节假日，别的快递员放假了不收，就让我过去收。我有一天能收六七十个快件，这个数字已经不小了。前些年，我一个月能赚6000多块，这个属于很不错的收入了。有一些客户到点部前台寄快件，按道理说，这些客户我们都应该留下他们的手机号码，下次我们亲自上门取，不能让人家自己来前台寄。（陆平和，快递员，20180718）

作为一名老快递员，陆师傅在日常的快速收派中总结的工作经验和技巧，大幅减少了他派送的时间成本，并有效降低了客户投诉的概率。这种爱动脑筋的快递员，不仅让客户放心，更让快递公司放心。

　　第三，为人真诚，在同事那里赢得了好口碑。陆师傅分配的区域是桥东点部比较好的一个区域。在实际调查中，当我问其他快递员区域分配和调整的事项时，不少快递员提到，虽然羡慕陆师傅的业务量，但是也知道这么好的业务量是他努力的结果。这与他的老资历和认真做事的态度有莫大的关系，他成为很多快递员的榜样。桥东点部会定期综合考核每个区域快递员的服务效能，如果业务量大但投诉相对较多，就会考虑再次划分区域。陆师傅负责的区域尽管业务量很大，但很少出现快件派送失误的问题，因此常年没有被点部调整。

　　需要交代的是，陆平和不能作为普通快递员来看待，他身上集中了优秀快递员的诸多品质：入行早且能沉下去，工作认真，脾气温和，善于和各类客户打交道，吃苦耐劳等。他属于资格老、业务熟、服务好的优秀快递员代表。从派送区域来说，他面对的是理想情形，在他的区域内，客户相对集中且确定在场；从派送路径来说，他主要采取的是常规路径和循环路径，让很多快递员颇为头疼的走回头路在他这里根本就不是问题；从派送环节来说，正式派送并让客户当面签收并不是难事，派送效率高且派送风险低；从收取环节来说，让渡一部分快递劳动给客户完成，有效地降低了收取的时间成本。可以说，从区域到路径再到交接环节，陆平和都处于比较理想的状态。当然，对于刚入职的新人来说，情况可能就恰好相反。

第三节　将人拉回社会学的视野

　　作为关注人群和以社会为目标的社会学，在描述社会现象和探讨因果关系的论题上大有作为。然而，社会学者在揭示社会机制的过程中不自觉地忽略了人本身。在可见的实地研究作品中，我们看到了很多精彩的论证与独到的分析，唯独对作品中的人没有留下印象。之所以出现这种情况，除了社会学研究立场外，还与当前的学术发表体例有一定关系。然而，我们不能因为这些因素而有意无意地忽略对人的关注。不过，在少数经典作品中，我们不难发现，它们除了给我们留下了原创性的学术概念和独到的解释思路，还让我们记住了作品中活生生的人。本次研究在实地研究和人物塑造的关系上，采取的依然是隐没关系，就是说所有被访者是作为资料的载体而出现的。但是在调查中确实发现这种处理资料的手法一不小心就遮蔽了活生生的有血有肉的快递员，因此专门留出一章，选择陆平和作为一个典型来剖析，希望通过对他的塑造来弥补本研究的局限。这样做不是否定既有研究手法的合理性，毕竟学科有分工，以描述和解释为专长的社会学学科不能丢掉看家本领。但是在坚守学科立场的同时，需要开拓更广阔的眼界，让社会学作品有更大的社会接受度。

这种研究手法，简单来说就是将人拉回社会学的视野。找回人不只是为了体现主体性，更是为了体现对人本身的关怀。结合本次调查，我们不能在收集所有快递员资料的基础上塑造一个理想的快递员，而是有可能的话为读者呈现一个真实的快递员形象。当前的论文发表受篇幅以及学术规范体例的限制，其涉及的实地研究往往"只见田野不见人"，却美其名曰将人融入田野中。殊不知，这种没有人的研究看似提供给我们关于某一类社会现象的看法，但是不会在读者那里形成共鸣。此外，本书附录中对被访者资料的介绍也是尽可能回到人本身，除了介绍他们的人口学资料外，还希望能给读者提供更多关于他们的信息。当然，这样做有一定的相对性，我们绝不能单纯地为了"找回人"而去找人，毕竟不能脱离所研究的内容。本章是将人拉回社会学视野的一个尝试，选取一个优秀快递员来描述快件派送的整个过程。这种研究手法能否被学界接纳，依然是需要继续讨论的。

第九章

结语：迈向行业研究的社会学分析

　　本书讲述的是一个快递点部的故事。在桥东点部，我看到了快递员们如何快速地分拣快件，并将它们整齐地摆放在车内；在派送的路上，我见证了快递员们如何一边开车一边给客户打电话的惊险场面；在面对客户时，我亲历了快递员们与各类客户交接快件的各种情形。这次调研让我有机会近距离观察他们收派快件的一般过程。本书关心的问题是，在快递的"最后一公里"上，快递员们在正式制度约束、风险不确定的条件下是如何胜任收派快件的任务的。与物流管理科学和经济学的思路稍有不同，甚至与社会学的劳动过程理论也不同，本书通过服务合同约束软化分析框架，全面深入地探讨快递员收派快件的过程和其中隐含的运行机制。接下来，我将在总结全书观点的基础上就某些论题进一步展开：一是探讨服务合同约束软化与其他理论之间的各种联系；二是从方法论立场探讨理论关怀与经验整体的关系；三是思考社会学介入行业研究的可能与可为。

第一节　熟人关系与服务合同约束软化

　　快递员收派快件面临着正式服务合同和现实条件的双重约束。按照客户是否在场和客户是否相对集中两个因素，可以将现实条件区分为完备情形和不完备情形。前者指的是客户相对集中且确定在场，后者指的是客户相对分散且不确定在场。接下来，将分别介绍这两种情形下的派送快件和收取快件，并着重探讨熟人关系在其中扮演的重要角色。

首先是派送快件，在条件完备的情形下，快递员可以当面交付快件并完成客户面签，这样做既保证了派送时效，又控制了派送风险；在条件不完备的情形下，快递员如果遵照合同规定就送不完快件，这促使他们发展出逆向派送、虚化派送、托管派送和代管派送，四种派送模式在软化服务合同的同时，克服了客户不在场的难题。问题是这种软化是以快件派送风险的提高为代价的，例如快件派送延迟、快件破损或丢失，但快递员和客户间形成的熟人关系一定程度上可以有效化解派送风险带来的客户投诉。简而言之，快递员与客户间建构的熟人关系带来两个效果：一是与客户达成的默契可以软化服务合同，发展出除了正式派送外的其他四种派送模式；二是一旦发生派送失误，快递员可以借此与客户和解并尽量避免被投诉。

其次是与派送快件相似，快递员在收取快件时同样面临完备情形和不完备情形。在完备情形下，快递员当面向客户收取快件并完成相应的收件流程，如果客户是熟人，还可以帮助快递员完成一部分快递劳动（填单、打包、在线支付）。在不完备情形下，快递员按照公司规定就很难收取快件，这促使他们发展出逆向收取、虚化收取、代管收取和托管收取，四种收取模式在软化合同的同时，克服了客户不在场的难题。问题是这种软化同样会提高快件收取的风险，而快递员和客户间的熟人关系在一定程度上能有效化解收取风险带来的客户投诉。显然，快递员与客户建构的熟人关系带来两个效果：一是与客户达成的默契可以转让一部分劳动给客户完成，尽可能降低每个快件收取的时间成本；二是在实名认证和开箱查验时，快递员可以有效化解因沟通不畅可能带来的客户投诉。

本书以"熟人关系"为关键词破解快递"最后一公里"的收派难题，但并不是说这种解释思路可以囊括快件收派的所有内容，更不是说这就是唯一的思路。从经验层面上看，快递员并不能做到和所有客户都熟悉，即使做到了全部熟悉，也不能对任何一个熟人都采取软化服务合同的方式。例如快件是贵重物品或重要文件时，快递员宁可耽误派送时间也要务必保证安全。从理论层面上看，本书是想凸显熟人关系与服务合同约束软化之间的内在机制与可能联系，这种联系将通过快递员收派快件的经验展现出来。这种思路与以往的劳动过程理论有所区别。

一　旧瓶装新酒：从熟到熟人

"熟人关系"是破解快递"最后一公里"收派难题的一把钥匙。从"熟人"还能进一步扩展，如"熟路"与"熟物"。"熟路"意味着快递员在所属区域内能迅速地找到客户，或者根据客户位置的不同而随时调整路线，权变派送快件的路径就是"熟路"的极致版。此时在快递员眼中，哪有什么固定路线，只要能最快找到客户就行。"熟物"意味着快递员在收取快件时能迅速根据快件的风险系数决定收取还是婉拒，在派送快递时能马上根据客户的位置决定优先还是稍后。"熟人"意味着快递员可以适当软化服务合同约束，这既提高了派送时效，又化解了派送风险带来的客户投诉。熟人关系是快递员和客户间建立起的一种特殊人际关系，这种关系的建立和维护是快递员在所属区域内与客户长期交往的结果。当然，这里既有公司规章制度提供的系统信任，也有快递员认真敬业的工作态度提供的人际信任。

借助"熟人"关键词，除了可以解答本研究的问题，还可以回答更多的问题。为什么同一个快递员在入职三个月后工资会有很大的提高？新手在入职三个月后的变化一般为：刚入行不久，不熟悉路况，花在路上的时间相对较多，与客户不熟，不敢轻易软化服务合同，按照规定派送快件，虽然风险小，但成本高，且收益也少；入行后三个月，熟悉路况，花在路上的时间变少了，与客户熟了，在客户默许下适当软化服务合同，大大提高了派送效率，即使存在一定程度的派送风险，也可以选择与客户协商解决。为什么离职的快递员大多为资历浅的员工？新手在入职几个月以后，如果做不到"熟路"、"熟人"与"熟物"，就意味着他还没有完全摸索到收派快件的窍门，还是按照服务合同规定来收派快件，工作时间和工作强度并没有随着时间延长而不断降低，收入没有起色，离职在所难免。

换言之，快递员所辖区域内的客户群体并非一成不变，有老客户离开或放弃速安快递公司，也会有新客户不断加入。如果做一个量化分析，我们完全能计算出每个快递员在区域内的熟人网络，甚至还能推导出这种熟人关系网络的动态变化。快递员在平时收派快件时采取的是差异化服务，将熟人关系下的服务合同约束软化与生人关系下的遵照正式服务合同约定并列。随着从业时间变长，快递员们与客户的交往次数日益增多，在恰当的时点上，一部分生人客户慢慢变成熟人客户，服务合同约束软化开始发生。

对"熟人"、"熟路"和"熟物"等的讨论，背后暗含着我们需要面向日常生活，并立足于中国本土经验来挖掘这些日常用语背后的社会学意义。赵鼎新教授在《集体行动、搭便车理论与形式社会学方法》中对民谚和寓言在社会科学理论创新中的角色给予了高度认可，认为作为民间智慧的民谚和寓言往往是普通民众在日常生活中对重要社会机制的总结，如果研究者能将其作为灵感的来源进而创建形式模型，将会是一个好办法（赵鼎新，2006a）。美国经济学家奥尔森（1995）在《集体行动的逻辑》中指出，集体行动与群体规模有关，规模越大，群体成员越容易产生"搭便车"行为，最终就越难以发生集体行动。这种理论分析与我们平时所说的"一个和尚挑水喝，两个和尚抬水喝，三个和尚没水喝"的民谚有异曲同工之处。很可惜，这些民谚为我们提供的是关于日常生活的直观印象，却没有上升为形式化模型。

　　借助民间智慧来创新社会科学理论有两种做法。第一种是以本土概念来发展社会学理论。应星教授发现，"气"是中国人在人情社会中摆脱生活困境、追求社会尊严和实现道德人格的根本促动力，是从一种被克制的激情到可以迸发的激情再到一种自我执法的义气，以忍驭气是主流，以气立人是补充，任气行侠是特例（应星，2010）。第二种是将民间智慧与西方社会科学理论对照，比较两者各自的优势及局限，从中找到理论创新的契机。刘世定教授对先秦典籍《荀子·议兵》中有关"得地、兼人"的论述进行分析，发现荀子有关国家规模变动对国力变化影响的论述，反映出荀子强调"德"的意义，而该因素是西方国家规模理论模型中所缺乏的变量（刘世定，2014b）。在积极引介西方社会科学理论的同时，我们应借助传统文化资源，通过规范的科学方法和理论锻造来提炼理论框架。作为中国本土知识的"熟"蕴含着丰富的文化资源，将它作为研究快递行业的分析视角，可以在理论上有更多的推进。

二 服务合同约束软化：从行业研究到社会治理

本研究关注的是快递业，但是正如开篇所言，完全可以将这个经验问题提升为更一般的研究问题，那就是：在正式制度约束、风险不确定的情形下，行动者是如何有效完成任务的？下面将分别从服务行业研究和国家治理两个方面来探讨其中的内在关联。

围绕服务行业领域，近些年国内学者采用劳动过程理论积累了丰富的研究文献，作者从中受到不少启发。不过，正如有研究指出的，未来的劳动研究需要在全球化视野、历史视野、结构眼光和本土学术传统等方面进一步拓展（沈原、闻翔，2012）。关于服务行业的讨论，劳动过程理论的重要性毋庸置疑。清华大学沈原教授带领的学术团队长期致力于对劳动过程的研究，研究领域从以往的农民工群体逐渐扩展至城市各行各业，这种学术积累尤为可贵。本研究在有关快递员劳动过程的经验资料基础上另辟蹊径，借鉴经济社会学中对关系合同论题的讨论，尝试从熟人关系来探讨服务合同约束软化的条件、过程、机制和社会后果。我们可以尝试用服务合同约束软化框架来深化对服务业的讨论，特别是在资方、劳方与客户三者互动的条件下，资方控制与劳动自主可能只是刻画这类研究话题的一个分析视角。在此，我们以家政业和美容业为例做一些讨论。以家政业为例，有研究发现，雇主与家政工在家务劳动过程中存在多种博弈：雇主通过时间规训、全景监视和情感管理来控制劳动过程，家政工采取跳槽、讨价还价和搭建前后台来夺回劳动过程控制权（苏熠慧，2011）。这种解释思路的巧妙之处是摆脱资方与劳方的窠臼，从雇主（客户）和劳方（家政工）的关系来深化拓展劳动过程理论。但是，我们也可以设想一下，家政工与雇主的互动除了博弈之外，还有没有其他交往类型？比如说双方存在合作关系，而且这种合作很可能违背了家政中介公司规定的服务内容。再以美容业为例，有研究者以"制造熟客"为关键词，指出美容师借助与客户的情感关系诱导客户充卡，进而掩盖了资方对顾客的赢利与对劳动者的控制（施芸卿，2016）。与家政工相似，我们想探讨的是美容师与客户会不会有其他更多的互动类型？劳动过程理论在关注资方控制与劳动自主关系上会不会遗漏一些其他关键信息？回到本次论题，本书之所以用服务合同约束软化思路来探讨快递员与客户之间的关系，是想凸显快递员在快件收派劳动中的主动性和自觉性，通过与客户交往形成的熟人关系来化解资方控制。在这样的分析框架下，我们既看到了快递员采取五花八门的劳动策略（路径优化、派送优化和收取优化），也能深入探究这种服务合同约束软化长期存在的现实基础（客户相对分散与客户不确定在场）。

如果将研究领域放得更宽些，服务合同约束软化则与近年来学界关注的国家治理话题有内在的相通性。[1] 以国家内部的层级治理为题，有研究者归纳出三方面内容：决策统一性与执行灵活性之间的动态关系，政治教化的礼仪化和运动型治理机制（周雪

---

[1] 严格来说，国家治理涉及内外两部分：一是政府内部各层级之间的关系，包括对上下级政府间关系的处理；二是政府与社会的关系。这两个领域的研究文献其实有很多，共同点是在制度约束、资源有限且风险不确定的条件下如何有效地完成任务。

光，2017）。周雪光发现，基层政府间出现的上下级政府一起应对更上一级政府的"共谋"现象，以非正式方式长期广泛存在，且有着合法性基础（周雪光，2008）。本研究提出的服务合同约束软化与其类似，也能长期存在，并有相应的合法性基础：客户不确定在场与客户相对分散是促使服务合同约束软化的现实基础；企业与快递员间的信息不对称是推动服务合同约束软化的信息基础；快递员与客户间建立的熟人关系是维持服务合同约束软化的重要纽带。然而，两者又略有不同：从生成过程上看，"共谋"行为中的政府有上下级区分，而且是一种非市场性活动，而服务合同软化中的快递员和客户间是一种平等的市场交易行为；从生成动力上看，"共谋"行为中的上下级政府为规避上一级政府的惩罚，有很强的动力来推动"合谋"，而服务合同约束软化则更多是来自快递员单方面的主动作为，客户在收益没有减损的情况下默许即可；从社会后果上看，"共谋"行为中的上下级政府强化了彼此的制度依赖，而服务合同约束软化则时刻面临纠纷的威胁。近年来，学界围绕国家治理论题的讨论吸引了一大批学者的注意力，本研究关注的是快递员收派快件的劳动过程，这两个论题都涉及制度约束、风险不确定情况下如何有效地完成任务。

三　迈向合同研究的跨学科视角

合同论题在学科划分上属于经济学范畴，侧重于从降低交易成本的角度探讨签订各方的权利和义务关系。与此不同，社会学将合同看作一种正式制度，着重考虑的是正式制度在实施过程中可能产生的意料之外的结果。

社会学视角关注合同论题有两个可供参考的分析视角。其一，对那些被经济学、法学视为反常的合同现象进行重新解释，就是说尝试揭示被经济学或法学学科忽略的关键因素。它们既可能是合同背后的人际关系，也可能是合同中蕴含的一系列非正式的道德观念。例如被政府严令禁止的小产权房，在一定程度上就是购房人和卖房人之间达成非正式合同，这种合同尽管违反《土地管理法》，但是它本身蕴含的成本－收益结构将长期存在。其二，探讨合同在实施过程中产生的各种非预期结果，这也是我们所讲的合同软化。在经济学看来，明晰的合同条款既能规范双方的权利义务关系，又能减少不必要的纠纷。然而，作为正式制度的合同在实施过程中可能会遭遇执行困境，特别是在实施合同需要的理想条件不存在的时候更是如此。社会学视角尝试从合同双方的人际关系来探讨合同治理结构与人际关系的各种可能联系。本研究从学术脉络上讲属于这一分支，但是又有所不同，因为是将合同双方的关系引申为三方关系，通过考察三方各自在合同中的成本与收益来深化合同约束软化的理论思路。

本书立足于跨学科立场，借鉴不同学科的知识来看待快件收派话题。面对同一个社会现象，不同学科之间的关系有以下四类。一是相互竞争的关系。在现象解释上有力，是任何一个学科存在的重要前提，不同学科面对同一个现象时解释的角度和深度都是不同的。二是相互补充的关系。面对同一个社会现象，不同学科的分析视角存在差异，某个学科只是从一个侧面或维度来描述或解释现象，因此需要若干个学科通力合作才能达到对现象的深入理解。三是相互启发的关系。面对同一个现象的同一个侧面或维度，不同学科的解释思路各有特色，此时，研究者适度地借鉴其他学科的观点，反而有助于加深对这个现象的解释。四是并存共荣的关系。不同学科由于学科视角有差异，对同一现象只是选择从与该学科相关的维度或层面介入，其研究结论对认识这个现象有很大帮助。

以本次调查为例，社会学与经济学和物流管理科学是相互补充的关系。尽管物流管理科学在派送模式上区分出不同的派送类型，比如上门服务、智能快递柜自提、便利店自提等，但是注意力仍然放在派送速度上，简单说就是快递收派速度能不能再快一些。经济学把这个讨论又往前推进了一步，因为成本－收益比较分析思路一直是经济学的优势，所以我们才看到不少经济学的文献不会只关注如何创新派送模式，而是要使模式创新与现实基础相匹配。这种现实基础既有对不同客户类型的区分，也有对各快递公司与共同派送企业的利益分割，简单说就是成本投入能不能更少一些。如果说物流管理科学是追求"更快一些"，经济学是追求"更少一些"，那么社会学的思路可以概括为"更稳一些"。这里的"稳"既兼顾了快速（派送时效）与安全（派送风险），又平衡了投入（劳动时间）与收益（快递业务量）。而做到"稳"的关键就在于"熟"，这里的"熟"包括熟人、熟物和熟路，其中又以快递员和客户间维持的熟人关系最为重要。简而言之，同样是关注快递"最后一公里"话题，物流管理科学是在物流技术和物流网络上做文章，经济学是将成本－收益的分析比较囊括其中，而社会学则是重视快递员和客户间的熟人关系在快件派送中的重要作用。

第二节　作为整体经验的田野

关于实地研究的方法论讨论，学界已经有不少观点。这里将结合此次快递调查，先简单探讨资料分析与理论提炼的关系，随后再思考理论准备与田野研究的关系。

一　资料分析进度：保持开放式思路

在进入点部之前，我寄快件时会根据物品的贵重程度和时效性来选择快递公司，贵重物件选择顺丰，不太贵的但比较重的选择圆通或韵达。至于快递员如何收派快件，一概不知。作为一家直营企业，快递员在送快件过程中居然有一部分快件不是让客户面签，而是采取其他签收方式，本书将其概括为"服务合同约束软化"。为什么会软化？软化难道只有利没有害？如果有害，他们又该怎么办？这些问题是我在田野调查中逐渐察觉到的。换个角度来看，企业的正式规则在实施过程中是如何被变通执行的？变通执行的过程、机制和后果又是什么？在调研中，快递员们经常讲的熟人关系给了我很大启发。快递员跟客户是熟人的话，双方就不是冷冰冰的陌生人，而是一种特殊的人际关系，人际关系与正式合同的联系就成为作者思考的线索。在调研后半程，我在这种线索指引下，尝试搜寻与它相关的资料。这并不是为了寻找与它相一致的材料，而是在确定是不是还存在一些跟这个思路相悖的反常资料。调研后半程收集的资料反而使这个框架显得更充实。从这段调研经历我深切认识到，研究者进入田野后面对新鲜的材料，首先要抑制住理论解释的冲动，因为一个单薄的经验事实可以阐发出不同的解释观点。我们只有耐住性子,深入调查,不断逼近经验的真相,才能让田野资料充分地展现开来。随着资料越来越丰富,如果你提出的理论框架依然能对这些资料给以充分的解释,那么至少说明这个理论框架是经得起推敲的。

快递员收派快件的过程可以作为一个经验整体,而研究者收集资料却是一个不断逼近事实的过程。只要经验整体没有完整地呈现出来,此前断断续续出现的资料都有可能让研究者生发出新的概念或解释思路,但这些也许是暂时的,后续资料也很有可能会反驳你之前刚刚提炼好的观点。研究者在实地调研中要对未来出现的经验资料保持一种开放的心态,每天出现的崭新资料都可能调整或推翻前一天你提出的理论解释。对田野经验要作为一个整体来看待,在经验资料还没有完全收集全之前,研究者最好不要就手头掌握的资料匆忙下结论。

二 观察渗透理论:对实地研究再审视

我们还需要探讨的是理论准备与田野研究的关系。在以往的研究中,有一种观点认为进入田野不能带有理论视角,因为这会影响你对资料的收集、筛选、整理和分析。换句话说,带有理论视角的田野调查进行到最后,哪些是你的观察,哪些是你的预设,是说不清楚的。问题是,这种假定可以实现吗?"描述不应该、事实上也不可能是脱离理论的。我们总是会对描述的事物进行挑选和组织,因此描述会突出个案的某些方面。描述更像是一幅风景画而非一张照片,它是一种诠释而非一种单纯的镜像。在描述中,我们可以利用明确的理论或已有的概念范畴,或利用相关的隐含理论和重要的范畴。"(德沃斯,2008:182)。本研究的立场是悬置而不是没有理论视角进入现场，在观察快递员操作时是很难不受理论影响的，但至少本人要有意识地知道不能较早地将理论带入田野，而要让田野作为一个整体来慢慢浮现。说得极端些，最终的作品如果撇掉理论，剩下的经验资料应是一个整体。这个"整体"有三重含义：第一，田野资料的丰富程度，如果田野呈现的素材是平面或单维度的，我们很难说田野是整体的，这个可以概括为"立体感"；第二，田野本身能不能自成一体，就是说田野内部各个事项在逻辑上是否说得通，这个可以概括为"一体化"；第三，这个田野是不是包含多个维度的资料，这个可以概括为"多面向"。"立体感"、"一体化"和"多面向"是整体经验的三个关键要素。

针对整体经验的三个要素，在这里做一下介绍。首先是多面向，这次实地研究既有收快件，也有送快件；既有提高派送时效，又有降低派送风险；既有公司时效系统的督促，也有快递员的人际协作。其次是立体感，本研究紧紧抓住熟人关系与服务合同约束软化的联系，对收快件和送快件内部的过程和机制做了全面呈现。以送快件为例，路径选择上有常规路径、例外路径、循环路径和权变路径，在派送方式上有正式派送、逆向派送、虚化派送、代管派送和托管派送。最后是一体化，本研究以快递流通为论题，指出快递员收派快件的整个过程环环相扣，不容出一些闪失。我们要先让资料整体地浮现出来，在资料完整浮现之前，所有理论提炼都是暂时的且可以不断调整、修改的，一直到后续的经验资料再也不能给作者提供新鲜的素材，调查才告一段落。

第三节　行业研究与拓宽社会学边界

社会学视角中的快递研究，不只是包裹在地理空间上的迅速移动，也不只是不同派送模式中成本与收益的比较分析，而是熟人关系下的服务合同约束软化。这样讲不是否定物流管理科学和经济学的研究成果，因为没有物流网络的科学设计、没有正式合同的约束规定，快件的收派过程将会纷乱复杂。本书想要表达的是，牵涉千家万户的快递业需要多学科的通力合作，社会学学科有成熟的分析概念和理论框架，理应在快递业研究中占有一席之地。

作为以关注人群和社会为己任的社会学学科，在城市行业研究中具有不可替代的重要性。作为一门基础性社会科学，社会学积累了不少富有成效的分析概念和理论框架，为转型中的中国社会在面对重大现实论题时提出解释思路和应对方案。近年来，围绕行业研究的文献慢慢多起来，例如，《中国卡车司机调查报告No. 1——卡车司机的群体特征与劳动过程》基于问卷调查和个案访谈，全面勾勒出我国卡车司机群体的人口学特征，并详细分析了劳动过程的基本特点。尽管这些年不少学者围绕自己关心的论题展开了研究，但是研究成果毕竟还是少了一些。三百六十行，行行出状元。社会学研究者尽管不可能从事每一个行当，但是对每个行业的深入探索对于人们加深对这些行业的理解还是有很大帮助的。

从更长远的角度来看，社会学介入行业研究是有益处的。对社会学学科来说，可以拓宽社会学研究的边界，增强社会学理论的解释力，让更多的人来认识这个学科。社会学的传统论题——社会分层与流动、社区研究、社会问题等为我们提供了富有成效的分析框架和研究文献。然而，目前对行业的研究还不是太多，例如本书所关注的快递业直至现在也只有若干篇研究文章。这里面的原因很大一部分可能是被一些特定行业的门槛所阻拦，例如快递行业对物流信息的强调会让一些社会学研究者无处下手。其实这是一个假想，只要行业研究涉及人群，社会学知识库中的概念和理论就可能派上用场，只是需要在调研基础上选择一个比较好的切入点。对行业来说，大可借助社会学的理论观点帮助人们加深对不同行业的认识，可以为行业的发展诊断、谋划和献言献策。例如在本次调查中，我们发现快递末梢的托管派送将是未来快递业发展的一个新契机，即各家快递公司在某一个区域内的快件都可以委托给一家快递超市来完成，当然，在利润分割以及市场竞争方面仍有很多论题值得进一步讨论。还有，既然快递员可以通过熟人关系的建构来寻求代管，那么快递公司是不是可以从宏观层面与该片区内的便利店等进行分类合作，进一步降低快递员派送快件的风险？这其实是一个双赢的过程，社会学学人可以有效选择行业展开研究。换一个角度看，关注快递员派送快件的过程，一开始并没有想到熟人关系的重要性，这是不是在提示我们，社会学学人应重新检讨既有的理论储备和知识库存。

　　行业研究在方法上并不存在很大的困难。比如，与农村调查相比，城市社区的隐匿性与居民对隐私的重视确实使不少调查者很难展开研究。就以我的经历为例，不要说去别的小区做调查，就连在自己所住的小区都很难收集资料。但是进入行业可能就不会面临太多苛责。不同行业是人们谋生的场所，也是人们各自开展社会交往的场所，研究者只要先进入现场，经过一段时间的熟悉并与被访者建立比较好的信任关系，是可以收集到比较全面的资料的。但前提一定是要沉下去，一直浸泡在资料里面，不能一触即跳，只花三五天收集一些资料就以为触及行业的实质，这不过是蜻蜓点水浮于表面。从这个思路来看，田野调查并非一定就在远方，只要有可能，田野就在我们身边的小区或城市的各行各业。

迈向行业的社会学研究需要更加开阔的研究思路和更多元的理论视角。例如行业研究的重要对象是劳动者，那么围绕劳动者的劳动过程理论作为一个比较成熟的分析框架就绝对不能搁置，因为这种理论工具的成熟性和批判性体现了社会学意义上的解放性。因此，我们可以理解劳动过程理论为什么在服务行业有很广泛的运用。但是，我想说的是，除了劳动过程理论，我们是不是可以引介一些更多元的解释思路，例如本书探讨的服务合同约束软化框架是不是一个备选项？除了社会学内部的多元化，其他分支社会科学的概念、分析框架和解释思路也是可以大力借鉴的。例如研究服务合同，就需要对经济学、法学的合同研究有了解，否则就会以为只要双方签订的协议都是合同。开展行业研究是使社会学学科焕发生命力的重要契机，也是在整个社会层面开展社会学学科普及的重要手段。在中国的重大现实论题上，社会学需要发声，但不是自说自话，而是根据学科研究的立场、解释思路和研究原则，通过积极介入行业研究来为社会大众提供别具一格的解释思路。

参考文献

埃利亚斯，诺贝特，2006，《社会学视野下的音乐天才：莫扎特的成败》，吕爱华译，广西师范大学出版社。

奥尔森，曼瑟尔，1995，《集体行动的逻辑》，上海人民出版社。

边燕杰，2004，《中国城市中的关系资本与饮食社交：理论模型与经验分析》，《开放时代》第 2 期。

边燕杰，2006，《网络脱生：创业过程的社会学分析》，《社会学研究》第 6 期。

边燕杰，2010，《关系社会学及其学科地位》，《西安交通大学学报》（社会科学版）第 3 期。

边燕杰，2017，《论社会学本土知识的国际概念化》，《社会学研究》第 5 期。

边燕杰、孙宇、李颖辉，2018，《论社会资本的累积效应》，《学术界》第 3 期。

边燕杰、杨洋，2018，《改革开放 40 年中国社会学的发展历程》，《西安交通大学学报》（社会科学版）第 6 期。

边燕杰、张文宏，2001，《经济体制、社会网络与职业流动》，《中国社会科学》第 2 期。

布雷弗曼，哈里，1978，《劳动与垄断资本》，方生等译，商务印书馆。

布洛维，迈克尔，2008，《制造同意——垄断资本主义劳动过程的变迁》，李荣荣译，商务印书馆。

曹正汉，2006，《从借红帽子到建立党委——温州民营大企业的成长道路及组织结构演变》，载张曙光、金祥荣主编《中国制度变迁的案例研究》（浙江卷），浙江大学出版社。

曹正汉，2008，《产权的社会建构逻辑——从博弈论的观点评中国社会学家的产权观点》，《社会学研究》第 1 期。

曹正汉、史晋川，2008，《中国民间社会的理：对地方政府的非正式约束——一个法与理冲突的案例及其一般意义》，《社会学研究》第 3 期。

陈曦，2017，《快递"最后一公里"配送问题研究》，《中国储运》第 4 期。

陈义友、张锦、罗建强，2017，《顾客选择行为对自提点选址的影响研究》，《中国管理科学》第 5 期。

传化公益慈善研究院、"中国卡车司机调研课题组"，2018，《中国卡车司机调查报告 No. 1——卡车司机的群体特征与劳动过程》，社会科学文献出版社。

德沃斯，戴维，2008，《社会研究中的研究设计》，郝大海等译，中国人民大学出版社。

丁秋雷、胡祥培、姜洋、阮俊虎，2017，《快件配送地址变化的干扰管理模型研究》，《运筹与管理》第 12 期。

杜鹃、张锋、刘上、裴逸礼，2018，《从有产者游戏到互联网劳工——一项关于共享经济与劳动形式变迁的定性研究》，《社会学评论》第 3 期。

杜沂蒙，2019，《快递小哥不是社会的"临时工"》，《中国青年报》2 月 26 日。

范静静、周晓光、杨萌柯、周红艳，2016，《城市末端快递配送现状及共同配送模式研究——以北京市海淀区为例》，《物流技术》第 7 期。

费孝通，1994，《个人·群体·社会——一生学术历程的自我思考》，《北京大学学报》第 1 期。

费孝通，1998，《乡土中国》，上海人民出版社。

冯向楠、詹婧，2019，《人工智能时代互联网平台劳动过程研究——以平台外卖骑手为例》，《社会发展研究》第 3 期。

符平，2009，《嵌入性：两种取向及其分歧》，《社会学研究》第 5 期。

格兰诺维特，马克，2014，《经济生活中的社会学》，上海人民出版社。

谷炜、张群、卫李蓉，2013，《基于 GIS 的物流配送中心末端大规模车辆路径优化问题研究》，《中国管理科学》专辑。

关锋，2011，《马克思的劳动过程理论和微观政治学》，《哲学研究》第 8 期。

郭方方、钟耀广，2018，《联盟式电商共同配送的利益合理分配》，《江西社会科学》第 2 期。

郭于华、沈原、潘毅、卢晖临，2011，《当代农民工的抗争与中国劳资关系转型》，《二十一世纪》4 月号。

何明洁，2009a，《劳动与姐妹分化——"和记"生产政体个案研究》，《社会学研究》第 2 期。

何明洁，2009b，《劳动与姐妹分化——中国女性农民工个案研究》，四川大学出版社。

贺欣，2005，《在法律的边缘——部分外地来京工商户经营执照中的"法律合谋"》，《中国社会科学》第 3 期。

贺雪峰，2001，《论社会关联和乡村治理》，《国家行政学院学报》第 3 期。

贺雪峰，2011，《论熟人社会的人情》，《南京师大学报》（社会科学版）第 4 期。

胡大可，2014，《偷走一车快递的男人抓住了　但价值 3 万的货包已遭破坏》，《钱江晚报》12 月 12 日。

胡慧、任焰，2018，《制造梦想：平台经济下众包生产体制与大众知识劳动的弹性化劳动实践——以网络作家为例》，《开放时代》第 6 期。

胡荣，2005，《经济发展与竞争性的村委会选举》，《社会》第 3 期。

胡荣、李静雅，2006，《城市居民信任的构成及影响因素》，《社会》第 6 期。

胡翼鹏，2015，《"被遗忘的传统"：传统的别一种存续形态》，《人文杂志》第 5 期。

怀特，威廉，2013，《街角社会》，黄育馥译，商务印书馆。

黄光国，2006，《儒家关系主义》，北京大学出版社。

黄佩、杨丰源，2018，《"弹性"的创意：电子游戏的美术劳动》，《国际新闻界》第 5 期。

黄岩，2012，《工厂外的赶工游戏——以珠三角地区的赶货生产为例》，《社会学研究》第 4 期。

贾倩倩、康海燕，2018，《快递"最后一公里"配送新模式》，《北京信息科技大学学报》（社会科学版）第 2 期。

贾旭光，2018，《基于智能快递箱的城市快递配送系统优化研究》，《江苏商论》第 6 期。

金耀基，2002，《金耀基自选集》，上海教育出版社。

科斯，罗纳德，2014，《企业、市场与法律》，盛洪、陈郁译校，上海三联书店。

课题组，2014，《城市配送研究的新进展》，《中国流通经济》第 11 期。

雷静，2017，《互联网时代下同城快递的众包物流模式研究》，《物流工程与管理》第 9 期。

李芏巍，2017，《快递时代 3.0》，中国铁道出版社。

李军、吴艳敏，2014，《高校校园快递秩序治理的实践探索——以清华大学为例》，《高校后勤研究》第 8 期。

李林艳，2008，《关系权力与市场——中国房地产业的社会学研究》，社会科学文献出版社。

李淑芳、唐琦遥、丁宁、王佳媛、唐婧，2014，《基于集合覆盖模型的"快递专柜"网点规划——以杭州下沙高教园区为例》，《物流技术》第 5 期。

李晓菁、刘爱玉，2017，《资本控制与个体自主——对国内空姐情感劳动的实证研究》，《妇女研究论丛》第 5 期。

利贝卡普，加里，2001，《产权的缔约分析》，陈宇东、耿勤、秦军、王志伟译，中国社会科学出版社。

梁萌，2016，《技术变迁视角下的劳动过程研究——以互联网虚拟团队为例》，《社会学研究》第 2 期。

梁萌，2017，《强控制与弱契约：互联网技术影响下的家政业用工模式研究》，《妇女研究论丛》第 5 期。

梁萌，2019，《弹性工时制何以失败？——互联网企业工作压力机制的理论与实践研究》，《社会学评论》第 3 期。

梁漱溟，2011，《中国文化要义》，上海人民出版社。

林南，2005，《社会资本——关于社会结构与行动的理论》，上海人民出版社。

刘林平，2001，《外来人群体中的关系运用——以深圳"平江村"为个案》，《中国社会科学》第 5 期。

刘林平，2006，《企业的社会资本：概念反思和测量途径——兼评边燕杰、丘海雄的〈企业的社会资本及其功效〉》，《社会学研究》第 2 期。

刘林平、张春泥，2007，《农民工工资：人力资本、社会资本、企业制度还是社会环境？——珠江三角洲农民工工资的决定模型》，《社会学研究》第 6 期。

刘少杰，2010，《陌生关系熟悉化的市场意义——关于培育市场交易秩序的本土化探索》，《天津社会科学》第 4 期。

刘少杰，2014，《陌生关系熟悉化——优化市场交易秩序的本土化选择》，《福建论坛》第 4 期。

刘世定，1995，《乡镇企业发展中对非正式社会关系资源的利用》，《改革》第 2 期。

刘世定，1998，《科斯悖论和当事者对产权的认知》，《社会学研究》第 2 期。

刘世定，1999，《嵌入性与关系合同》，《社会学研究》第 4 期。

刘世定，2014a，《经济社会学》，北京大学出版社。

刘世定，2014b，《荀子对"得地兼人"的论述与国家规模理论》，《社会发展研究》第 4 期。

刘泽华、张分田，2004，《开展统治思想与民间社会意识互动研究》，《天津社会科学》第 3 期。

吕涛，2014，《社会资本与地位获得：基于复杂因果关系的理论建构与经验检验》，人民出版社。

吕涛，2019，《关系何时有用？——社会资本的条件性来源与回报》，《兰州大学学报》（社会科学版）第 2 期。

麻存瑞、柏斌、赵欣苗、曾伟，2017，《快递配送车辆路径优化研究》，《交通运输系统工程与信息》第 4 期。

马克思，卡尔，1963，《资本论》（第一卷），郭大力、王亚南译，人民出版社。

毛薇，2015，《网络购书末端配送服务流程的研究》，《图书馆学研究》第 7 期。

梅灵、邵明吉，2018，《快递业务配送流程优化设计——以京东自营物流为例》，《中国市场》第 1 期。

聂辉华，2004，《交易费用经济学：过去、现在和未来——兼评威廉姆森〈资本主义经济制度〉》，《管理世界》第 12 期。

聂辉华，2005，《新制度主义经济学中不完全契约理论的分歧与融合——以威廉姆森和哈特为代表的两种进路》，《中国人民大学学报》第 1 期。

聂辉华，2008，《契约不完全一定导致投资无效率吗？——一个带有不对称信息的敲竹杠模型》，《经济研究》第 2 期。

聂辉华，2011，《不完全契约理论的转变》，《教学与研究》第 1 期。

聂辉华，2017，《契约理论的起源、发展和分歧》，《经济社会体制比较》第 1 期。

聂辉华、阮睿、李琛，2016，《从完全契约理论到不完全契约理论——2016 年诺贝尔经济学奖评析》，《中央财经大学学报》第 6 期。

纽曼·劳伦斯，2007，《社会研究方法：定性和定量的取向》，郝大海译，中国人民大学出版社。

潘光旦，2010，《儒家的社会思想》，北京大学出版社。

彭玉生，2009，《当正式制度与非正式规范发生冲突：计划生育与宗族网络》，《社会》第 1 期。

齐昊、马梦挺、包倩文，2019，《网约车平台与不稳定劳工——基于南京市网约车司机的调查》，《政治经济学评论》第 3 期。

任芳，2017，《末端配送共享模式与价值分析》，《物流技术与应用》第 2 期。

任焰、贾文娟，2010，《建筑行业包工制：农村劳动力使用与城市空间生产的制度逻辑》，《开放时代》第 6 期。

任焰、潘毅，2006，《宿舍劳动体制：劳动控制与抗争的另类空间》，《开放时代》第 3 期。

阮极，2018，《人情对贿赂及其"道德化"的影响——基于找关系入学的民族志研究》，《社会学研究》第 2 期。

瑞德菲尔德，罗伯特，2013，《农民社会与文化：人类学对文明的一种诠释》，王莹译，中国社会科学出版社。

申静、王汉生，2005，《集体产权在中国乡村生活中的实践逻辑——社会学视角下的产权建构逻辑》，《社会学研究》第 1 期。

沈毅，2007，《"仁"、"义"、"礼"的日常实践："关系"、"人情"与"面子"——从"差序格局"看儒家"大传统"在日常"小传统"中的现实定位》,《开放时代》第 4 期。

沈原、闻翔,2012,《转型社会学视野下的劳工研究:问题、理论与方法》,载郭于华编《清华社会学评论》,社会科学文献出版社。

施芸卿,2016,《制造熟客:劳动过程中的情感经营——以女性美容师群体为例》,《学术研究》第 7 期。

帅满,2018,《双重控制与多元反应:茶艺师劳动过程研究》,《中国青年研究》第 11 期。

双莎莎、何建佳、李亚茹,2016,《基于互联网技术的最后一公里综合配送模式分析》,《技术与创新管理》第 5 期。

苏熠慧,2011,《控制与抵抗:雇主与家政工在家务劳动过程中的博弈》,《社会》第 6 期。

苏熠慧、倪安妮,2010,《育婴家政工情感劳动的性别化机制分析——以上海 CX 家政公司为例》,《妇女研究论丛》第 5 期。

孙萍,2019,《"算法逻辑"下的数字劳动:一项对平台经济下外卖送餐员的研究》,《思想战线》第 6 期。

孙真、张诤,2017,《共同配送理论在城市末端物流中的应用研究》,《交通科技与经济》第 5 期。

佟新,2013,《我国服务业的工作和劳动关系———以星级饭店业的工作和劳动关系为例的研究》,《江苏社会科学》第 2 期。

汪建华,2018,《劳动过程理论在中国的运用与反思》,《社会发展研究》第 4 期。

王冬良、余振宁,2016,《智慧城市背景下的智能快递柜发展对策研究——以珠海市为例》,《物流技术》第 5 期。

王磊,2017,《国外城市末端物流配送发展经验及其借鉴》,《物流工程与管理》第 7 期。

王宁，2002，《代表性还是典型性？——个案的属性与个案研究方法的逻辑基础》，《社会学研究》第5期。

王宁，2009，《从苦行者社会到消费者社会：中国城市消费制度、劳动激励与主体结构转型》，社会科学文献出版社。

王宁，2014，《人情结算与义务承担——以朋友聚餐消费中的"买单"行为为例》，《广东社会科学》第1期。

王星，2011，《技术的政治经济学：基于马克思主义劳动过程理论的思考》，《社会》第1期。

王旭东，2015，《电子商务环境下的配送区域划分》，《物流科技》第6期。

王旭坪、詹林敏、张珺，2018，《考虑碳税的电子商务物流最后一公里不同配送模式的成本研究》第4期。

王莹，2017，《快递"最后一公里"的商业模式研究》，《物流技术》第12期。

威廉姆森，奥利弗，2002，《资本主义经济制度——论企业签约与市场签约》，段译才、王伟译，商务印书馆。

文卡特斯，2009，《黑帮老大的一天》，孙飞宇译，上海世纪出版集团、上海人民出版社。

闻翔、周潇，2008，《西方劳动过程理论与中国经验：一个批判性的述评》，《中国社会科学》第3期。

吴清军、李贞，2018，《分享经济下的劳动控制与工作自主性——关于网约车司机工作的混合研究》，《社会学研究》第4期。

吴心越，2019，《市场化的照顾工作：性别、阶层与亲密关系劳动》，《社会学评论》第1期。

阎云翔，2006，《差序格局与中国文化的等级观》，《社会学研究》第 4 期。

杨国枢，2004，《中国人的心理与行为：本土化研究》，中国人民大学出版社。

杨聚平、杨长春、姚宣霞，2014，《电商物流中"最后一公里"问题研究》，《商业经济与管理》第 4 期。

杨萌柯、周晓光，2015，《"互联网＋"背景下快递末端协同配送模式的构建》，《北京邮电大学学报》（社会科学版）第 6 期。

杨敏、江滢，2017，《新经济下物流劳工群体的劳动与控制——基于 W 市宝佳快递点部一线快递员的个案研究》，《黑龙江社会科学》第 5 期。

杨朋珏、胡昊、王俊嘉、安芬，2014，《电子商务环境下城市配送末端网点选址模型研究》，《工业工程与管理》第 1 期。

杨宜音、张曙光，2012，《在"生人社会"中建立"熟人关系"：对大学"同乡会"的社会心理学分析》，《社会》第 6 期。

叶威惠、张飞舟，2017，《真实路况下的快递配送路径优化研究》，《计算机工程与科学》第 8 期。

应星，2001，《大河移民上访的故事》，上海三联书店。

应星，2010，《"气"与中国乡土本色的社会行动——一项基于民间谚语与传统戏曲的社会学探索》，《社会学研究》第 5 期。

应星，2018，《"田野工作的现象力"：在科学与艺术之间——以〈大河移民上访的故事〉为例》，《社会》第 1 期。

雨果，维克多，2015，《悲惨世界》，李丹、方于译，人民文学出版社。

圆通研究院，2018，《中国智能快递柜发展现状与未来方向》，《中国物流与采购》第 8 期。

翟学伟，1999，《个人地位：一个概念及其分析框架：中国日常社会的真实建构》，《中国社会科学》第 4 期。

翟学伟，2002，《中国社会中的日常权威：概念、个案及其分析》，《浙江学刊》第 3 期。

翟学伟，2007a，《报的运作方位》，《社会学研究》第 1 期。

翟学伟，2007b，《关系研究的多重立场与理论重构》，《江苏社会科学》第 3 期。

翟学伟，2009a，《是"关系"，还是社会资本》，《社会》第 1 期。

翟学伟，2009b，《从社会资本向"关系"的转化——中国中小企业成长的个案研究》，《开放时代》第 6 期。

翟学伟，2013，《人情、面子与权力的再生产》，北京大学出版社。

翟学伟，2014，《关系与谋略：中国人的日常计谋》，《社会学研究》第 1 期。

翟学伟，2016，《伦：中国人之思想与社会的共同基础》，《社会》第 5 期。

翟学伟，2017，《人如何被预设：从关系取向对话西方——重新理解中国人的问题》，《探索与争鸣》第 5 期。

翟学伟，2019，《"孝"之道的社会学探索》，《社会》第 5 期。

张锦、陈义友，2015，《物流"最后一公里"问题研究综述》，《中国流通经济》第 4 期。

张静，2005，《二元整合秩序：一个财产纠纷案的分析》，《社会学研究》第 2 期。

张坤芳、鲁鸣鸣、郑林，2017，《大数据驱动的地铁众包快递系统》，《通信学报》第 11 期。

张露方、徐杰，2013，《共同配送模式在城市电子商务末端的应用探析》，《物流科技》第 6 期。

张秋燕，2014，《关于智能快递自提柜的研究及应用分析——以亚马逊为例》，《科技广场》第 10 期。

张荣华，2007，《文化史研究中的大、小传统关系论》，《复旦学报》（社会科学版）第 1 期。

张文宏，2005，《城市居民社会网络资本的阶层差异》，《社会学研究》第 4 期。

张文宏，2007，《中国的社会资本研究：概念、操作化测量和经验研究》，《江苏社会科学》第 3 期。

张文宏，2011a，《中国社会网络与社会资本研究 30 年（上）》，《江海学刊》第 2 期。

张文宏，2011b，《中国社会网络与社会资本研究 30 年（下）》，《江海学刊》第 3 期。

张昕，2013，《末端物流共同配送模式及决策路径》，《财经问题研究》第 3 期。

张杨波，2016a，《小产权房为什么会长期存在？——一项民间合约视角的考察》，《新视野》第 2 期。

张杨波，2016b，《小产权房拆迁补偿研究的困境与突破——基于武汉市东湖村的经验观察》，《学术研究》第 8 期。

张漪、段梦媛，2016，《生鲜电商末端配送顾客取货点的选址决策方法》，《物流科技》第 5 期。

张智、肖作鹏，2017，《基于大数据的电商物流末端配送网点空间分布分析——以深圳市为例》,《城市观察》第 1 期。

章雪岩、桂欣、郑巧然,2017,《最后一公里配送路径优化研究》,《物流技术》第 6 期。

赵鼎新,2006a,《集体行动、搭便车理论与形式社会学方法》,《社会学研究》第 1 期。

赵鼎新,2006b,《社会与政治运动讲义》,社会科学文献出版社。

赵广华,2018,《基于共享物流的农村电子商务共同配送运作模式》,《中国流通经济》第 7 期。

赵璐、刘能,2018,《超视距管理下的"男性责任"劳动——基于 O2O 技术影响的外卖行业用工模式研究》,《社会学评论》第 4 期。

赵炜,2015,《劳动社会学研究面临的问题和可能的选择》,《湖南社会科学》第 5 期。

赵炜,2017,《返回社会:劳动社会学的学科发展和转型》,《深圳大学学报》(人文社会科学版)第 6 期。

赵延东、罗家德,2005,《如何测量社会资本:一个经验研究综述》,《国外社会科学》第 2 期。

折晓叶、陈婴婴,2004,《资本怎样运作——对"改制"中资本能动性的社会学分析》,《中国社会科学》第 4 期。

折晓叶、陈婴婴,2005,《产权怎样界定——一份集体产权私化的社会文本》,《社会学研究》第 4 期。

郑棣,2015,《电商物流"最后一公里"配送模式成本研究》,《物流科技》第 9 期。

郑广怀、孙慧、万向东,2015,《从"赶工游戏"到"老板游戏"——非正式就业中的劳动控制》,《社会学研究》第 3 期。

钟耀广、唐元松,2016,《基于"源创新"理论的电子商务共同配送体系创新》,《贵州社会科学》第 1 期。

周飞舟,2013,《回归乡土与现实:乡镇企业研究路径的反思》,《社会》第 3 期。

周飞舟,2015,《差序格局和伦理本位:从丧服制度看中国社会结构的基本原则》,《社会》第 1 期。

周飞舟,2018,《行动伦理与"关系社会"——社会学中国化的路径》,《社会学研究》第 1 期。

周飞舟,2019a,《人伦与位育:潘光旦先生的社会学思想及其儒学基础》,《社会学评论》第 4 期。

周飞舟,2019b,《政府行为与中国社会发展——社会学的研究发现及范式演变》,《中国社会科学》第 3 期。

周林、康燕、宋寒,2018,《送提一体与终端共享下的最后一公里配送选址路径问题》,《物流科技》第 8 期。

周雪光,2008,《基层政府间的共谋现象》,《社会学研究》第 6 期。

周雪光,2017,《中国国家治理的制度逻辑——一个组织学研究》,生活·读书·新知三联书店。

周雪光、赵伟、李强、蔡禾,2008,《中国转型经济中的嵌入性与合同关系》,载李友梅等主编《组织管理与组织创新——组织社会学实证研究文选》,上海人民出版社。

朱晓军、杨丽萍,2017,《快递中国》,浙江人民出版社。

庄家炽,2019,《资本监管与工人劳动自主性——以快递工人劳动过程为例》,《社会发展研究》第 5 期。

附录　快递点部工作人员访谈提纲

一　快递员的访谈提纲

1. 请您介绍一下每天收派快件的整个过程。

2. 请您介绍一下当客户不在现场时该怎么办。

3. 请您介绍一下自己的收入构成。

4. 请您介绍一下你和客户打交道的过程。

5. 在您的心目中，客户分哪些类型？你是如何与他们打交道的？

6. 请问您将来有何打算？

7. 请问您当初选择加入速安快递公司的考虑？

8. 请问您在收派快件过程中遇到的难忘的事情？

9. 请您介绍一下在收派快件过程中会面临哪些风险？您是如何化解的？

10. 请问您在刚入职的时候遇到了哪些困难？后来你是如何克服的？

11. 请您谈一谈，与其他快递企业相比，速安快递公司的优势与不足。

二　快递点部主管的访谈提纲

1. 请您介绍一下区域分配的标准。

2. 请您介绍一下快递员每天的工作流程。

3. 请您介绍一下快递员和客户发生纠纷的处理方法及注意事项。

4. 请您介绍一下快递点部的总体情况。

5. 请您介绍一下未来的规划。

三　快递点部仓管员的访谈提纲

1. 请您介绍一下自己的工作流程。

2. 请您介绍一下处置问题快件的方法。

3. 请您介绍一下未来的工作规划。

四　快递负责人的访谈提纲

1. 请您介绍一下自己的工作流程。

2. 请您介绍一下您所负责区域的快递的情况。

3. 请您介绍一下遇到过哪些紧急突发的情况。

说明：上述访谈提纲是作者在调研中拟定并逐步修改的，被访者不同，访谈题目也随之变化。特别是对同一名快递员多次访谈时，只能根据此前提供的资料来加以补充和调整。

后　记

　　本书是我在对速安快递公司桥东点部调研基础上完成的阶段性成果。关注快递业是我学术研究中的一个意外收获。与很多人一样，我平时会在生活中和快递员打交道，会在新闻上看到关于他们的不少报道，会为部分快递员月入过万而感到一丝惊讶，也会为个别快递员的野蛮分拣而感到气愤，更会为不少快递员风雨无阻地收派快件而感动不已。直到有一天，脑海中忽然闪过一些问题：快递员们是如何完成快件收派任务的？他们到底是一群什么样的人？……自此，这些问题萦绕在我的脑海中，挥之不去，强烈的好奇心促使我去关注他们。后来经一位好友介绍，我得以有机会进入速安快递公司桥东点部进行实地调研，因而有了眼前这本书。

　　经过这次调研，我大致摸索出桥东快递点部的运作流程，初步了解了一线快递员的日常工作，深切感受到快递员工作的艰辛以及他们面对客户投诉时的无奈。尽管到目前为止，关于快递员群体的介绍在新闻报道中相对较多，但是真正围绕他们展开深入思考并研究的学术著作却并不多见。我希望通过此次调研为读者呈现他们真实的面貌，希望让更多的人认识他们、了解他们，在必要的情况下支持他们，更希望客户与快递员之间能够少一些误会或纠纷，多一些宽容和谅解。在此次调研中，桥东点部的业务员们给予我大力支持，无论是介绍快件收派流程、分享工作心得，还是日常交流情感，他们都没有拿我当外人。实际上，刚开始他们确实对我有些戒备，但是不久后就完全接纳了我。在与他们相处的 20 多天里，我受益良多！此外，点部的仓管组长、点部主管、运营主管和经理都从各自角度给我提供了不少资料，加深了我对快递业的了解。让人遗憾的是，出于学术伦理的考虑，我不能在此列出他们每个人的名字。

在修改书稿期间，正逢新冠肺炎疫情肆虐。作为全国疫情中心城市的武汉从 2020 年 1 月 23 日 10 时起暂时关闭机场、火车站离汉通道。日常生活尽管有些不便，但毕竟没有失序，这其中有很大一部分功劳就来自快递员们冒着被病毒感染的风险为千家万户派送快件。在抗击疫情的日子里，正是因为有这批最美"摆渡人"的辛勤劳动和无私奉献，我们才能"宅"在家里。被国务院授予"最美快递员"称号的汪勇师傅，就是众多快递小哥中的优秀一员。他在疫情暴发之初毅然组织一批志愿者担负起接送武汉市金银潭医院医护人员上下班等重任，这一义举让人动容！

本书的一部分内容曾在国内学术会议上宣读过，得到学界不少师友的宝贵意见和建议。北京大学刘能教授提醒我区分快件派送中的城乡差别，中国人民大学王水雄教授建议我从信任角度审视快递员与客户间的人际关系，复旦大学李雪教授对快递调研方式的赞扬使我备受鼓舞，华中师范大学张兆曙教授提出的从城乡关系的角度来思考快递业的建议使我拓展了视野。西北师范大学李怀教授是我的大师兄，多年来一直关心我的学术研究和个人成长，在我为选题犹豫不决时，正是他的及时鼓励使我重拾信心。师兄吕涛副教授潜心学术，在方法论层面对我的善意提醒使我避免陷入研究误区。此外，本研究的部分内容曾在《兰州大学学报》上发表，感谢学报主编师迎祥教授的支持与厚爱！关于方法论反思的内容曾在《中国社会科学报》上发表，感谢刘翔英老师的精心编辑！

武汉大学社会学院是一个团结奋进的集体，是一个潜心学问的好平台。在学院组织的年度青年教师论坛中，我讲述过本调查的一部分内容，与会老师们提出了不少宝贵建议。院长贺雪峰教授身体力行，在社会学院大力倡导扎根中国大地、做好经验研究，为大家营造了浓厚的学术氛围。我院全体教师精诚合作、携手共进，积极践行扎根社区做研究、深入一线讲好中国故事的治学治院理念。自入校以来，周长城教授一直鼓励我潜心教学、专心做学问，他的"经济社会学"课程使我收获颇多，他的不少观点对本研究有很大的启发。此外，还要感谢学院李玉龙书记、伍麟副院长、赵金利副书记、陈倩主任等帮我分担了学院的行政事务，让我有时间集中写作。

在书稿撰写过程中，我还得到不少师友的关心和帮助。导师王宁教授是我学习的榜样！王老师以独特的人格魅力和高尚的学术品格影响了一大批学生。在中山大学求学期间，我深受王老师影响，立志做一名像导师一样的教师。王老师针对本书提出了很多中肯的修改建议，并为本书作序，使书稿增色不少。林晓珊、叶华、王雨磊、刘飞、黄晓星、黎相宜、郑姝莉和严霞等同门好友与我一直保持着密切联系，并在相互勉励中砥砺前行。我的大学同学邢婷是《中国青年报》的资深记者，她对我研究论题的鼓励使我坚定了信心。武汉大学刘伟教授在获悉我的这项研究后提出了新角度，使我得以及时关注研究中的盲点。中国人民大学汪建华副教授、华中科技大学陈文超副教授和广东社会科学院李超海研究员为我提供的相关文献或观点，使我加深了对劳动过程理论的理解。浙江大学社会学系范晓光副教授和我分享了他关于关系社会学研究的心得，他的见解让我豁然开朗。中国社会科学院向静林博士就我写作的思路给出了有针对性的建议，拓宽了我的研究视野。好友贺捷关于快递业的真知灼见让我获益匪浅，我要向她学习的地方还有很多。《中国青年报》资深记者雷宇老师对人与社会科学研究关系的发问使我重新审视人在田野调查中的主体性话题。在此一并致谢！

感谢社会科学文献出版社杨桂凤老师的勉励与提醒！从联络、讨论议题到中间写作，再到后期书稿的修改调整，她总是不厌其烦地给予指导，使我能及时调整写作思路并按时完成书稿。本书文稿编辑赵晶华老师工作认真细致，在此表示深深的感谢！

从我 2008 年 7 月到武汉大学社会学系任教至今，已有 12 个年头。感谢我的父母对我家庭和工作的支持！我已年近不惑，很惭愧，仍需要他们的关心和照顾！感谢我的爱人施婧婧的陪伴与付出，是她的不时督促使我克服了写作拖延症，是她的无私分担使我能心无旁骛地开展研究。在关于合同话题的讨论中，她于细微处的点拨，让我意识到跨学科思考能够帮助我们更好地穿透社会现实。最后感谢我的岳父、岳母对我们小家庭的大力支持，让我可以专心完成书稿。

图书在版编目（CIP）数据

熟悉的陌生人：快递员的日常工作和劳动过程／张杨波著.

-- 北京：社会科学文献出版社，2020.8（2023.3 重印）

（田野中国）

ISBN 978 - 7 - 5201 - 6787 - 1

Ⅰ.①熟…　Ⅱ.①张…　Ⅲ.①快递 - 邮政业务 - 研究

- 中国　Ⅳ.①F632

中国版本图书馆 CIP 数据核字（2020）第 102633 号

·田野中国·

熟悉的陌生人
　　——快递员的日常工作和劳动过程

著　　者／张杨波

出 版 人／王利民
组稿编辑／杨桂凤
责任编辑／赵晶华
责任印制／王京美

出　　版／社会科学文献出版社·群学出版分社（010）59367002
　　　　　　地址：北京市北三环中路甲29号院华龙大厦　邮编：100029
　　　　　　网址：www.ssap.com.cn
发　　行／社会科学文献出版社（010）59367028
印　　装／北京盛通印刷股份有限公司

规　　格／开　本：880mm × 1230mm　1/32
　　　　　　印　张：11　字　数：246千字
版　　次／2020年8月第1版　2023年3月第3次印刷
书　　号／ISBN 978 - 7 - 5201 - 6787 - 1
定　　价／89.00元

读者服务电话：4008918866

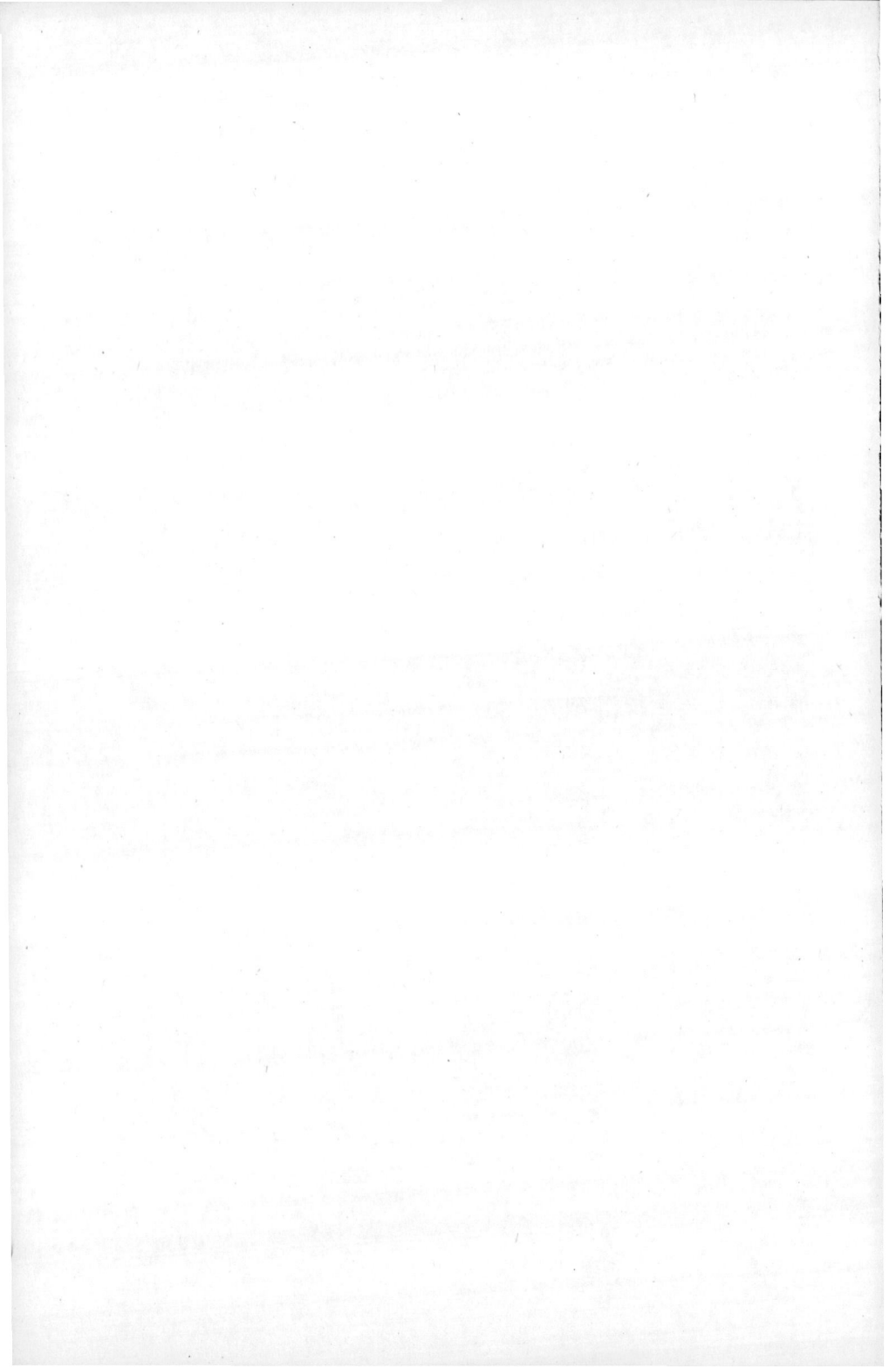